कन्हैयालाल माणिकलाल मुंशी

गुजराती के सुप्रसिद्ध कथाकार। इतिहास और संस्कृति के मर्मज्ञ तथा प्राच्य विद्या के बहुश्रुत विद्वान।

जन्म : 30 दिसम्बर, 1887, भड़ौंच (गुजरात)।

शिक्षा : बी.ए.,एल-एल.बी., डी.लिट्., एल.एल.डी.।

प्रारम्भ (1915) में 'यंग इंडिया' के संयुक्त सम्पादक, सन् 1938 से आजीवन भारतीय विद्या भवन के अध्यक्ष और 'भवन्स जर्नल' के सम्पादक। सन् 1937-57 के दौरान दस वर्षों तक गुजराती साहित्य परिषद के अध्यक्ष। सन् 1944 में हिन्दी साहित्य सम्मेलन के अध्यक्ष। सन् 1951 से मृत्युपर्यन्त वह संस्कृत विश्व परिषद के भी अध्यक्ष रहे। सन् 1952 से 1957 तक उत्तर प्रदेश के राज्यपाल का पद-भार सँभाला। उसी दौरान सन् 1957 में उन्होंने भारतीय इतिहास कांग्रेस की अध्यक्षता की।

प्रमुख प्रकाशित कृतियाँ : लोमहर्षिणी, लोपामुद्रा, भगवान परशुराम, तपस्विनी, पृथ्वीवल्लभ, भग्नपादुका, पाटण का प्रभुत्व, कृष्णावतार के सात खंड—बंसी की धुन, रुक्मिणीहरण, पाँच पांडव, महाबली भीम, सत्यभामा, महामुनि व्यास, युधिष्ठिर (उपन्यास); वाह रे मैं वाह (नाटक); आधे रास्ते, सीधी चढ़ान, स्वप्नसिद्धि की खोज में (आत्मकथा के तीन खंड)।

निधन : 8 फरवरी, 1971

कृष्णावतार-7

युधिष्ठिर

कन्हैयालाल माणिकलाल मुंशी

अनुवाद
शिवरतन थानवी

राजकमल पेपरबैक्स

पहला पुस्तकालय संस्करण
राजकमल प्रकाशन प्राइवेट लिमिटेड द्वारा
1985 में प्रकाशित

राजकमल पेपरबैक्स में
पहला संस्करण : 1986
सत्रहवाँ संस्करण : 2024

राजकमल पेपरबैक्स : उत्कृष्ट साहित्य के जनसुलभ संस्करण

राजकमल प्रकाशन प्रा.लि.
1-बी, नेताजी सुभाष मार्ग, दरियागंज
नई दिल्ली-110 002
द्वारा प्रकाशित

शाखाएँ : अशोक राजपथ, साइंस कॉलेज के सामने, पटना-800 006
पहली मंजिल, दरबारी बिल्डिंग, महात्मा गांधी मार्ग, प्रयागराज-211 001
1, अनमोल सोराबजी संतुक लेन, धोबी तलाव, मरीन लाइंस, मुम्बई-400 002

वेबसाइट : www.rajkamalprakashan.com
ई-मेल : info@rajkamalprakashan.com

बी.के. ऑफसेट
नवीन शाहदरा, दिल्ली-110 032
द्वारा मुद्रित

मूल्य : ₹250

YUDHISHTHIR
Novel by K.M. Munshi

ISBN : 978-81-267-0059-2

प्राक्कथन

भगवद्गीता का उपदेश देनेवाले श्रीकृष्ण भगवान का नाम कौन नहीं जानता? भागवत में उन्हें 'भगवान स्वयं' कहा गया है।

मुझे जहाँ तक का स्मरण है, बचपन से श्रीकृष्ण मेरे मन-मस्तिष्क पर छाए हुए हैं। जब मैं नन्हा-सा बालक था, तब मैं इनके पराक्रम की गौरव-गाथाएँ सुना करता था। बाद में इनके विषय में लिखे हुए ग्रन्थ पढ़े, कहानियाँ और कविताएँ पढ़ीं, इनकी स्तुति में लिखे हुए पदों का गान किया, अनेक मन्दिरों में इनकी पूजा की और प्रत्येक जन्माष्टमी को घर के आँगन में मैंने इन्हें अर्घ्य दिया। दिन-प्रतिदिन, वर्ष-प्रतिवर्ष, इनका सन्देश मेरे जीवन की एक प्रबल प्रेरणादायिनी शक्ति बनता चला गया।

मूल महाभारत में हमें इनके आकर्षक व्यक्तित्व के दर्शन होते हैं। लेकिन दुर्भाग्य से उस पर लोगों ने पिछले तीन हजार वर्षों में भक्तिभाव से भरी हुई स्तुतियों, चमत्कारों और दन्तकथाओं की अनेक परतें चढ़ा दी हैं।

श्रीकृष्ण बुद्धिवान और बलवान थे, स्नेह करते थे और स्नेह पाते थे। उनकी जीवन-शैली अद्भुत थी। दूरदर्शी थे लेकिन समसामयिक को भी समर्पित थे, सन्त के समान निःस्पृह थे लेकिन एक सम्पूर्ण मनुष्य के रूप में जीवनदायी उत्साह और उल्लास से सराबोर थे। सन्त, कूटनीतिज्ञ और कर्मयोगी के गुणों से परिपूर्ण उनका व्यक्तित्व इतना भव्य था कि उसका प्रभाव बिलकुल ईश्वरीय प्रभाव-सा लगता था।

मैंने कई बार सोचा था कि मैं इनके जीवन और पराक्रम की गौरवगाथा को फिर से लिखूँगा। कभी लगता था कि नहीं लिख सकूँगा। लेकिन सदियों से असंख्य साहित्यकार उन पर लिखते आए हैं, यह याद करके उनकी तरह मैंने भी अपनी रचनात्मक सृजनशक्ति और कल्पना का यथाशक्य उपयोग किया और यह नन्ही-सी अंजलि उन्हें अर्पित कर डाली।

इस पूरी ग्रन्थमाला को मैंने 'कृष्णावतार' नाम दिया है। कंस-वध के साथ समाप्त होनेवाले इनके जीवन के प्रथम भाग को मैंने 'बंसी की धुन' नाम दिया है क्योंकि कृष्ण का पूरा बचपन बंसी या बाँसुरी से जुड़ा था। इस बंसी ने पशु-पक्षियों और मनुष्यों को समान रूप से सम्मोहित किया है। असंख्य कवियों ने इसके मोहक माधुर्य का बखान किया है।

दूसरा भाग 'रुक्मिणी-हरण' के साथ पूरा होता है। 'रुक्मिणी-हरण' में मैंने मगध-सम्राट् जरासन्ध के प्रति श्रीकृष्ण के सफल विरोध की घटना को प्रमुख रूप से चित्रित किया है।

तीसरे भाग को मैंने 'पाँच पाण्डव' शीर्षक दिया है। वह द्रौपदी-स्वयंवर के साथ पूरा होता है।

चौथा भाग है, 'महाबली भीम', जो युधिष्ठिर के वचन-पालन के साथ पूरा होता है और उसमें श्रीकृष्ण की सलाह पर भीम व अन्य पाण्डव खाण्डवप्रस्थ की ओर प्रयाण करते हैं।

पाँचवाँ भाग है 'सत्यभामा', जो सत्यभामा व श्रीकृष्ण के विवाह के साथ पूरा होता है। इसमें मैंने विविध पुराणों में वर्णित हुई स्यमन्तक मणि की घटना का चित्रण किया है। यह घटना श्रीकृष्ण के जीवन से घनिष्ठ सम्बन्ध रखती है। मैंने इसे प्रतीक रूप में लिया है।

छठे भाग में 'महामुनि व्यास' की कथा है।

इस सातवें भाग में 'युधिष्ठिर' की कथा है। इसमें मैंने वह प्रसंग प्रस्तुत किया है जिसमें शकुनि की चालबाजी से धर्मराज युधिष्ठिर की जुए में हार होती है और पाँचों पाण्डवों को हस्तिनापुर छोड़कर बारह वर्ष तक जंगलों में छिपकर रहना पड़ता है।

ईश्वर को स्वीकार हुआ तो मेरी इच्छा है कि मैं इस कथा को वहाँ तक ले जाकर पूरा करूँ जहाँ कुरुक्षेत्र की युद्धभूमि में 'शाश्वत धर्मगोप्ता' श्रीकृष्ण अर्जुन को विश्वरूप का दर्शन कराते हैं। इस आठवें भाग का शीर्षक रहेगा 'कुरुक्षेत्र'।

इससे पहले 'पुरन्दर-पराजय' में मैंने च्यवन और सुकन्या का चित्रण किया था, 'अविभक्त आत्मा' में मैंने वशिष्ठ और अरुन्धती को चित्रित किया था; अगस्त्य, लोपामुद्रा, वशिष्ठ, विश्वामित्र, परशुराम और सहस्रार्जुन को लोपामुद्रा को चार भागों के अलावा 'लोमहर्षिणी' और 'भगवान परशुराम' में भी प्रस्तुत किया था और अब श्रीकृष्ण तथा महाभारत के अन्य पात्रों को 'कृष्णावतार' के इन खण्डों में रूपायित कर रहा हूँ। मैं एक बार फिर यह स्पष्ट कर देनाँ चाहता हूँ क़ि इनमें से कोई भी कृति प्राचीन पुराणों का अनुवाद नहीं है।

श्रीकृष्ण भगवान के जीवन और पराक्रम की गौरवगाथा लिखते वक्त उनके

व्यक्तित्व, व्यवहार तथा दृष्टिकोण को सुसंगत बनाने के लिए, अपने कई पूर्वजों की भाँति, मैंने कई घटनाओं की पुनर्रचना कर ली है। महाभारत में वर्णित कई अल्पज्ञात चरित्रों को भी पुनः मूर्तिमान करने का प्रयत्न किया है।

ऐसा करते वक्त कई बार 'महाभारत' के प्राचीन परम्परागत प्रसंगों को मैंने नए अर्थ में प्रस्तुत किया है। आधुनिक रचनाकार जब प्राचीन जीवन का निरूपण करता है तो उसे कल्पना का आश्रय लेना ही पड़ता है।

मुझे विश्वास है कि मैंने जो छूट ली है उसके लिए भगवान श्रीकृष्ण मुझे क्षमा करेंगे लेकिन उनको उसी रूप में अभिव्यक्त करना चाहिए, जिस रूप में मैंने उन्हें अपनी कल्पना-दृष्टि से देखा है।

'कृष्णावतार' ग्रन्थमाला के प्रत्येक भाग को स्वतन्त्र कथा के रूप में भी पढ़ा जा सकता है।

भारतीय विद्याभवन चौपाटी, मुम्बई-7
26 जनवरी, 1971

—कन्हैयालाल मुंशी

आरम्भ और अन्त

अपूर्ण आठवें भाग के साथ 'कृष्णावतार' ग्रन्थमाला समाप्त हो रही है। इसलिए गुजरात और गुजरात के बाहर व्यापक प्रसिद्धि प्राप्त करनेवाले स्व. मुंशीजी के इस बृहद् पौराणिक उपन्यास के विषय में यहाँ कुछ उपयोगी सूचना देना आवश्यक है। इसके प्रारम्भ का इतिवृत्त आनन्ददायी है जबकि इसके अन्त की कथा करुणाजनक है।

सन् 1952 से 1957 तक मुंशीजी उत्तर प्रदेश के राज्यपाल थे तब उन्हें श्रीकृष्ण की लीलाभूमि के मथुरा, वृन्दावन, ब्रज, गोकुल आदि विविध स्थानों को निकट से देखने के कई अवसर मिले थे। श्रीकृष्ण का उनके मन-मस्तिष्क पर बचपन से प्रभाव था। राज्यपाल के पद की अवधि समाप्त होने पर जब वे बम्बई आए तो उनकी इच्छा हुई कि श्रीकृष्ण के जीवन और पराक्रम की गौरव-गाथा का नए सिरे से सृजन किया जाए। सन् 1958 में उन्होंने 'हरिवंश' और 'श्रीमद्भागवत' के आधार पर इस कथा की पृष्ठभूमि तैयार की और लेखन-कार्य प्रारम्भ कर दिया। जब प्रारम्भ किया तब तो उनका विचार इतना ही था कि 'श्रीमद्भागवत' के दसवें स्कन्ध को केन्द्र बनाकर श्रीकृष्ण-जन्म की कथा को थोड़ा कल्पना का पुट देते हुए अपनी विशिष्ट सरस शैली में प्रस्तुत किया जाए और वह भी केवल दो भागों में।

भारतीय विद्याभवन की अंग्रेजी पाक्षिक पत्रिका 'भवन्स जर्नल' में इस योजना के अनुसार 22-2-1959 के अंक से यह कथा प्रकाशित होनी प्रारम्भ हो गई। उस समय उन्होंने यही सोचा था कि वे इसे दो भागों तक ही सीमित रखेंगे, इसलिए उन्होंने इस कथा का शीर्षक दिया था–'श्रीमद्भागवत, कृष्णावतार : द डिसेन्ट ऑफ द लॉर्ड'; लेकिन ज्यों-ज्यों कथा के अध्याय आगे बढ़ते गए त्यों-त्यों पाठकों का इसके प्रति आकर्षण भी बढ़ने लगा। मुंशीजी को भी महाभारत और पुराणों के

उन पात्रों में रस आने लगा जिनका श्रीकृष्ण के जीवन से किसी न किसी कारण गहरा सम्बन्ध था। फल यह हुआ कि कंसवध के साथ जब पहला भाग पूर्ण हो गया तो उन्होंने इस कथा को आगे बढ़ा दिया और अपने जीवन के अन्तिम दिनों में आठवें भाग तक भी वे अनवरत लिखते रहे।

भारतीय विद्याभवन के गुजराती पाक्षिक 'समर्पण' में उसके 7-8-1960 के अंक से 'कृष्णावतार' गुजराती में प्रकाशित होना प्रारम्भ हो गया। इसके सभी भाग 'समर्पण' में धाराप्रवाह प्रकाशित होते रहने के बाद ही पुस्तक-रूप में प्रकाशित हुए थे। आठवाँ भाग भी 'समर्पण' के 15-7-73 के अंक तक चलता रहा।

सातवाँ भाग लिखने के बाद मुंशीजी का स्वास्थ्य गिरने लग गया। आठवें भाग का तेरहवाँ अध्याय उन्होंने 1971 की जनवरी में लिखा। लेकिन स्वास्थ्य ज्यादा खराब हो जाने के कारण 'कृष्णावतार' का समूचा लेखन-कार्य वहीं अटक गया। वहाँ से आगे वह नहीं बढ़ सका क्योंकि 8 फरवरी, 1971 को मुंशीजी का देहावसान हो गया। आठवाँ भाग अपूर्ण ही रहा। इस भाग का नाम उन्होंने 'कुरुक्षेत्र की कथा' रखा था। मुंशीजी का विचार था कि कुरुक्षेत्र के धर्मक्षेत्र में अर्जुन के रथ के पास जहाँ श्रीकृष्ण भगवद्गीता का उपदेश देते हुए अर्जुन को विश्वरूप-दर्शन कराते हैं वहाँ तक 'कृष्णावतार' की ग्रन्थमाला की कथा को ले जाकर सम्पूर्ण करेंगे, किन्तु विधाता को यह मंजूर नहीं था। आठवें भाग की समूची पृष्ठभूमि उन्होंने मस्तिष्क में तैयार कर रखी थी और इससे सम्बन्धित कई तरह के बिन्दु भी उन्होंने नोट्स के रूप में तैयार कर लिये थे।

मेरे एक मित्र लेखक का सुझाव था कि मुंशीजी इस कथा को कुरुक्षेत्र की युद्धभूमि में समाप्त नहीं करें, बल्कि नौवाँ भाग और लिखकर इस कथा को श्रीकृष्ण के देहावसान तक ले जाना चाहिए। मैंने इस सुझाव को मुंशीजी के समक्ष रखा। वे मुस्कराकर बोले, "लेकिन उसे लिखेगा कौन? तुम जानते ही हो कि आठवाँ भाग लिखने में भी दो बार व्यवधान पड़ चुका है" (दो व्यवधान उनकी बीमारी के कारण पैदा हुए थे)।

तेरह वर्ष तक 'कृष्णावतार' का लेखन-कार्य चला। इस लेखन के दौरान मुंशीजी का सारा ध्यान इसी पर केन्द्रित रहा। उनकी प्रसिद्ध आत्मकथा-ग्रन्थमाला के अन्तिम ग्रन्थ 'स्वप्नसिद्धि की खोज में' उनके 1926 तक के जीवन का चित्रण है। उसके बाद की काफी सामग्री उपलब्ध देखकर मैं उनसे 1926 के बाद के वर्षों की आत्मकथा लिखने का निवेदन किया करता था लेकिन उनका एक ही जवाब था कि 'पहले मुझे 'कृष्णावतार' पूरा करना है, फिर समय होगा तो, आत्मकथा लेंगे।' गुजराती साहित्य का दुर्भाग्य समझिए कि वह समय वापस आया ही नहीं।

26 जनवरी, 1971 के दिन सातवें खण्ड के प्राक्कथन में मुंशीजी ने लिखा था :

> "ईश्वर को मंजूर हुआ तो मेरी इच्छा है कि मैं इस कथा को वहाँ तक ले जाकर पूरा करूँ जहाँ कुरुक्षेत्र की युद्धभूमि में 'शाश्वत धर्मगोप्ता' श्रीकृष्ण अर्जुन को विश्वरूप का दर्शन कराते हैं।"

ईश्वर को यह मंजूर नहीं था। उपरोक्त इच्छा व्यक्त करने के बारह दिन बाद ही उनकी इहलीला समाप्त हो गई और एक महान कथाकृति अधूरी रह गई। इतना सन्तोष जरूर है कि 'कृष्णावतार' ग्रन्थमाला के प्रत्येक भाग की रचना इतनी कुशलता के साथ हुई है कि उसे बिना किसी रसभंग के एक स्वतन्त्र कथा के रूप में भी पढ़ा जा सकता है।

—शान्तिलाल तोलाट

भारतीय विद्याभवन
कुलपति क. मा. मुंशी मार्ग
बम्बई-400007
15.4.1974

पृष्ठभूमि

शक्तिशाली भरतों के सम्राट् शान्तनु के तीन पुत्र थे–देवव्रत गांगेय (जो भीष्म कहलाते थे), चित्रांगद और विचित्रवीर्य। गांगेय ने आजीवन ब्रह्मचारी रहने और हस्तिनापुर की पैतृक राजगद्दी पर न बैठने की भीषण प्रतिज्ञा ले ली थी, इसलिए वे भीष्म कहलाए। चित्रांगद और विचित्रवीर्य दोनों युवावस्था में ही निस्सन्तान स्वर्ग सिधार गए।

विचित्रवीर्य के दो पत्नियाँ थीं–अम्बिका और अम्बालिका। अम्बिका के धृतराष्ट्र नाम का पुत्र हुआ। अम्बालिका के पाण्डु नाम का पुत्र हुआ जिसका स्वास्थ्य कमजोर रहता था।

प्राचीन परम्परा के अनुसार अन्धा धृतराष्ट्र राजगद्दी पर नहीं बैठ सकता था। इस कारण कुछ समय तक पाण्डु ने हस्तिनापुर की राजगद्दी को सुशोभित किया। उसके दो पत्नियाँ थीं–कुन्ती और माद्री। इन दोनों से उसको पाँच पुत्र हुए–युधिष्ठिर, भीम, अर्जुन तथा दो जुड़वाँ भाई–नकुल व सहदेव।

पाण्डु का देहावसान हुआ तब माद्री सती हो गई और उसके दोनों पुत्रों की देख-रेख का जिम्मा कुन्ती पर आया। इस प्रकार कुन्ती पाँचों भाइयों की माता बनी। ये भाई पाँच पाण्डवों के नाम से प्रसिद्ध हुए।

धृतराष्ट्र के अनेक पुत्र हुए, वे कौरव कहलाए। उनमें सबसे बड़ा दुर्योधन था। उससे छोटा था दुःशासन।

सम्राट् शान्तनु की विधवा पत्नी राजमाता सत्यवती तथा भीष्म ने पाण्डवों को पाण्डुपुत्र के रूप में स्वीकार किया और उनमें जो सबसे बड़ा था–युधिष्ठिर–उसे युवराज का पद दिया।

पाण्डु की मृत्यु के बाद अपनी दोनों पुत्रवधुओं–अम्बिका और अम्बालिका को लेकर राजमाता सत्यवती गौतम आश्रम में निवास करने के लिए चली गईं।

भीष्म ने द्रोणाचार्य तथा उनके साले कृपाचार्य को हस्तिनापुर में रहकर पाण्डवों और कौरवों के गुरु-रूप में उनकी शिक्षा का भार लेने के लिए आमन्त्रित किया। द्रोण तथा कृप दोनों शस्त्रविद्या के प्रसिद्ध आचार्य थे। भीष्म की इच्छा थी कि पाण्डवों और कौरवों को भरतों की परम्परा के स्तर के अनुरूप शिक्षा मिले। इसी उद्‌देश्य से उन्होंने इन आचार्यों को हस्तिनापुर बुलाया था।

पाण्डवों ने धर्म, नीति और शस्त्रविद्या में प्रवीणता हासिल की। उनमें युधिष्ठिर सबसे अधिक बुद्धिमान, धैर्यवान और शान्त स्वभाव के थे। भीम उत्साही थे और किसी से भी लड़ने को हरदम तैयार रहते थे। अर्जुन समूचे आर्यावर्त में सर्वोच्च धनुर्धर के रूप में प्रसिद्ध थे। नकुल ने अश्वपालन में दक्षता अर्जित की। उन दिनों युद्धभूमि में घोड़ों का विशेष महत्त्व था। सहदेव भविष्यदृष्टा के रूप में प्रसिद्ध हुए।

दुर्योधन का मामा शकुनि दुर्योधन का मुख्य सलाहकार था। कर्ण भी दुर्योधन की तरफ था। नीचे कुल में जन्मा हुआ माना जाता था, परन्तु वह एक बहादुर योद्धा था और निपुण धनुर्धर भी था। इतना निपुण था कि अर्जुन और कर्ण में कौन ज्यादा कुशल है, यह भेद करना कठिन हो जाता था। उसमें एक और विशेष गुण भी था। वह उदार था, बहुत उदार, एकदम दानवीर। इस कारण कौरवों के लिए वह परम विश्वसनीय भी था।

दुर्योधन में ईर्ष्या के बीज फूटे। उसने वारणावत में एक लाक्षागृह बनवाया और पाँचों पाण्डव तथा उनकी माता कुन्ती के लिए वहाँ रहने की व्यवस्था की। वे लोग वहाँ रहे तब दुर्योधन ने किसी आदमी के हाथों उसमें आग लगवा दी, लेकिन मन्त्री विदुर को इस षड्यन्त्र की भनक मिल चुकी थी। उन्होंने पाण्डवों को सावधान कर दिया था और यह प्रबन्ध भी कि संकट आते ही माता कुन्ती समेत वे एक गुप्त मार्ग से भाग सकें।

दुर्योधन ने समझ लिया कि पाण्डव इस आग में जलकर खाक हो चुके हैं। पाण्डवों ने भी सोचा कि दुर्योधन की ऐसी ही किसी अन्य हिंसक चाल का फिर न शिकार बनना पड़े, इसलिए कुछ समय तक जंगलों में छिपे रहना ही अच्छा है। वे जंगलों में छिपकर रहे, तब वहाँ रहनेवाले राक्षसों से उनका सम्पर्क हुआ। भीम ने राक्षसों के मुखिया हिडिम्ब का वध किया और उसकी बहन हिडिम्बा से विवाह कर लिया। इस विवाह से उसे जो पुत्र हुआ उसका नाम घटोत्कच रखा गया था।

कुन्ती कृष्ण के पिता वसुदेव की बहन थी और उसका पालन-पोषण राजा कुन्तीभोज ने किया था। वह उनकी गोद ली हुई पुत्री थी।

उन दिनों ज्ञान, धर्मदृष्टि और पराक्रम के कारण कृष्ण पूरे आर्यावर्त में प्रसिद्ध

थे, पूज्य माने जाते थे। युद्धकला में भी वे निपुण थे। धर्म की रक्षा करने का उन्होंने व्रत ले रखा था। इसी कारण धर्म के प्रति श्रद्धाभाव रखनेवाले पाण्डवों को उनका विशेष स्नेह प्राप्त था।

पांचाल देश के राजा द्रुपद ने अपनी पुत्री द्रौपदी के लिए स्वयंवर का आयोजन किया। इस स्वयंवर में पाण्डवों ने भेष बदलकर गुप्त रूप से भाग लिया और अर्जुन ने विजय प्राप्त की। माता कुन्ती के आग्रह और महर्षि वेदव्यास तथा कृष्ण की सलाह से द्रौपदी का विवाह पाँचों पाण्डवों के साथ हुआ।

अब पाण्डव राजा द्रुपद के दामाद हो गए। इस कारण उनकी शक्ति बढ़ गई। फलतः धृतराष्ट्र के लिए अब यह जरूरी हो गया कि वह पाण्डवों को मनाकर वापस हस्तिनापुर बुलवाए और युधिष्ठिर को पुनः युवराज का पद दे। फिर भी कौरवों से पाण्डवों की खटपट न हो जाए, इस दृष्टि से उन्होंने पाण्डवों को सलाह दी कि वे यमुनातट स्थित कुरुओं की प्राचीन राजधानी इन्द्रप्रस्थ को अपना निवास-स्थान बनाएँ।

महर्षि वेदव्यास की सलाह और कृष्ण तथा राजा द्रुपद के सहयोग से पाण्डवों ने इन्द्रप्रस्थ को फिर से ऐसा बसा दिया कि थोड़े ही दिनों में वह शक्ति और धर्म का केन्द्र हो गया। बहुत-से लोग हस्तिनापुर छोड़-छोड़कर इन्द्रप्रस्थ चले गए और वहीं बस गए। जब इस शहर की पुनर्स्थापना हो गई, तब युधिष्ठिर का राज्याभिषेक हुआ।

राज्याभिषेक हो जाने के बाद महर्षि वेदव्यास वापस चले गए और कृष्ण द्वारका लौट गए।

अर्जुन का विवाह सुभद्रा से हुआ, तो कृष्ण और अन्य यादव वापस इन्द्रप्रस्थ आए। विवाह के बाद अधिकांश यादव अपने-अपने स्थानों को लौट गए, किन्तु कृष्ण तथा कुछ और यादव पाण्डवों के आग्रह पर इन्द्रप्रस्थ में ही रुक गए। कृष्ण और अर्जुन दोनों ने मिलकर एक योजना बनाई और इन्द्रप्रस्थ की बढ़ती हुई जनसंख्या के आवास का प्रबन्ध करने के लिए खाण्डव वन को जलाया।

पाण्डवों के लिए कृष्ण केवल मामा के पुत्र ही नहीं थे, बल्कि उनके रक्षक भी थे। पाँचों भाई कृष्ण का गुरु के समान आदर करते थे, उनके लिए वे देवता से कम नहीं थे।

काफी समय तक वहाँ रहने के बाद कृष्ण वापस द्वारका लौट गए। सभी पाण्डवों ने उनको भावभीनी विदाई दी।

युधिष्ठिर की दुविधा

कृष्ण को दी गई यह विदाई भी अद्‌भुत थी। पूरा-का-पूरा इन्द्रप्रस्थ ही राजमहल के आँगन में इकट्ठा हो गया था। वहाँ जो नहीं समाए वे शहर के मार्गों पर पंक्तिबद्ध खड़े हो गए थे।

राजपुरोहित आचार्य धौम्य तथा अन्य श्रोत्रिय, विदाई ले रहे अतिथि को आशीर्वाद के साथ शुभाकांक्षाओं के प्रतीक अक्षत-चावल अर्पित करने की तैयारी के साथ हाथ में चावल लिये एक तरफ खड़े थे।

युधिष्ठिर श्रीकृष्ण को अपने रथ की ओर ले चले। सारथी दारुक वल्गा हाथ में लिये तैयार था। रथ के घोड़े भी चलने को अधीर हो रहे थे। कृष्ण के सभी शस्त्र उनके मित्र सात्यकि ने रथ में उचित स्थान पर रख दिए थे। उसे अभी जाना नहीं था, धनुर्विद्या सीखने के लिए अर्जुन के पास ही इन्द्रप्रस्थ में रहना था।

कृष्ण के राजप्रासाद से बाहर आते ही विशाल जनसमुदाय ने 'जय श्रीकृष्ण' का उद्‌घोष किया। कृष्ण ने मुस्कराकर हाथ जोड़ते हुए सभी का अभिवादन किया।

रेशमी पीताम्बर, कन्धे पर सोने की किनारी का दुपट्टा, मुकुट पर मोरपंख और गले में हीरोंजड़ा हार। सूर्य के प्रकाश में कृष्ण जगमग-जगमग कर रहे थे।

कृष्ण युधिष्ठिर और भीम से आयु में छोटे थे और अर्जुन से एक वर्ष बड़े, परन्तु उनके चिरयुवा चेहरे पर आयु का कोई लक्षण नहीं था।

आचार्य धौम्य दूर खड़े थे। वे पास आए और बोले कि अब प्रस्थान का शुभ मुहूर्त हो चुका है। कृष्ण ने कुन्ती के चरण छुए, द्रौपदी की ओर स्नेहपूर्ण दृष्टि से देखा, अर्जुन की पत्नी और अपनी बहन सुभद्रा की ठोड़ी उठाकर लाड़ से हलकी चपत लगाई और पाण्डव-पुत्रों के गाल सहलाए।

कृष्ण ने सुभद्रा से पूछा, "तूने अर्जुन का अपहरण करने के लिए मेरा जो रथ चुराया था, क्या मैं उसे अब वापस ले जाऊँ?"

सुभद्रा ने लजाकर दृष्टि नीची कर ली। बचपन से ही अपने भाई के प्रति उसके हृदय में आदर और प्रेम था, उसकी दृष्टि में वह पूज्य था। बिना पलकें उठाए नयनों की कोर से, उसने सकुचाकर कृष्ण की ओर स्नेहपूर्वक देखा।

कृष्ण के दोनों ओर भीम तथा अर्जुन चल रहे थे। नकुल, सहदेव और सात्यकि पीछे-पीछे आ रहे थे।

रथ के पास पहुँचे तो युधिष्ठिर ने कृष्ण का हाथ पकड़कर कहा, "थोड़ा-सा ठहरिए। आपको एक अद्‌भुत उपहार अर्पित करना है!"

"कैसा उपहार?"

"अभी आप जान जाएँगे।" युधिष्ठिर ने हँसकर उत्तर दिया। सारथी दारुक

को युधिष्ठिर ने थोड़ा खिसककर जगह देने को कहा और वहाँ बैठकर कृष्ण से बोले, "आपका रथ मैं चलाऊँगा।"

"क्यों भला?" चकित होकर कृष्ण ने पूछा।

"प्रश्न मत कीजिए। कारण का पता आपको अभी चल जाएगा।" युधिष्ठिर ने उत्तर दिया।

युधिष्ठिर ने भीम को संकेत किया। भीम कृष्ण से पहले रथ में चढ़ा और हाथ में चँवर लेकर खड़ा हो गया। अर्जुन ने छत्र उठा लिया। तब युधिष्ठिर ने कृष्ण से कहा, "पधारिए, अब आप रथ में विराजिए।"

"लेकिन यह सब है क्या?" कृष्ण ने पूछा, "इतनी स्नेहवर्षा क्यों कर रहे हैं आप? इस मान-सम्मान के योग्य मैं नहीं हूँ। मैं कोई राजा नहीं हूँ। चक्रवर्ती तो किसी भी सूरत में नहीं हूँ!"

"कृष्ण, अब आप रथ में बैठते हैं कि मैं गोद में लेकर बिठाऊँ आपको?" भीम ने पूछा।

कृष्ण ने स्नेह से पाँचों भाइयों की ओर देखा। फिर रथ में चढ़े और भीम तथा अर्जुन के बीच में बैठ गए।

युधिष्ठिर ने लगाम हाथ में ली और घोड़े दौड़ पड़े।

सड़क के दोनों तरफ खड़े लोगों ने जयघोष किया, "जय श्रीकृष्ण!" और कृष्ण ने मुस्कराकर, हाथ जोड़कर, इस जयघोष का उत्तर दिया।

रथ की गति तेज हो गई। शहर की सीमा पर पहुँचकर युधिष्ठिर ने रथ रोका और दारुक के हाथ में लगाम थमाकर नीचे उतर गए।

दूसरे भाई भी नीचे उतर गए। कृष्ण भी नीचे उतरे। उन्होंने युधिष्ठिर को प्रणाम किया और युधिष्ठिर ने उन्हें बाँहों में लेकर गले लगाया।

"आप सदैव विजयी हों।" युधिष्ठिर ने आशीर्वाद दिया।

फिर कृष्ण ने भीम को प्रणाम किया। भीम ने उन्हें आलिंगन करते हुए ऊँचा उठा लिया। अन्य भाइयों ने कृष्ण को प्रणाम किया। अन्त में सात्यकि ने कृष्ण का चरण-स्पर्श किया।

"किसी चक्रवर्ती सम्राट् के स्तर का यह सम्मान क्यों दिया भला?" कृष्ण ने पूछा, "यह सब विजेता को शोभा देता है। न तो मैं कोई विजेता हूँ और न चक्रवर्ती हूँ।"

"कौन कहता है कि आप नहीं हो?" भीम ने पूछा, "यदि कोई यह कहे कि आप चक्रवर्ती नहीं, तो मैं उसका सिर फोड़ दूँ।"

युधिष्ठिर ने मुस्कराकर कहा, "आप हमारे चक्रवर्ती हैं। हमारे लिए इतना ही काफी है।"

कृष्ण रथ पर सवार हुए। दारुक ने लगाम उठाई और चारों अश्व हवा से बातें करने लगे। जब तक रथ आँखों से ओझल न हो गया तब तक पाण्डव, उसी दिशा में देखते रहे।

कृष्ण द्वारका चले गए तो युधिष्ठिर को हृदय में एक शून्य-सा अनुभव होने लगा।

सबकुछ उन्हें कृष्ण की बदौलत प्राप्त हुआ था। उनका जीवन, उनकी हैसियत, द्रौपदी से उनका विवाह, और पैतृक सम्पदा में उनको मिला हुआ हिस्सा जिसका वे ईर्ष्यालु कौरवों के हस्तक्षेप के बिना उपभोग कर रहे थे। खाण्डव वन को जलाकर इन्द्रप्रस्थ भी कृष्ण ने ही उन्हें बसाकर दिया था।

आज आर्यावर्त में यदि पाण्डव थे तो वह सब कृष्ण के नेतृत्व तथा यादवों व पांचालों की सहायता के कारण।

खाण्डव वन से असुर मय को कृष्ण ने ही बचाया था और कृष्ण ने ही उस असुर के भवन-निर्माण-कौशल का उपयोग करके इन्द्रप्रस्थ का अभूतपूर्व सभा-भवन बनवाया था।

यदि कृष्ण बीच में न पड़े होते तो भाई-भाई आपस में लड़े बिना नहीं रहते और भयंकर रक्तपात होता। पाण्डव अपने अधिकारों के लिए लड़ मरने पर उतारू थे और दुर्योधन ये अधिकार कदापि न देने को कृतसंकल्प था।

कृष्ण ने ही भीम और अर्जुन को समझाया कि रक्तपात करने की बजाय हस्तिनापुर छोड़कर नया नगर बसाना ज्यादा अच्छा है।

पिछले सारे विवाद शान्त हो चुके थे। इन्द्रप्रस्थ बसाया जा चुका था। वह एक धार्मिक केन्द्र भी बनने लगा था। देश के अन्य भागों के स्त्री-पुरुष भी इस ओर आकर्षित होने लगे थे। बाहर से आए कई लोगों ने वहीं स्थायी रूप से रहना भी प्रारम्भ कर दिया था।

कृष्ण के प्रभावशाली व्यक्तित्व के कारण विभिन्न लोगों के स्वभावों की सारी भिन्नताएँ दबी हुई थीं। वातावरण में चारों ओर सौजन्य और शालीनता के सिवाय ऊपर-ऊपर कुछ भी दिखाई नहीं पड़ता था। लेकिन युधिष्ठिर को साफ सूझ रहा था कि कृष्ण के जाने के बाद विषमताएँ जरूर सिर उठाएँगी। जो सुख-शान्ति का वातावरण कृष्ण के प्रभाव से बना था, वह नहीं रहेगा।

युधिष्ठिर को पिछले कई प्रसंग याद आने लगे। लगातार कैसी-कैसी घटनाएँ घटी थीं और निर्दोष होने पर भी कैसी-कैसी कठिनाइयों में उन्हें फँसना पड़ा था। अच्छा यही था कि पारस्परिक प्रेम के कारण पाँचों भाई एकता के सूत्र में बँधे रहे, टूटे नहीं।

इसमें उनकी माता कुन्ती की बुद्धिमानी का भी योग था। जब वे हस्तिनापुर आए थे तो कुन्ती ने उनसे यह वचन लिया था कि उन्हें जो कुछ प्राप्त होगा उसे वे वापस में बराबर-बराबर बाँट लिया करेंगे कि सभी भाई युधिष्ठिर का बड़े भाई के नाते पिता के समान आदर करेंगे कि युधिष्ठिर अपने छोटे भाइयों को उतना ही स्नेह देंगे, जितना कोई भी पिता अपने पुत्रों को देता है और संकट काल में सभी भाई मिलकर किसी भी मूल्य पर युधिष्ठिर की प्राण-रक्षा करेंगे।

अब तक सभी ने इस वचन को निभाया था। युधिष्ठिर ने सोचा था कि जब तक तन में प्राण है, वह इस वचन को कदापि नहीं तोड़ेंगे। भीम और अर्जुन की वीरता या नकुल-सहदेव की मूक सेवाओं के बिना वे आज इस स्थिति तक कैसे पहुँच सकते थे? और इन सबको एक सूत्र में बाँधनेवाली माता कुन्ती–उसे भी कैसे भुलाया जा सकता था।

द्रौपदी का विवाह भी पाँचों भाइयों से हुआ था और उसका प्रेम भी पाँचों भाइयों को एक बनाए रखने में बहुत सहायक था। उसे अपने पतियों पर गर्व था। वह अपने पतियों को क्षात्र-धर्म की प्रेरणा देती थी। युधिष्ठिर कहीं धर्म-मार्ग से च्युत् न हो जाएँ इस आशंका से उसके मन में लगातार एक चिन्ता बनी रहती थी, हालाँकि उसे पूरा विश्वास था कि युधिष्ठिर प्रायः धर्ममार्ग पर ही रहेंगे, कभी उस मार्ग को छोड़ेंगे नहीं, किन्तु एकप्राण होने के कारण वह भी सतत उतनी ही सजगता और उतनी ही तनाव से भरी रहती थी, जितने कि युधिष्ठिर स्वयं।

युधिष्ठिर को विचार आया कि जो बात मन में सोच रहे हैं वह यदि अर्जुन या नकुल-सहदेव को ज्ञात हो जाए तो उनको चोट पहुँचेगी। शायद युधिष्ठिर के प्रति उनके मन में जो आदर-भाव है, वह भी न रहे।

युधिष्ठिर को ज्ञात था उनके भाइयों को लड़ाई प्रिय है। क्षत्रियों के सहज स्वभाव के अनुसार वे भी मामूली-सी बात पर लड़-मरने को तैयार हो जाते थे। दुर्योधन या दुर्योधन के भाइयों को वे क्षमा नहीं कर सकते थे। युधिष्ठिर चोर की तरह अपने मन की बात मन में ही रखते थे और हमेशा यही सोच-सोचकर डरा करते थे कि उनके मन की यह कमजोरी यदि उनके भाइयों पर कभी प्रकट हो गई तो क्या होगा।

भीम वीर और सरल हृदय था। वह अपने भाइयों की रक्षा में सबसे आगे रहता था। कई बार उसने उनकी संकट से रक्षा की थी। यदि उसे थोड़ी-सी भी भनक पड़ जाती कि युधिष्ठिर क्षात्र-धर्म के पथ से विचलित हो रहे हैं तो वह उबल पड़ता। उसे बोलने का भान भी नहीं रहता। जो मन में आता वही कह देता।

भीम दुर्योधन से घृणा करता था। वह था तो वीर, उदार और क्षमाशील किन्तु

यह नहीं भूल सकता था कि बचपन में कैसे दुर्योधन ने उसे पानी में डुबा देने की कोशिश की थी और कैसे उसने एक बार सभी पाण्डवों को वारणावत के लाक्षागृह में जला डालने का षड्यन्त्र रचा था। दुर्योधन के खूनी इरादों के ही कारण उन सबको बचने के लिए राक्षसावर्त में छिपकर रहना पड़ा था।

द्रौपदी-स्वयंवर के बाद जब पाण्डवों का अज्ञातवास समाप्त हुआ तब दुर्योधन ने कर्ण की सलाह से इन पर सैनिक आक्रमण करने का विचार कर लिया था। पर भीष्म पितामह के भय से उसे यह विचार त्याग देना पड़ा।

अधिकांश कुछ सरदार युद्ध से बचना चाहते थे। कृष्ण आए और उन्होंने उन्हें युद्ध से बचाया। युधिष्ठिर युद्ध की सम्भावना से बहुत परेशान थे! कृष्ण ने समझा-बुझाकर भीम को इसके लिए सहमत कर लिया कि दुर्योधन हस्तिनापुर में राज करता रहे और इन्द्रप्रस्थ के नाम से जाना जानेवाला निर्जन वन पाण्डवों का हिस्सा स्वीकार कर लिया जाए।

दुर्योधन को हस्तिनापुर की गद्दी मिली। पाण्डवों ने इन्द्रप्रस्थ बसाया। कृष्ण सेना के जरिए नहीं, राजनीति के या कूटनीति के जरिए विजय प्राप्त करने में ज्यादा विश्वास करते थे। युधिष्ठिर के लिए भी यही मार्ग अधिक अनुकूल था। उन्हें लगा कि यह एक बहुत अच्छा हल है।

कृष्ण की सहायता से उन्होंने इन्द्रप्रस्थ को भव्य स्वरूप दिया। मुनि द्वैपायन और माता कुन्ती भी इन्द्रप्रस्थ को धर्म का केन्द्र बनते देखकर बहुत प्रसन्न थे।

लेकिन युधिष्ठिर यह भी जानते थे कि दुर्योधन की ईर्ष्या का पार नहीं है। उसके अभिमान का कोई उपचार नहीं था।

वह यह भी जानते थे कि उनके भाई पैतृक विरासत में से अपना हक न मिलने से नाराज हैं। भाई गलत नहीं थे, किन्तु युधिष्ठिर रक्तरंजित युद्धों को तनिक भी अच्छा नहीं मानते थे।

पिता का सन्देश

युधिष्ठिर के समक्ष भयंकर उलझन आकर खड़ी हो गई थी। वे स्वयं क्षत्रिय थे, युद्ध-कला में निपुण थे, अपने पूर्वज भरतों की कीर्ति और उपलब्धियों पर उन्हें गर्व था।

क्षत्रिय के लिए युद्ध एक महान यज्ञ के समान होता है, जिसमें रक्त की आहुति देने से स्वर्ग और कीर्ति प्राप्त होती है।

क्षात्रधर्म की ज्योति प्रज्वलित रखने का उत्तरदायित्व अब युधिष्ठिर पर था।

यदि वे कर्तव्य-पथ से विचलित होते हैं तो माँ, पत्नी, भाई, कृष्ण कोई उनका नहीं रहेगा। उन्हें हर मूल्य पर इस कर्तव्य का पालन करना ही होगा।

पाँचों भाई परिवार की सभी स्त्रियों के साथ बैठकर इन्द्रप्रस्थ को शक्तिशाली बनाने के उपायों पर कई बार विचार कर चुके थे। यह भी विचार किया था कि धर्म की पुनर्स्थापना कैसे हो और कैसे यश प्राप्त किया जाए?

ऐसे विचार-विमर्श में भीम सदैव आगे रहता था। वह कहता था कि कुछ भी हो, इन्द्रप्रस्थ हस्तिनापुर से भी अधिक शक्तिशाली होना चाहिए। दुर्योधन मलिन वृत्तिवाला है, ईर्ष्यालु और दुष्ट है, वह पाण्डवों का समूल नाश करने पर तुला हुआ है, उसे चक्रवर्ती राजा कदापि नहीं बनने देना चाहिए।

अर्जुन धनुर्विद्या में निपुण होने की कोशिश कर रहा था। उनकी इच्छा थी कि वह कर्ण पर विजय प्राप्त कर सके। कर्ण दुर्योधन का मित्र था और आर्यावर्त में वही एक ऐसा था जो धनुर्विद्या में अर्जुन से टक्कर ले सकता था।

नकुल की रुचि घोड़ों में थी। वह रथों की दौड़ का आयोजन किया करता था। उद्देश्य यह था कि युद्ध के समय घोड़े तैयार मिलें। रथों की ये दौड़ें उसके लिए युद्ध का पूर्वाभ्यास थीं। वह चाहता था कि युद्ध शीघ्र हो। वह अकसर कहा करता था, उसका श्रेष्ठ घोड़ा दधिक्रवा नामक दैवी घोड़े से भी अधिक श्रेष्ठ है, अधिक शक्तिशाली है।

सहदेव शान्त स्वभाव का था। जब तक कोई उससे पूछे नहीं तब तक वह बोलता भी नहीं था। जो कुछ बातचीत होती उसे वह मात्र सुनता रहता था, टिप्पणी नहीं करता था। टीका-टिप्पणी से दूर रहता था।

युधिष्ठिर सबके बड़े थे। ऐसी बातचीत में उन्हें बहुत सावधानी रखनी होती थी। कहीं कोई यह न समझ ले कि वह क्षात्रधर्म के विरुद्ध हैं। एक-एक शब्द सोच-सोचकर बोलते थे।

आसपास के छोटे-छोटे नायकों और सरदारों को इन्द्रप्रस्थ के अधीन कर आर्यावर्त में इन्द्रप्रस्थ का प्रभाव और शक्ति बढ़ाने की सम्भावना पर भी उन्होंने कई बार विचार किया था।

कृष्ण को गए अभी तीन महीने हुए होंगे। ऐसी ही बातें करते-करते एक दिन भीम को एक उपाय सूझा। उसने प्रस्ताव किया कि हमें कोई यज्ञ करना चाहिए, जैसे वाजपेय, राजसूय अथवा अश्वमेध।

माता कुन्ती को रक्तरंजित युद्ध का प्रस्ताव तो नहीं आता था किन्तु भीम का यह प्रस्ताव उन्हें भी अच्छा लगा। उनको याद आया कि उनके पति पाण्डु की राजसूय यज्ञ करने की इच्छा थी, उन्होंने कई लड़ाइयों में विजय प्राप्त की थी, किन्तु यज्ञ करने की उनकी इच्छा मन में ही रह गई थी।

माता कुन्ती के इस कथन का सभी पर असर हुआ। युधिष्ठिर के मन में कोई बात आई किन्तु उन्होंने संयम रखा। बोले नहीं।

भीम बोला, "माँ, हम इसे पूरा करेंगे।" उसकी आँखों में गर्वपूर्ण चमक आ गई। भीम की पत्नी जालन्धरा ने आदरभाव से पति की ओर देखा। इतने वर्षों के गार्हस्थ्य जीवन के बाद भी वह भीम का वैसा ही आदर करती थी जैसा उसने वैवाहिक जीवन के प्रारम्भिक दिनों में किया था।

अर्जुन एकाग्र भाव से बोला, "हम भी अपने पूज्य पिता की तरह विजय-पताका फहराएँगे।"

नकुल ने सहमतिसूचक सिर हिलाया। उसने घोड़ों को खूब अभ्यास कराया था। अब उनके अभ्यास की परीक्षा का विशेष अवसर मिलेगा वास्तविक युद्धभूमि में। सहदेव सदा की भाँति शान्त मौन बैठा रहा।

युधिष्ठिर ने देखा कि उनके सभी भाई राजसूय यज्ञ करने को उत्सुक हैं, उतावले हैं। लेकिन इस यज्ञ की परिणति क्या होगी, यह सोचो तो रोंगटे खड़े हो जाते हैं। पड़ोसी राजाओं को युद्ध के लिए ललकारना पड़ेगा, उन्हें जीतना पड़ेगा, चाहे युद्ध करके जीतो और चाहे युद्ध का भय बताकर जीतो।

माता ने कहा था कि पिता की यही इच्छा थी। उनका यह कथन युधिष्ठिर के लिए महा दुविधापूर्ण बन गया। कौन पुत्र नहीं चाहेगा कि उसके पिता की कामना पूर्ण न हो?

उस रात युधिष्ठिर को नींद नहीं आई। करवटें बदलते रहे। राजसूय यज्ञ की बात उनका पिण्ड छोड़ती ही नहीं थी।

यमुना-तटवाले प्रासाद की छत पर वे निकल आए और आकाश में चमकते सप्तर्षियों की तरफ देखते रहे। उन्होंने देवताओं और सप्तर्षियों से मार्गदर्शन की प्रार्थना की, लेकिन कोई हल नहीं सूझा।

प्रासाद से नीचे उतरकर वे नदी-तट की ओर चले गए। उन्हें समझ नहीं आ रहा था कि वे जाग रहे हैं, या सोए हुए सपना देख रहे हैं।

नदी के बराबरवाले जंगल के साथ-साथ वे बढ़ते चले गए। उन्हें कुछ पता नहीं था कि वे कहाँ जा रहे हैं। उन्हें यह भी पता नहीं था कि बहुत दूर निकल आए हैं। उनके चित्त में तो अभी तक राजसूय यज्ञ ही चढ़ा हुआ था। वही उनके दिमाग में घूम रहा था।

इतने में तम्बूरे के साथ उठी मधुर गीत की आवाज ने रात्रि की नीरवता को भंग किया।

जिस दिशा से यह स्वर आ रहा था, उसी दिशा में युधिष्ठिर बढ़ चले।

नदी-तट पर एक चट्टान थी। उस पर उन्हें नीला प्रकाश दिखाई दिया।

वे इस प्रकाश की ओर एकटक देखते रहे। एकाएक उस प्रकाश में से संगीतकार की आकृति उभरी। गायक चट्टान पर बैठा एकाग्रचित्त गा रहा था। लगा कि कोई साधु है।

युधिष्ठिर वहाँ पहुँचे और हाथ जोड़कर खड़े हो गए। गायक ने गीत गाना बन्द कर दिया। उसके चारों ओर जो प्रभामण्डल फैला था वह सिमट गया और गायक के चेहरे पर आकर ठहर गया।

"प्रणाम मुनिराज!" युधिष्ठिर ने कहा, "आप इतनी रात गए यहाँ किस कारण विराज रहे हैं? मेरे महल में आप पधारें तो मुझे बहुत प्रसन्नता होगी।"

"नहीं, मैं खुले में रहना ही पसन्द करता हूँ।" उस तरुण साधु ने उत्तर दिया।

"आप कहाँ से पधारे हैं, मुनिश्रेष्ठ?"

"जहाँ इच्छा हो वहीं घर मानकर रह जाता हूँ। कभी मृत्युलोक में होता हूँ, कभी पितृलोक में, तो कभी देवलोक में।" मुनि ने हँसकर कहा, "अभी मैं पितृलोक से आ रहा हूँ–तुझसे ही मिलने आया हूँ।" मुनि ने गोद में पड़े तम्बूरे पर अँगुलियाँ फिराईं, लेकिन उससे कोई ध्वनि पैदा नहीं हुई।

साधु स्वयं जाग रहा है अथवा नींद में है या स्वप्न में, यह युधिष्ठिर तय नहीं कर सके किन्तु ज्यादा पूछताछ करने से मुनि के अदृश्य हो जाने का भी डर था। इसलिए उन्होंने धैर्यपूर्वक उनसे निवेदन किया, "मुनि महाराज, मेरा अहोभाग कि आप पितृलोक से पधारे। मैं पाण्डु-पुत्र युधिष्ठिर हूँ। मैं आपकी क्या सेवा करूँ?"

"युधिष्ठिर, मैं तुम्हें जानता हूँ। तुम मेरा सन्देश ध्यान से सुनो। ऐसा करोगे तो ही मेरी सही सेवा कर सकोगे।" मुनि ने कहा।

"सन्देश, कैसा सन्देश?" युधिष्ठिर ने पूछा।

"मैं तुम्हारे पूज्य पिताश्री का सन्देश लेकर आया हूँ।"

"मेरे पिताश्री का सन्देश?" युधिष्ठिर ने चकित होकर पूछा। फिर उन्होंने अपना ललाट और कनपटी दबाकर अनुभव किया कि वे स्वयं जाग रहे हैं या नींद में हैं और फिर पूछा, "पिताजी का क्या सन्देश आप लाए हैं, महाराज?"

"तेरे पिताजी ने मेरे द्वारा यह कहलाया है कि वे अभी सुखी नहीं हैं।"

"मेरे पिताजी किस कारण सुखी नहीं हैं?" युधिष्ठिर को आश्चर्य हुआ।

"पाण्डु ने कहलाया है–'मैंने कई बार विजय प्राप्त की थी किन्तु मैं राजसूय यज्ञ नहीं कर सका। तू इतना शक्तिशाली हुआ फिर भी तूने अभी तक राजसूय किया नहीं है। जब तक तू राजसूय नहीं करता तब तक मैं चक्रवर्ती राजाओं की योनि प्राप्त नहीं कर सकूँगा। यह योनि वे ही प्राप्त कर सकते हैं जिन्होंने स्वयं

यह यज्ञ किया हो या जिनके पुत्र ने यह यज्ञ किया हो। तू मेरा पुत्र है, तो क्या राजसूय यज्ञ की मेरी यह कामना पूर्ण नहीं करेगा?"

"राजसूय!" युधिष्ठिर विस्मय से यन्त्रवत् बोल उठे।

"हाँ, पुत्र का यह कर्तव्य है कि वह पिता को न केवल मर्त्यलोक में, बल्कि पितृलोक में भी प्रसन्न रखे।"

नीले प्रकाश का वह प्रभामण्डल विलीन होने लगा। मुनि की दूर जाती-सी आवाज सुनाई दी, "यही तुम्हारे पिता का सन्देश है, राजसूय यज्ञ करो।"

"लेकिन, लेकिन..." युधिष्ठिर वाक्य पूरा नहीं कर सके। वायुमण्डल में 'राजसूय', 'राजसूय' की ध्वनि गूँज रही थी। युधिष्ठिर काँप उठे थे।

उन्होंने आँखें खोलने की कोशिश की। पाया कि वे बन्द हैं। फिर मलीं, बहुत कोशिश की। खुलीं, तो उन्होंने पाया कि वे नदी-तट पर बैठे हैं और उनका सिर चकरा रहा है।

उस स्थान पर न तो कोई मुनि था, न कोई संगीत और न कोई नीला प्रकाश ही। मात्र 'राजसूय यज्ञ करो' पिता का यह सन्देश ही उनके कानों में अभी तक गूँज रहा था। वे खड़े हुए। वापस महल में आए। पलँग पर लेट गए। किन्तु पलक नहीं झँपी। समूचे वातावरण में उन्हें पिता का सन्देश ही सुनाई पड़ रहा था।

प्रातःकाल होने पर पाँचों भाइयों ने नित्यनियम के अनुसार नदी में स्नान किया, सूर्य भगवान को अंजलि अर्पित की, शास्त्रोक्त विधि से सदा की तरह मन्त्रपाठ किया और प्राणायाम भी। युधिष्ठिर का इनमें से किसी में भी मन नहीं लगा। जो किया वह सब यन्त्रवत् किया।

प्रातःकर्म समाप्त हुआ तो भीम युधिष्ठिर के पास आया और उनके कन्धे पर हाथ रखकर बोला, "बन्धुराज, आज आप कुछ अस्वस्थ प्रतीत होते हैं। क्या बात है?"

"कुछ भी नहीं रे!" होंठों पर मुस्कराहट लाने की चेष्टा करते हुए युधिष्ठिर ने उत्तर दिया।

"कुछ तो जरूर है!" भीम ने जोर देते हुए कहा।

"नहीं, कुछ नहीं रे! मात्र इतना हुआ कि कल रात मुझे नींद पूरी नहीं आ पाई।" युधिष्ठिर ने कहा।

सब लोग भोजन करने बैठे तो हमेशा की तरह कुन्ती परोसने आईं। उन्होंने युधिष्ठिर की तरफ देखते ही कहा, "अरे, तुझे आज क्या हो गया? यों गुमसुम कैसे बैठा है?"

युधिष्ठिर ने सेवकों को हट जाने का संकेत किया। जब वहाँ केवल परिजन

ही रह गए तो कुन्ती ने पुनः पूछा, ''क्या हुआ बेटा? तू आज इतना अस्वस्थ और उदास कैसे है?''

युधिष्ठिर बोले, ''रात मुझे नींद ठीक से नहीं आई थी।'' पर क्योंकि उन्होंने प्रतिज्ञा ली थी कि जीवन-भर झूठ नहीं बोलेंगे इसलिए आगे बोले, ''मुझे हुआ तो कुछ नहीं,'' फिर धीमी आवाज में कुछ रुककर कहा, ''एक सन्देश जरूर मिला है।''

''सन्देश? किसका सन्देश?'' माता कुन्ती ने घबराकर पूछा।

''पूज्य पिताजी का सन्देश मिला है।'' युधिष्ठिर ने इधर-उधर झाँककर धीरे-से कहा।

कुन्ती का चेहरा एकदम सफेद पड़ गया, ''किसका? तेरे पिताजी का सन्देश?'' उन्होंने पूछा।

''जी, माताजी! नारदमुनि ने स्वयं कल रात को मुझे यह सन्देश दिया है।'' युधिष्ठिर ने कहा।

भीम ने सिर हिलाकर पहले यह देख लिया कि वह स्वयं सो तो नहीं रहा है, फिर जब विश्वास हो गया कि जाग्रत है तब बोला, ''क्या आपको पक्का विश्वास है कि वे नारदमुनि ही थे? मैं वहाँ होता तो यह जरूर पता कर लेता कि सच्चाई क्या है।''

''इसमें तो कोई सन्देह नहीं कि वह दिव्य आगन्तुक और कोई नहीं, साक्षात् नारदमुनि ही थे। उनके दिव्य संगीत से मैंने उन्हें पहचाना।''

''अब वे कहाँ हैं, पतिदेव?'' द्रौपदी ने पूछा।

''उन्होंने मुझे सन्देश दिया और अदृश्य हो गए।'' युधिष्ठिर ने कहा।

''आपको पूरा विश्वास है?'' भीम ने पूछा, ''आपने मुझे बुलाया क्यों नहीं?''

''मैंने उन्हें स्वप्न में देखा या जागते हुए, यह मैं निश्चित तौर पर कुछ नहीं कह सकता। लेकिन अभी मैं तुम सबको जैसे देख रहा हूँ, वैसे ही मैंने उन्हें भी देखा था। मुझे स्पष्ट याद है, वह स्वप्न नहीं होना चाहिए।''

''सन्देश क्या था?'' माता कुन्ती ने पूछा।

सन्देश युधिष्ठिर के मन में तत्काल गूँज उठा। स्थिर चित्त होकर बोले, ''पिताजी की इच्छा है कि हमें राजसूय यज्ञ करना चाहिए।''

माता कुन्ती ने सुना तो उनके नेत्रों में अश्रु छलक आए। बोलीं, ''तुझे पक्का भरोसा है कि यह मेरे पतिदेव का ही सन्देश था?''

''हाँ, मुनि ने स्पष्टतः यही कहा था कि हम जब तक राजसूय नहीं करेंगे तब तक पिताजी को पितृलोक में चक्रवर्ती सम्राटों की श्रेणी नहीं मिलेगी।''

''आपको पूरा-पूरा विश्वास है कि वे नारद ही थे?'' अर्जुन ने पूछा, ''क्या

पता वह सब सपना ही हो?"

"वह बिलकुल सच था, भाई! मैं यह तो नहीं कह सकता कि वह सपना था या वास्तविकता फिर भी इतना कहना पड़ेगा कि वह सन्देश पूज्य पिताजी का ही सन्देश था। माताजी ने कल कहा था न कि पिताजी की राजसूय यज्ञ न कर पाने की इच्छा अन्त समय तक उन्हें कचोटती रही थी?"

युधिष्ठिर को अधिक दुखी देखकर माता ने सभी को संकेत किया कि अब पूछताछ द्वारा उसे ज्यादा परेशान न किया जाए। सभी चले गए। माँ भी अपने भवन में चली गईं।

कुछ दिन तक युधिष्ठिर उसी घटना से आक्रान्त रहे। पिता का सन्देश उन्हें एकदम अनपेक्षित मिला था लेकिन इतने विश्वसनीय ढंग से कि उससे उनका ध्यान हटता ही नहीं था।

सभी देख रहे थे कि पिछले कुछ दिनों से युधिष्ठिर अत्यन्त अनमने और उदास हैं। हरदम किसी खयाल में डूबे रहते हैं। चारों भाई, द्रौपदी और माता कुन्ती भी इस परिवर्तन को महसूस कर रहे थे। युधिष्ठिर के मन में द्वन्द्व मचा हुआ था। युद्ध की भयानकता का विचार आता तो वे काँप उठते, लेकिन दूसरे ही क्षण जब पिता का सन्देश याद आता तो पुनः मन-मंथन शुरू हो जाता।

छठे दिन परिवार के सभी लोग पुनः इकट्ठे हुए लेकिन युधिष्ठिर अभी तक सहज, स्वस्थ नहीं हो पाए थे। भीम ने उनसे कहा, "देखो, बड़े भाई, हम सभी चाहते थे कि राजसूय यज्ञ करें। अब पिताजी का सन्देश भी आ गया है, इसलिए उसका पालन तो हमें करना ही चाहिए।"

"हाँ, हमें अब राजसूय यज्ञ तो करना ही चाहिए।" द्रौपदी ने भी भीम के कथन का समर्थन किया।

भीम की खुशी का पार नहीं रहा। उसने कहा, "यह स्वप्न नहीं हो सकता। हमने राजसूय यज्ञ अभी तक नहीं किया, इस कारण पिताजी दुखी होंगे। अब हम राजसूय अवश्य करेंगे।"

राजसूय होगा, यह सुनकर अर्जुन बहुत खुश हुआ। उसे लगा कि युद्ध के लिए वह जो अभ्यास और तैयारियाँ आज तक करता आ रहा है अब उनके वास्तविक उपयोग का अवसर आ पहुँचा है। वह बोला, "पिताजी ने ही यह सन्देश भेजा है। वे वीर योद्धा थे।"

युधिष्ठिर ने नकुल की ओर देखा।

"हमें राजसूय यज्ञ करना ही चाहिए। विजययात्रा पर जाने और युद्धभूमि के लिए मेरे रथ तैयार हैं।" नकुल ने कहा।

"इस विषय में थोड़ा और सोच लें। मेरे मन में भी स्थिति स्पष्ट हो जाने

दें। अन्तिम निर्णय अभी नहीं लेंगे।" युधिष्ठिर ने कहा। फिर वे सहदेव की ओर मुड़े, "तुम्हारी क्या राय है, सहदेव?"

सहदेव बहुत कम बोलता था। कभी कोई राय नहीं देता था। उस दिन बड़े भाई के लिए इतना-सा बोला, "सबकुछ कृष्ण पर छोड़ दो।"

"मैं भी यही कहनेवाली थी।" द्रौपदी ने कहा।

सभी को जैसे राहत मिल गई।

"लेकिन कृष्ण तो कुछ ही महीने पहले द्वारका गए हैं," युधिष्ठिर ने कहा, "अब उन्हें वापस आने में तो देर लगेगी?"

भीम ने नकुल की ओर देखकर नकली गुस्सा करते हुए कहा, "नकुल, तू जाकर कृष्ण को जल्दी ले आ, यदि वे आने से आनाकानी करें तो उन्होंने जिस तरह से रुक्मिणी-हरण किया था, वैसे ही तू उनका हरण करके उन्हें ले आना।" यह कहकर वह जोरों से हँसे और हँसते-हँसते ही यह और कहा, "तेरे घोड़ों पर बहुत चरबी चढ़ गई होगी, इसलिए युद्ध के पहले वहाँ जाने और उन्हें वापस लेकर दौड़ते हुए आने से उनका अच्छा व्यायाम हो जाएगा। उन्हें व्यायाम की जरूरत तो वैसे भी रहा करती है। थोड़ा व्यायाम तेरा भी हो जाए!"

"तो फिर हम महामुनि को बुला लें।" माता कुन्ती ने कहा, "उनके आशीर्वाद बिना राजसूय यज्ञ हम नहीं कर सकते।"

"ठीक है। अब, सहदेव, तुम जाओ। धर्मक्षेत्र जाकर महामुनि को निमन्त्रण दे आओ। तुम्हें भी हम निठल्ला नहीं बैठने देंगे।" भीम ने ठहाका लगाते हुए यह दूसरा निर्देश भी जारी कर दिया।

राजसूय करें या न करें

करीब एक माह बाद महर्षि कृष्ण द्वैपायन तथा उनके शिष्य नौका से इन्द्रप्रस्थ पहुँचे। उनके साथ उद्धव जैसे और भी कई महारथी थे।

पूरे शहर में उत्सव का-सा वातावरण हो गया। जिन व्यक्तियों को लोग सम्मान देते हैं, जिनकी पूजा करते हैं, वे यदि शहर में आएँ तो यह कोई साधारण घटना नहीं हो सकती।

महर्षि ने अपने शिष्य आचार्य धौम्य के यहाँ आतिथ्य स्वीकार किया। आचार्य धौम्य उन दिनों वहाँ राजपुरोहित का पद सुशोभित कर रहे थे।

कृष्ण पाण्डवों के राजमहल में ठहरे। उनका सभी ने हार्दिक स्नेह और गहरी आत्मीयता से स्वागत किया।

स्वागत-सम्मान के बाद बच्चों के अलावा अन्य सभी परिवार-कुटुम्बवाले वापस चले गए। भीम थोड़ी देर बाद लौट आया। उसकी इच्छा थी कि कृष्ण को नवीनतम स्थिति का परिचय दे दे। किन्तु बच्चे डटे हुए थे। वे कृष्ण को छोड़कर नहीं जा रहे थे। वहाँ से हिल ही नहीं रहे थे। द्रौपदी के पाँचों पुत्र वहीं थे। युधिष्ठिर का सबसे बड़ा पुत्र प्रतिविन्ध्य उनका नेता बना हुआ था। सभी कृष्ण के इर्द-गिर्द शोर मचा रहे थे। प्रत्येक चाहता था कि वह कृष्ण की गोद चढ़े, कृष्ण उसे पास बिठाएँ, गले लगाएँ। कृष्ण जिसे प्यार करते वह आनन्द से झूम उठता।

कृष्ण की छोटी बहन सुभद्रा की कोख से जनमा अर्जुन का पुत्र अभिमन्यु तो अपनी माँ के हाथों से ऐसा उछला कि यदि कृष्ण ने उसे झेल न लिया होता तो वह गिर ही पड़ा होता।

भीम अधिक धीरज नहीं रख सका। बोला, "कृष्ण, इन छोकरों को आप ज्यादा सिर मत चढ़ाओ। ये तो हमसे भी ज्यादा आपको चाहने लगे हैं।"

"तो इसमें तो तुम्हारा ही कोई दोष होगा," कृष्ण ने कहा, "क्यों, ठीक है न प्रतिविन्ध्य?" प्रतिविन्ध्य ने गर्दन हिलाकर हामी भरी।

"कृष्ण," भीम ने चेहरे पर गम्भीरता बनाए रखते हुए कहा, "आप हमारी प्राचीन परम्परा को तोड़ रहे हैं। हमारी परम्परा कहती है कि भगवान तो माँ-बाप होते हैं, मामा नहीं।"

कृष्ण ने मुँह से सीटी बजाई। अभिमन्यु हँसा। कृष्ण ने उसकी ठोड़ी उठाई, गाल थपथपाया, "क्यों रे, तू तेरे माँ-बाप से भी ज्यादा मुझे चाहता है न?" अभिमन्यु मुँह खोलकर हँस दिया और गले से गर्र-गर्र की आवाजें निकालकर सहमति जता दी। तब कृष्ण ने उसे वापस उसकी माँ सुभद्रा को सौंप दिया।

"ये बच्चे मुझे तुमसे ज्यादा स्नेह नहीं करते हैं, भीम। तुममें और इनमें इतना ही अन्तर है कि तुम स्नेह की अभिव्यक्ति करना नहीं जानते, जबकि ये मेरे प्रति अपना स्नेह अभिव्यक्त कर देते हैं।" कृष्ण ने कहा।

"शब्द, शब्द, शब्द!" भीम ने कृत्रिम रोष में कहा, "मुझे भी स्नेह और प्रेम अभिव्यक्त करने आते हैं, लेकिन यदि मैंने अभिव्यक्ति शुरू की तो तुम मेरे आलिंगन में ही पिसकर मर जाओगे। लेकिन अभी मैं तुम्हें मारना नहीं चाहता। समय आएगा तो यह भी कर दूँगा।"

"करके देख लेना!" कृष्ण ने कहा, "लेकिन यह ध्यान रखना कि ऐसा करते-करते तुम स्वयं ही पिसकर न मर जाओ!"

सभी हँस पड़े। कृष्ण और भीम की एक-दूसरे को पीस डालनेवाली बात में बच्चों को बहुत मजा आया।

दूसरे दिन सुबह आचार्य धौम्य के आश्रम में एक छोटी-सी सभा जुड़ी।

यज्ञवेदी के आसपास महर्षि वेदव्यास, आचार्य धौम्य, कृष्ण, उद्धव, पाण्डव, माता कुन्ती और द्रौपदी बैठे।

इस मिलन में वही आत्मीयता थी जो पारिवारिक मिलन में होती है। राजकुमारों ने न तो मुकुट पहने थे और न वे अस्त्र-शस्त्र धारण करके आए थे। महर्षि वेदव्यास ने भी अपने बालों का जूड़ा नहीं बनाया था, उनकी पीठ पर बाल खुले फैले हुए थे। आचार्य धौम्य ने जटा जरूर बाँधी हुई थी क्योंकि वे नियमानुसार अपने गुरु के समक्ष जटा बाँधे बगैर जा नहीं सकते थे।

कृष्ण में हुआ परिवर्तन देखकर वेदव्यास चकित रह गए। कृष्ण का शरीर कोमल था, उनकी आँखें प्रभावशाली और तेजवान थीं, उनकी दृष्टि में यौवन छलकता था। महर्षि को कृष्ण सदा से ही पसन्द थे, किन्तु इस बार उनके व्यक्तित्व में महर्षि को कुछ नई दिव्यता दिखाई दी। उनका चेहरा एक ऐसी आभा से मण्डित था जो मनुष्यों के चेहरे पर कभी भाग्य से ही होती है।

कुरुवंश पर बार-बार आनेवाली विपत्तियों को देख-देखकर महर्षि वेदव्यास को बहुत पीड़ा हुआ करती थी। उन्होंने स्वयं जो शब्द माता सत्यवती को कहे थे, वे रह-रहकर उन्हें याद आते थे–'जब तक ईश्वर मुझे अपने पास नहीं बुला लेता है तब तक मैं धर्म के लिए ही जीवित रहूँगा। यदि कुरुओं में कोई चक्रवर्ती राजा नहीं होगा तो भगवान सवितानारायण की आज्ञा से मेरे चरण किसी शाश्वत धर्मगोप्ता की ओर मुड़ जाएँगे जो दुष्टों को निर्मूल करेगा और धर्म की पुनर्स्थापना करेगा। मेरा पक्का विश्वास है कि ऐसा जरूर होगा।'

उन्हें लगता था, इन शब्दों में कोई भविष्यवाणी छिपी थी। पता नहीं भगवान सवितानारायण धर्म के किस रक्षक के पास कहाँ ले जा रहे थे?

महर्षि ने कृष्ण को आशीर्वाद दिया। उनके मुँह से आह-सी निकली। उन्होंने सोचा कि यदि कृष्ण का जन्म किसी राजा के घर हुआ होता तो वे आज चक्रवर्ती राजा बन गए होते। आर्यावर्त को एक धर्ममूलक शासन की जितनी जरूरत आज थी उतनी पहले कभी नहीं रही।

उन्हें ध्यान आया कि इस प्रकार भावुक होना ठीक नहीं है। मुझे प्रतीक्षा करनी चाहिए। भगवान सूर्य की जब इच्छा होगी तब वह व्यक्ति अवश्य प्रकट होगा।

प्रारम्भिक औपचारिकताओं के बाद महर्षि बोले, "युधिष्ठिर, हमें यहाँ क्यों बुलाया है, अब यह बात ठीक से समझाकर कहो। कोई-न-कोई आवश्यक काम ही होगा।"

"आवश्यक क्या, अत्यावश्यक काम है," युधिष्ठिर ने कहा। उनके हृदय से रात को वन में सुने देवर्षि नारद के शब्दों का बोझ अभी हटा नहीं था, "हमारे

सामने एक अत्यन्त आवश्यक प्रश्न जो आ खड़ा हुआ है, उस पर निर्णय के लिए हमें आपके परामर्श की आवश्यकता है। प्रश्न यह है कि राजसूय यज्ञ करें या न करें?" युधिष्ठिर ने उनके सामने यह प्रश्न रखते हुए मन पर छाई हुई बातें भी कह दीं जो नारदमुनि ने पितृलोक से आकर पाण्डु की अपूर्ण इच्छा के बारे में उन्हें बताई थीं।

युधिष्ठिर को यह नहीं सूझ रहा था कि वे अपने मन की बात कैसे प्रकट करें। घटना तो उन्होंने सुना दी, लेकिन इस विषय में उनका अपना क्या विचार है, यह प्रकट नहीं कर सके। वह सन्देश भी उनके मन में इतने जोरों से घुमड़ रहा था कि उसे दबा नहीं सके और कहना पड़ा, "मेरे भाइयों की इच्छा है कि पिता के सन्देश का पालन किया जाए," और घटनाओं के दबाव से विवश होकर उन्हें यह भी जोड़ना पड़ गया, "मैं भी सोचता हूँ कि वे ठीक ही कहते हैं।"

"तुम्हारे भाइयों की क्या राय है?" महर्षि ने और स्पष्टीकरण के लिए पूछा।

भीम ने कहा, "भगवन्, कई राजाओं पर हमने विजय प्राप्त कर ली है। कई राजा हमारा प्रभुत्व यों ही स्वीकार कर चुके हैं। अब हमें राजसूय यज्ञ करना है। कृष्ण की सलाह और आपके आशीर्वाद की ही देर है।"

महर्षि ने मुस्कराकर सहदेव की तरफ देखा और पूछा, "सहदेव, तू तो त्रिकालदर्शी है। बिना पूछे बताने, बोलने की तुम्हारी आदत नहीं। बताओ कि युद्धभूमि में सेनाएँ उतारने का शुभ मुहूर्त आ गया है या नहीं?"

सहदेव ने कृष्ण की तरफ अंगुलि संकेत करके कहा, "इनसे पूछिए।" और पुनः चुप्पी मारकर बैठ गया।

"तो अब कठिनाई क्या है?"

"कठिनाई तो कोई नहीं," भीम बोला, "लेकिन हम चाहते हैं कि हमें आपका केवल आशीर्वाद ही न मिले, बल्कि यदि राजसूय यज्ञ हो तो आप उसके आचार्य-पद पर भी बिराजें। हम सबकी आपसे यह विनती है।"

"मेरा आशीर्वाद तो तुम्हारे साथ है ही और आवश्यकता हुई तो मैं यज्ञ में ब्रह्मा का पद भी ले लूँगा।" महर्षि ने कहा।

"पूज्य भगवन्," युधिष्ठिर ने कहा, "क्या आप ऐसा सोचते हैं कि हमें यह राजसूय यज्ञ करना ही चाहिए?"

"तुम जिन कारणों से सोचते हो, उन कारणों से नहीं," महर्षि ने जोर देकर कहा और आगे बोले, "बल्कि मैं जो कारण देख रहा हूँ उनके अनुसार यह यज्ञ करना आवश्यक है।"

"वे कौन-से कारण हैं, भगवन्?" युधिष्ठिर ने पूछा।

"राजसूय के कारण पूरे आर्यावर्त के प्रमुख श्रोत्रिय एकत्रित होंगे। उसमें वे

अपने मन्त्रों को शुद्ध कर सकेंगे। मन्त्र शुद्ध होंगे तो धर्म में शुद्धता आएगी और उसका फल यह होगा कि धर्म की रक्षा होगी।''

''पहले भी कभी ऐसे किसी यज्ञ में आपने भाग लिया होगा, उसमें भी क्या सभी श्रोत्रिय आए थे?'' युधिष्ठिर ने पूछा।

'सम्राट् शान्तनु ने जब वाजपेय यज्ञ किया, तब आए थे। उन दिनों मैं बीस वर्ष का था। उस यज्ञ का प्रभाव बीस वर्ष तक रहा था।''

''लेकिन क्या यह जरूरी है कि राजसूय यज्ञ करने के सन्तोष के लिए युद्ध छेड़ा जाए?'' युधिष्ठिर ने पूछा।

''हमें युद्ध नहीं करना है, लेकिन यदि अन्य राजा हमारे साथ शान्तिपूर्ण सम्बन्ध रखना चाहते हैं तो उन्हें हमारा चक्रवर्ती-पद स्वीकार करना ही होगा।'' भीम ने कहा।

युधिष्ठिर ने मस्तक हिलाया। उनके मन में अभी भी द्वन्द्व था। पिता के सन्देश का भूत उनके सिर पर सवार होता, उससे पहले ही वे बोल उठे, ''क्या चक्रवर्ती पद इतना अधिक महत्त्वपूर्ण है?''

सभी लोग भौंचक्के-से युधिष्ठिर की ओर देखने लगे। क्या युधिष्ठिर का क्षात्रधर्म पर से ही विश्वास उठ रहा है?

युधिष्ठिर पुनः बोले, ''मैं पिताजी की इच्छा पूरी करने के लिए तैयार हूँ। उनकी इच्छा अवश्य पूरी हो, किन्तु...''

''नहीं, किन्तु-परन्तु से कुछ होनेवाला नहीं है, बड़े भैया!'' भीम ने कहा, ''पिताजी की आज्ञा स्पष्ट है। उसका पालन होना ही चाहिए।''

युधिष्ठिर अभी तक जिसे कहने में हिचकिचा रहे थे, अब वह कहना ही पड़ा। बोले, ''यह तो ठीक है लेकिन लड़ाइयाँ मुझे पसन्द नहीं हैं।''

जब से सन्देश प्राप्त हुआ तब से युधिष्ठिर के मन में चैन नहीं था। अनमने भाव से उनके मुख से निकला, ''मैं जानता हूँ कि राजसूय यज्ञ के प्रभाव से वे क्षत्रिय क्षात्रधर्म के मार्ग पर लौट आएँगे जो धर्म-मार्ग छोड़ चुके हैं।''

''अधिकांश राजा तो हमारा प्रभुत्व स्वीकार करेंगे ही। उन राजाओं को धर्म के मार्ग पर लाने का एकमात्र यही उपाय है।'' भीम ने कहा।

महर्षि वेदव्यास ने हाथ उठाकर सभी को शान्त रहने को कहा, फिर कृष्ण की तरफ मुड़कर पूछा, ''वासुदेव, आपकी क्या राय है?''

कृष्ण ने अपना उत्तरीय कन्धे पर ठीक किया और कहा, ''जैसी महर्षि की इच्छा!'' दो-चार पल रुककर फिर बोले, ''भगवन्, युधिष्ठिर चक्रवर्ती राजा तो हो चुके हैं, मात्र पद ही मिलना शेष है।''

''जो हुआ है वह आपके कारण हुआ है, उसका यश आपको ही है।''

युधिष्ठिर ने कहा।

कृष्ण हँस पड़े, ''पाण्डवश्रेष्ठ, यों अपने साथ अन्याय मत करो। राजसूय का उद्‌देश्य देवताओं को प्रसन्न करना या पितरों का तर्पण ही नहीं है, इससे श्रोत्रियों को नीतिपूर्ण जीवनयापन की शिक्षा मिलेगी और क्षात्रधर्म की परम्परा सुदृढ़ होगी। श्रोत्रियों और क्षत्रियों में निकटता बढ़ेगी, वे साधारण जनों के भी समीप आएँगे और उनमें यह समझ भी पैदा होगी कि धर्ममय जीवन की समाज में सुख-शान्ति ला सकता है। आर्यों में इससे एक नई स्फूर्ति आएगी।''

महर्षि ने सहमति व्यक्त करते हुए सिर हिलाया, ''आपका कथन सत्य है, वासुदेव!''

कृष्ण आगे बोले, ''श्रोत्रिय और राजा ही नहीं, प्रजाजन भी एक-दूसरे के पास आएँगे।''

भीम हँस पड़ा ''राजसूय के गुण तुम्हारी तरह मुझे भी इतने विस्तार से गिनाने आ जाते तो तुम्हें बुलाने की आवश्यकता ही नहीं होती।''

कृष्ण ने भी हँसकर कहा, ''इतना तो यश मुझे भी लेने दो न!''

युधिष्ठिर के मस्तिष्क से पिता के सन्देश का प्रभाव अभी गया नहीं था। सहमति में सिर तो हिला दिया किन्तु मन में बार-बार पैदा होनेवाली चिन्ता प्रकट किए बिना रह नहीं सके, ''युद्ध से जो कष्ट बढ़ेंगे वे भी हमें याद रखने हैं–धन-जन का नाश होगा, घर टूटेंगे, आश्रम उजड़ेंगे।''

कृष्ण जान गए कि युधिष्ठिर के अन्तःकरण में युद्ध के प्रति कितनी घृणा है। युधिष्ठिर का वश चलता तो वे एक भी युद्ध नहीं होने देते।

''भाई,'' कृष्ण ने कहा, ''आपने युद्ध की जिस भयानकता का वर्णन किया वह तो सही है, किन्तु आपको इस यज्ञ के फलस्वरूप प्रजा के जीवन में होनेवाले परिवर्तन पर भी तो विचार करना चाहिए। यदि राजसूय यज्ञ नहीं होता है तो मनुष्य पर धर्म का प्रभाव क्षीण हो जाएगा, राजागण उत्तरदायित्वहीन हो जाएँगे, लोग नीतिपूर्ण जीवन की आवश्यकता को भुला देंगे, परिवारों में एकता समाप्त हो जाएगी, श्रोत्रियगण धर्ममय आचरण छोड़ देंगे और दुनिया से श्रुति का महत्त्व ही लुप्त हो जाएगा।''

महर्षि वेदव्यास सम्मान-भाव से कृष्ण की ओर एकटक देखते रहे। उन्हीं के मन की बात कृष्ण ने कितने अद्‌भुत ढंग से कह दी थी। कृष्ण की यह स्पष्टता उन्हें अभिभूत कर गई। उन्होंने गहरी साँस लेकर निःश्वास छोड़ा। यह आदमी यदि किसी राजा के घर पैदा हुआ होता तो!...निश्चित ही धर्म की रक्षा करता और एक अद्वितीय चक्रवर्ती सम्राट् बनता।

मेघसन्धि का सन्देश

कुछ देर रुककर कृष्ण ने कहा, "मैं मान लेता हूँ कि हमारी सैन्य-शक्ति विजय प्राप्त करने योग्य है। लेकिन क्या यह इतनी है कि राजाओं में पाप और अधर्म पर विजय प्राप्त करने का भी साहस पैदा कर दे?"

"आपका कथन सत्य है, वासुदेव!" महर्षि वेदव्यास बोले, "इसीलिए राजसूय के पहले युद्धों का विधान है। इन युद्धों का उद्देश्य राजाओं को दास बनाना नहीं, बल्कि अपने नैतिक नेतृत्व में उनका सहयोग प्राप्त करना है।"

अब कृष्ण अर्जुन की ओर मुड़े और उससे पूछा, "तुम्हारे पास रथी, महारथी, अतिरथी और धनुर्धर तो पर्याप्त संख्या में हैं न?"

"हाँ," अर्जुन ने कहा, "हमारे पास बीस अतिरथी, तैंतालीस महारथी और धनुर्धर भी पर्याप्त संख्या में हैं।"

"नकुल, तेरी तैयारियाँ कैसी हैं?" कृष्ण ने पूछा।

"मेरे घोड़े पूरी तरह से तैयार हैं और युद्ध की प्रतीक्षा में हिनहिना रहे हैं।" नकुल ने कहा।

कृष्ण ने अर्जुन और नकुल की ओर विजय-भरी मुस्कान से देखते हुए पूछा, "क्या तुम्हें यह भरोसा है कि तुम्हारी सहायता करनेवाले सेनापति यह मानते हैं कि तुम विजय की इच्छा से नहीं, बल्कि धर्म-स्थापना के लिए लड़ते हो?"

"हाँ, हमारे समस्त नायक धर्म की—क्षात्रधर्म की भावना से प्रेरित हैं।" भीम ने कहा।

"आर्य राजाओं के बीच हमने बहुत ऊँचा स्थान प्राप्त किया है, क्या यही पर्याप्त नहीं?" युधिष्ठिर ने पूछा।

कृष्ण ने ठोड़ी पर अंगुलि रखी, "युधिष्ठिर, ज्यों ही तुम किसी ऊँचे स्थान पर पहुँचो त्यों ही तुममें उससे भी ऊँचे स्थान पर जाने की अभिलाषा जाग जानी चाहिए, नहीं तो तुम लोग खण्ड-खण्ड हो जाओगे।"

भीम ने कृष्ण की ओर आदर से देखा, "मैं भी यही सोचता हूँ। जिन लोगों ने हमारी सत्ता अभी तक स्वीकार नहीं की है उन्हें अब अपने आधिपत्य में ले लेना चाहिए और जो शत्रु हैं उन पर भी विजय प्राप्त करनी चाहिए।"

"राजसूय के बिना क्या यह सब नहीं हो सकता?" युधिष्ठिर ने पूछा, लेकिन पिता के सन्देश की याद आते ही चुप हो गए।

महर्षि बोले, "देवताओं से संवाद करने की शक्ति होते हुए भी हमारे पूर्वजों ने देवताओं को आहुति अर्पित करने, पितरों को तर्पण करने, राजाओं को कीर्ति देने और ब्राह्मतेज में एकता लाकर धर्म को प्रतिष्ठित करने के लिए यज्ञों की

आयोजना की थी।''

थोड़ी देर रुककर वे फिर आगे बोले, ''राजसूय के पहले जो युद्ध हों वे हिंसा और विनाश की नीयत से न हों यह तो मैं पहले ही कह चुका हूँ। इनका उद्‌देश्य मात्र इतना ही हो कि वे नैतिक प्रभुत्व प्राप्त करने की दिशा में एक कदम हों।''

''इसके लिए तुम्हें विविध राजाओं की सहायता तो लेनी ही होगी। उसके बिना तुम राजसूय नहीं कर सकोगे।'' कृष्ण ने कहा।

महर्षि ने कहा, ''और यह सहायता तभी सम्भव होगी जब आप रणक्षेत्र में सफल हों। परिस्थिति बहुत नाजुक है। अधिकांश राजा तो पाण्डवों का प्रभुत्व स्वीकार कर लेंगे, लेकिन जो-जो विरोध करेंगे उनसे तो लड़ना ही होगा। यदि तुम युद्ध में हार गए तो तुम्हारा प्रभाव लुप्त हो जाएगा और तुम बिखर जाओगे।''

''लेकिन विजय का क्या भरोसा, महर्षि?'' युधिष्ठिर ने पूछा, ''युद्ध में तो सदैव अनिश्चिता रहती है।'' फिर उन्होंने कृष्ण की ओर देखा। उन्हें आशा थी कि कृष्ण इस अनिश्चितता से उबरने का कोई उपाय बताएँगे।

''हम कोई ऐसी परिस्थिति उत्पन्न करें जिससे बैरियों पर भारी नैतिक दबाव पड़े और वे बिना युद्ध किए तुम्हारा प्रभुत्व स्वीकार कर लें।'' कृष्ण ने कहा।

''बिना युद्ध किए?'' युधिष्ठिर ने पूछा, ''यह कैसे?''

''हाँ, बिना युद्ध किए।'' कृष्ण ने उत्तर दिया।

''पर यह कैसे सम्भव होगा?'' भीम ने पूछा।

''सबसे पहली बात तो यह है कि तुम्हें युद्ध के लिए तैयार रहना होगा। सैनिकों को सुसज्जित रखना होगा। रथ, घोड़े आदि कभी भी युद्ध में काम आ सकें ऐसी स्थिति में रखने होंगे।'' कृष्ण ने कहा, ''यह सब तैयारी तो तुम कर चुके हो।''

फिर कृष्ण ने द्रौपदी की ओर देखा और पूछा, ''तुम्हारे पिता भी कोई सहयोग देंगे?''

''मुझे विश्वास है कि राजसूय करने में हमें महाराज द्रुपद अवश्य सहयोग देंगे।'' द्रौपदी ने कहा। द्रौपदी के प्रति उस परिवार में बहुत आदर था। द्रौपदी के बिना कोई निर्णय नहीं लिया जाता था।

''अब प्रजा के समर्थन की बात बताओ, क्या हमें प्रजा का समर्थन मिलेगा?'' कृष्ण ने पूछा।

''हाँ, प्रजा हमारे साथ है।'' भीम ने कहा।

''क्या तुम्हें भरोसा है कि एक-दो युद्धों में हार भी हो गई तो भी प्रजा तुम्हारे साथ बनी रहेगी?'' कृष्ण ने पूछा।

''हाँ,'' भीम ने कहा, ''मुझे यह समझ नहीं आया कि हार क्यों होगी?''

कृष्ण हँसे, ''तुम तो सदैव उज्ज्वल पक्ष को ही देखते हो।''

“यदि मैं ऐसा न करूँ तो तुम मुझे आँसुओं के समुद्र में ही न डुबा दो!” भीम ने उत्तर दिया और हँस पड़ा।

“और तुम्हारे अन्य साथी?”

“अपने सभी साथियों का हमें पक्का समर्थन प्राप्त है,” भीम ने कहा, “शायद एकाध कच्चा हो लेकिन यदि वह हमारा विरोध करने की मूर्खता करता है तो उस पर विजय पाना कठिन नहीं होगा।”

“अर्थात् लड़ाई होगी, नहीं?” युधिष्ठिर ने पूछा।

“चेदि का शिशुपाल? वह तुम्हारा शत्रु है। ऐसे ही कारुष का दन्तावक्त्र, प्राग्ज्योतिष का भगदत्त, विदर्भ का रुक्मी और पौण्ड्रक का वासुदेव–ये सभी जरासन्ध के मित्र हैं।” कृष्ण ने कहा।

“शिशुपाल और दन्तावक्त्र को तो हम सरलता से हरा सकते हैं।” अर्जुन ने कहा।

“यह सरल नहीं है, मेरे भाई!” कृष्ण ने कहा, “तुम शिशुपाल और दन्तावक्त्र के विरुद्ध लड़ाई में उतरोगे तो जरासन्ध और अन्य राजागण उनकी सहायता को आएँगे ही। और यह भी मत भूलो कि तुम्हारा चचेरा भाई दुर्योधन हाथ-पर-हाथ धरे नहीं बैठा रहेगा। भीष्म, द्रोण या कृपाचार्य मना करेंगे तो भी वह जरासन्ध का ही समर्थन करेगा और कर्णराधेय–वह तो अर्जुन से लड़ने को कभी का उछल रहा है, दुर्योधन का मित्र है वह!”

“तो अन्ततः आपका सुझाव क्या है?” भीम ने पूछा। राजसूय यज्ञ के विरुद्ध कृष्ण के निरन्तर दिए जा रहे तर्कों से वह परेशान हो उठा था।

कृष्ण कुछ देर विचार में डूब गए। फिर बोले, “यदि तुम चाहते हो कि मैं राजसूय यज्ञ में तुम्हारी सहायता करूँ तो...”

“ ‘यदि’ का इसमें कोई प्रश्न ही नहीं है। आपका साथ नहीं होगा तो हम राजसूय यज्ञ करेंगे ही नहीं,” भीम ने कहा, “मैं आपको अच्छी तरह जानता हूँ। हमने युद्ध शुरू किया नहीं कि आप हमें बचाने को उसमें कूदे नहीं!”

“तब पहले हमें जरासन्ध का नाश कर देना चाहिए। हमारा सबसे भयानक शत्रु है वह। यादवों का मूलोच्छेद करने में सबसे आगे रहता है। तुम जानते हो, उसने मथुरा का ध्वंस किया था मुझे मिटा देने के लिए, पर मुझे पा नहीं सका। द्रौपदी को भगा ले जाने के लिए स्वयंवर में आया था, लेकिन मेरे ही कारण उसे वहाँ भी मुँह की खानी पड़ी।”

“जरासन्ध को हम कैसे समाप्त कर सकते हैं?” युधिष्ठिर ने पूछा, “उसका राज्य यहाँ से बहुत दूर है। काशीराज सुशर्मा तक जरासन्ध से डरते हैं।”

“तुम सही कहते हो बन्धु,” कृष्ण ने कहा, “लेकिन सूर्य जब मकर राशि

में आएगा तब जरासन्ध एक संहार यज्ञ करेगा और सौ राजाओं के मस्तक उसमें आहुति-स्वरूप डालेगा।"

"यह तो बहुत भयंकर बात है!" महर्षि ने ऐसे चौंककर कहा मानो बिजली गिर पड़ी हो, "क्या तुम्हें पक्का विश्वास है कि जरासन्ध ने इतना अमानुषी यज्ञ करने का निर्णय लिया है?"

"आचार्य श्वेतकेतु के शिष्य आचार्य इन्द्रप्रमद एक सन्देश लाए हैं। यह सन्देश राजकुमार मेघसन्धि ने भेजा है।" कृष्ण ने बताया।

"हाँ, आचार्य इन्द्रप्रमद को मैं जानता हूँ। वे अभी कहाँ हैं?" महर्षि ने पूछा।

"वे अभी वापस गिरिव्रज जा रहे हैं। वे वहाँ जाकर सहदेव और मेघसन्धि से कहेंगे कि जब तक मैं वहाँ नहीं पहुँचूँ तब तक इस यज्ञ को रोकें।" कृष्ण ने कहा।

"विश्वास नहीं होता।" सिर हिलाते हुए महर्षि ने कहा, "यह तो सरासर पाप है, नृशंस, अनार्य कृत्य है। धर्म का सर्वनाश करनेवाला! इसे तो रोकना ही होगा।"

"भगवन्, आपके ध्यान में क्या कोई ऐसा राजा है जिसने मनुष्य की बलि दी हो?"

"बहुत वर्ष पूर्व राजा हरिश्चन्द्र ने शुनःशेप का बलिदान करने का प्रयत्न किया था किन्तु भगवान वरुण ने उसे मुक्त कर दिया था। उसके बाद किसी भी आर्य राजा ने मनुष्य की आहुति नहीं दी।" महर्षि ने कहा और यह कहते-कहते उनका चेहरा तमतमा गया। उन्होंने अपनी हथेलियाँ अपने कानों पर लगा लीं और बोले, "सौ राजाओं की बलि देने की तो बात ही अकल्पनीय है। इसे रोकने का उपाय हमें करना ही होगा।"

"मगध पर चढ़ाई करके हम जरासन्ध का नाश कैसे कर सकते हैं?" युधिष्ठिर ने पूछा।

चुटकी बजाते हुए भीम ने कहा, "ऐसे! हमारे महारथी जरासन्ध को यों साफ कर देंगे। द्रुपद हमारे सम्बन्धी हैं और मित्र भी। काशीराज भी ऐसे ही..."

"प्रारम्भ में ही वे तुम्हारी सहायता करने आगे आ जाएँगे, मैं ऐसा नहीं मानता," कृष्ण ने कहा, "उन्हें जब ज्ञात होगा कि तुम जीत रहे हो तभी वे तुम्हारे पक्ष में आगे आएँगे।"

"मगध पर आक्रमण करना कोई सरल कार्य नहीं है," युधिष्ठिर ने कहा। युद्ध बचाने का कोई भी तर्क शेष न रहे, उनकी यही चिन्ता थी।

"तो फिर हम क्या करें?" भीम ने कृष्ण से पूछा।

"हमारे सामने एक ही मार्ग है जो मैं तुम्हें बताता हूँ। वह यह कि हार की

जोखिम उठाए बिना हम राजसूय यज्ञ कर सकें, ऐसी परिस्थितियाँ उत्पन्न की जाएँ। यह तभी सम्भव है जब हम जरासन्ध को रास्ते से हटा सकें।''

''सभी युद्धों में हार का जोखिम तो रहता ही है।'' युधिष्ठिर ने राय दी।

''राजसूय प्रारम्भ करने से पहले हमें हार की सभी सम्भावनाएँ दूर कर देनी होंगी।'' कृष्ण ने कहा।

यह सुनकर सभी लोग कुछ देर तक मौन रहे। फिर महर्षि बोले, ''अपने प्रति श्रद्धा रखनेवाले सभी राजाओं को मैं सन्देश भेज दूँगा कि वे मगध पर चढ़ाई के लिए तैयार रहें। लेकिन कह नहीं सकता कि कितने लोग यह जोखिम उठाने को तैयार होंगे।''

महर्षि के चेहरे पर गहरे विषाद की रेखाएँ उभर आई थीं। वे पुनः बोले, ''यह युद्ध बड़ा दुर्भाग्यपूर्ण होगा। आर्य राजा आर्य राजाओं के विरुद्ध लड़ेंगे। दूसरी ओर यदि हम इस नरमेध को रोकते नहीं हैं तो धर्म का सम्पूर्ण ताना-बाना ही छिन्न-विच्छिन्न हो जाएगा। हम आर्य नहीं रहेंगे, राक्षस बन जाएँगे।''

सभी विचारमग्न हो गए।

''वासुदेव, आप क्या कहते हैं?'' महर्षि ने पूछा।

कृष्ण ने धीमे किन्तु दृढ़ स्वर में कहा, ''मुझे जो सन्देश मिला है वह स्पष्ट है। राजकुमार मेघसन्धि चाहते हैं कि मैं इस नरमेध को रोकूँ।''

थोड़ी देर रुककर वे फिर बोले, ''नकुल मुझे बुलाने द्वारका आया, उससे पहले ही मैं मेघसन्धि तथा उसके पिता सहदेव को सन्देश भेज चुका था कि राजाओं को मुक्त करने के लिए मैं वहाँ आ रहा हूँ।''

''कृष्ण, मगध के विरुद्ध लड़ना सरल नहीं है।'' युधिष्ठिर ने कहा। कृष्ण मुस्कराए, ''इसका यही अर्थ है कि हम कोई ऐसा उपाय करें जिससे जरासन्ध की पराजय के लिए हमें संघर्ष न करना पड़े।''

''लेकिन यह होगा कैसे?'' युधिष्ठिर ने पूछा।

''तुम तो इससे बच भी सकते हो, किन्तु मेरा तो वहाँ गए बिना छुटकारा नहीं है। मेघसन्धि ने मुझ पर भरोसा किया है और मैं विश्वासघात कर नहीं सकता। उसके दादा का स्वभाव ऐसा है कि यदि क्रोध आया तो उसे और उसके बाप सहदेव, दोनों को ही यज्ञ में होम देगा।''

''कैसा पागल आदमी है वह!'' भीम ने कहा।

''युधिष्ठिर, अब तुम्हें फैसला करना है। मैं यहाँ से सीधा मगध जाऊँगा। यदि तुम भीम और अर्जुन को मेरे साथ भेजते हो तो मुझे भी उनका सहारा रहेगा और राजसूय यज्ञ का आधार भी बन जाएगा।'' कृष्ण ने कहा।

माता कुन्ती भौंचक्की रह गईं। उन्होंने पूछा, ''कृष्ण, तुम्हें, भीम को या

अर्जुन को कुछ हो गया तो?"

कृष्ण हँसे, "क्षत्रिय तो सदैव अपना मस्तक अपनी हथेली पर रखकर ही घूमा करते हैं। हो सकता है हम तीनों मिलकर कोई ऐसा पराक्रम कर दिखाएँ जैसा हजार अतिरथी मिलकर भी न दिखा सकें। माता, आपका और भगवान वेदव्यास का आशीर्वाद हमें मिलना चाहिए। मुझे, जरासन्ध का बहुत पुराना हिसाब चुकाना है। वह सारे जीवन मेरा पीछा करता रहा है। कई अवसर आए, जब मैं उसे मार सकता था। किन्तु मैंने मारा नहीं, बचकर भाग जाने दिया। लेकिन इस बार मैं उसे छोड़ूँगा नहीं क्योंकि अब वह मनुष्यता के मूल को ही, आर्य धर्म को ही, उखाड़ फेंकने में लगा हुआ है।"

"कृष्ण, तुम्हारा जीवन भी मूल्यवान है, उसे यों थोड़े ही गँवा देना है।"

"माता, जरासन्ध ने यदि नरमेध कर दिया तो आर्य-जीवन का पूरा ढाँचा ही बिखर जाएगा।" कहकर कृष्ण कुछ देर रुके, फिर बोले, "मेघसन्धि ने बड़ी कठिनाई से इतना तो अभी तक कर रखा है कि राजाओं की संख्या सौ तक नहीं पहुँचने दी है, किसी-न-किसी को भाग जाने का अवसर देता रहता है।"

कृष्ण ने फिर महर्षि की ओर देखा और कहा, "यदि हम लोग न लौट पाएँ तो भगवन्, आप आर्य राजाओं को मगध पर चढ़ाई का आदेश दे दें। लेकिन मुझे विश्वास है, हम सफल होंगे।"

महर्षि कृष्ण की मुस्कराहट, दृढ़ता और दुर्जेय प्रभाव जानते थे।

कृष्ण ने महर्षि के चरणों में सिर नवाया तो महर्षि ने कहा, "वासुदेव, यदि आप इस नरमेध को बचा लो तो मैं मान लूँगा कि मुझे वह शाश्वत धर्मगोप्ता मिल गया, जिसकी मुझे खोज थी।"

कृष्ण और भीम जाने ही वाले थे कि वहाँ द्रौपदी आ गई और उसने कृष्ण की ओर देखकर कहा, "प्रभु, आप दोनों भाइयों को सुरक्षित यहाँ ले आएँगे न? मुझे वचन दीजिए कि दोनों को अपने साथ लाएँगे, दोनों में से एक के भी बिना नहीं आएँगे।"

भीम हँस पड़ा। बोला, "तुझे अपने पतियों पर विश्वास नहीं है? उलटा तुझे यह कहना चाहिए था कि हम कृष्ण के बिना नहीं लौटेंगे!"

तीन अतिथि

मगध की धरती उपजाऊ थी। जरासन्ध द्वारा शासित इस प्रदेश को गंगा के अलावा और भी कई नदियाँ सींचती थीं। इस कारण वहाँ नौकायन की सुविधा थी।

उपजाऊ धरती और जगह-जगह पर गरम पानी के स्रोत होने के कारण आसपास और दूर-दूर के अनेक लोग इस ओर आने के लिए आकर्षित होते थे।

इसकी राजधानी एक हरी-भरी पहाड़ी गिरिव्रज के इर्द-गिर्द विस्तृत क्षेत्र में बसी हुई थी। गिरिव्रज का शिखर इसके दुर्ग के लिए श्रेष्ठ स्थान था।

जरासन्ध के पिता राजा ब्रहद्रथ खूब हँसमुख स्वभाव के राजा थे। उनके शासनकाल में मगध सुखी था और उसके पड़ोसी राज्यों–मिथिला और काशी–से उनके अच्छे सम्बन्ध थे।

जरासन्ध ने शासन सँभाला तो अपना निवास नगर-प्रासाद के बजाय शिखर स्थित दुर्ग को बनाया। सत्ता में आने पर जरासन्ध के मन में दो महत्त्वाकांक्षाएँ थीं–एक, मृत्यु पर विजय प्राप्त करना और दूसरी, पूरे संसार का स्वामी बनना।

पहली महत्त्वाकांक्षा पूरी करने के लिए वह अखाड़े का मल्ल बना, अपराजेय बनने की साधना की।

मल्लविद्या की साधना करनेवाले उन लोगों के सम्पर्क में आया जो कट्टर निष्ठा के साथ यह साधना करते थे। जरासन्ध को भी लगा कि अमरता का मार्ग यही है।

जरासन्ध ने उन्हें गिरिव्रज में बुलाया, बसाया और सब प्रकार की सुविधाएँ सुलभ कराईं।

मल्लविद्या या बाहुविद्या को उसने मगध की एक विशिष्ट परम्परा का सम्माननीय दर्जा दिया। मल्ल पुरोहित बन गए। जरासन्ध को उन्होंने अपना आचार्य मान लिया और भगवान रुद्र उनके इष्ट हो गए।

मुष्टण्डे मल्लों की अपनी ही एक अलग दुनिया हो गई। वे जरासन्ध की आज्ञा के अधीन थे। उनका काम था अखाड़ों में पहलवानी करना, परस्पर ललकारना-पछाड़ना, नागरिकों को डराना-धमकाना और सामान्य जन को परेशान करना।

जरासन्ध की आज्ञा में बँधे ये मल्ल गुप्तचर का काम भी करते थे। जो राजाज्ञा का उल्लंघन करता या विरोध करता, ये मल्ल उसकी सूचना तत्काल राजा को पहुँचाते, उसे दण्ड देते और कभी-कभी तो राजा स्वयं मुष्टि-प्रहार से ऐसे व्यक्ति का मस्तक चूर-चूर कर डालता!

मल्लगण अपने-अपने परिवारों के साथ यों तो पहाड़ी की तलहटी में रहा करते थे, किन्तु प्रत्येक को सप्ताह में तीन दिन दुर्ग में रहकर राजा की सेवा करना अनिवार्य था। जब वे नगर में रहते, तब उनका कर्तव्य यह होता था कि क्षत्रिय योद्धाओं पर नजर रखें और व्यापारियों से धन प्राप्त करें। उनके विरुद्ध जरासन्ध कोई शिकायत नहीं सुनता था।

जरासन्ध का परिवार नगर-प्रासाद में ही रहता था। लेकिन उसके पुत्र—सहदेव और पौत्र सोमक, मार्जारी और मेघसन्धि को प्रतिदिन प्रातःकाल राजा की सेवा में उपस्थित रहना पड़ता था।

जब कभी जरासन्ध का मन होता तो वह अपनी किसी पत्नी को दुर्ग में रहने के लिए बुलवाता। जिस रानी को दुर्ग में रहने का बुलावा आता उसकी यही इच्छा होती कि वहाँ जाने की बजाय वह आत्महत्या ही कर ले।

मल्ल लोग उसे पालकी में बिठाकर धूमधाम से दुर्ग में ले जाते। जरासन्ध जब ऊब जाता तो बिना किसी शोर-शराबे के उसे वापस पालकी से भिजवा देता।

दुनिया-भर का स्वामी बनने की अपनी दूसरी महत्त्वाकांक्षा पूरी करने के लिए जरासन्ध अपने सैनिकों को लेकर आसपास के राजाओं पर चढ़ाई करता, उन्हें लूटता और बन्दी बनाकर दास बना लेता।

उसने संकल्प किया था कि वह सौ राजाओं के सिर भगवान रुद्र को चढ़ाएगा। इसलिए वह जिस राजा पर विजय प्राप्त करता उसे पकड़कर दुर्ग में कैद कर लेता था।

अपनी शक्ति बढ़ाने के लिए उसने चेदि के शिशुपाल, कारुष के दन्तावक्त्र तथा शौभ के शाल्व राजा से मैत्री-सन्धि कर ली थी।

मथुरा के राजा कंस के साथ अपनी पुत्री का विवाह करके उसने आर्यावर्त के इस महत्त्वपूर्ण प्रदेश में भी अपने प्रभाव का विस्तार कर लिया था। कंस भी महत्त्वाकांक्षी था। क्या पता जरासन्ध के साम्राज्य का कुछ अंश उसे भी मिल जाए, इसी उम्मीद में जरासन्ध के प्रति उसकी पूरी निष्ठा रही थी।

जब कृष्ण ने कंस का वध किया तो जरासन्ध को पहला झटका लगा। जरासन्ध विष के इस घूँट को कभी नहीं भूल सका। उसने यादवों और उनके रक्षक कृष्ण तथा बलराम से बदला लेने की ठानी।

जरासन्ध ने मथुरा पर चढ़ाई की तो उसे पता चला कि दोनों भाई वहाँ से भाग गए हैं, इसलिए उनसे बदला लेने की उसकी इच्छा उसके मन में ही रह गई।

थोड़ा समय बीता तो कृष्ण और बलराम वापस मथुरा आए। जरासन्ध ने भी मथुरा पर पुनः चढ़ाई की। लेकिन जब वह वहाँ पहुँचा तो उसने फिर वही पाया कि कृष्ण-बलराम जा चुके हैं। और इस बार अकेले नहीं गए बल्कि समस्त यादव भी अपने रथ, घोड़े, गायें, धन-धान्य और समूची चल सम्पत्ति लेकर उनके साथ सौराष्ट्र की ओर जा चुके थे। पीछे वीरान पड़ी मथुरा को आग लगाकर ही उसने सन्तोष किया।

जब मथुरा जल रही थी तब भगवान रुद्र ने जरासन्ध की शक्ति से प्रसन्न होकर उसे दर्शन दिया। उसने शंकर से पूछा कि वह चक्रवर्ती राजा कब बनेगा?

शंकर ने कहा कि यज्ञ में जब वह सौ राजाओं की बलि दे देगा तभी उसकी यह इच्छा पूरी होगी।

मथुरा से लौटकर जरासन्ध अपने समय का अधिकांश भाग भगवान रुद्र की पूजा में ही बिताया करता था और पहलवानों के साथ कुश्ती के दाँवपेंच लड़ाया करता था।

गिरिव्रज के दुर्ग में भगवान शंकर का एक बड़ा मन्दिर था। जरासन्ध वहाँ सिंहचर्म पहनकर बैठा करता था और उसके मल्ल उसे वहाँ भी घेरे रहते।

जरासन्ध विशाल देहवाला और बलशाली था। अधिक आयु के बावजूद उसमें प्रचण्ड शक्ति थी। उसकी दाढ़ी नदी के समान लहराती थी। स्फीत-शिराएँ, तनी हुई मांसपेशियाँ, सीने पर बाल, भँवरे के समान काली आँखें–ये सब उसके व्यक्तित्व की शोभा बढ़ाते थे।

उस समय उसे बहुत क्रोध आया हुआ था। उसका सबसे छोटा पौत्र मेघसन्धि उसके सामने खड़ा था। कौन जाने दादा कब भभक उठें?

गिरिव्रज की रक्षा का भार मेघसन्धि पर था। इस कारण जरासन्ध की उपस्थिति में भी शस्त्र धारण किए रहने की अनुमति उसी को मिली हुई थी।

"मूर्खों के सरदार!" जरासन्ध चीखते हुए बोला, "तूने अनजान लोगों को नगर में घुसने क्यों दिया? कौन लोग हैं वे?"

"महाराज, वे तीन लोग हैं। उनमें से एक तो लम्बा, सुदृढ़ मल्ल-सा लगता है। चौड़ा सीना है और हाथ हाथी की सूँड के समान मोटे और शक्तिशाली हैं!"

"दूसरे दो?" जरासन्ध ने पूछा।

"दूसरे दोनों मझोले कद के हैं। उनमें से एक दुबला-पतला और थोड़ा अधिक लम्बा है। तीसरा लावण्यपूर्ण चेहरेवाला है। उसकी आँखों में चमक है और उसकी मुस्कान भी मोहक है।"

"क्यों आए हैं वे?"

"कहते हैं कि वे श्रोत्रिय हैं और आपके दर्शन करने आए हैं।" मेघसन्धि ने उत्तर दिया।

मेघसन्धि जानता था कि दादा को जब गुस्सा आ जाता है तो जो सामने पड़ता है उसे स्वर्गधाम पहुँचाए बगैर वह ठण्डा नहीं होता। वह यह भी जानता था कि उसके पिता और भाइयों की निष्ठा पर दादा को सन्देह है इसलिए असम्भव नहीं कि यदि यज्ञ के लिए बन्दी राजाओं में सौ की संख्या पूरी नहीं हुई तो दादा इन्हें ही होम दें। हिचकिचाएँगे बिलकुल नहीं। लेकिन ऐसा अनर्थ होने से पहले ही कृष्ण वासुदेव आ पहुँचे।

मेघसन्धि की बात सुनते-सुनते जरासन्ध की भँवें तन गईं। आँखों से अंगारे

बरसाते हुए कुपित दृष्टि से उसने पूछा, "तीन-तीन अनजान आदमी आ गए और नगरवासियों में से किसी का ध्यान उनकी ओर गया ही नहीं?"

"ध्यान गया था।" मेघसन्धि ने उत्तर दिया।

"तुम्हें कैसे पता चला?"

"मुझे ये तीनों आदमी कुछ अजनबी-से लगे, इसलिए मैंने सोचा कि मुझे इनका पीछा करना चाहिए। ये नगर-द्वार पर पहुँचे तो वहाँ चौघड़िया बजानेवालों से नगाड़े छीनकर इन्होंने उन्हें तोड़ डाला। उनके शरीर पर चन्दन का लेप है और गले में मालाएँ हैं। उन्हें देखने नगर के स्त्री-पुरुष अपने घरों से बाहर निकल आए और रास्ते के दोनों ओर आश्चर्यचकित-से खड़े रह गए। एक अतिरथी ने तो इन्हें भोजन के लिए भी आमन्त्रित किया।"

"तू उस भोज में गया था?"

"हाँ, वहाँ कोई षड्यन्त्र न हो, इस दृष्टि से मैं भी वहाँ गया था।"

"फिर?"

"भोजन के बाद वे गिरिव्रज की ओर आने लगे। लेकिन द्वार-रक्षक मल्लों ने उन्हें वहाँ रोक लिया।"

"उन्हें लौट जाने को कह दो। और यदि वे आज्ञा न मानें तो उठाकर पहाड़ी के नीचे फेंक देना।" जरासन्ध ने दहाड़कर कहा।

मेघसन्धि के साथ एक मल्ल भी था। उसने कहा, "नाथ, उनमें से एक तो मल्लविद्या में भी निपुण प्रतीत होता है। उसने कहा है कि आप मल्लों के संरक्षक हैं, उसे भी मल्लविद्या के कौल का प्रदर्शन करने का अवसर प्रदान करें। यदि आप आज्ञा देंगे तो वे आपका आभार मानेंगे।"

जरासन्ध को हँसी आ गई। किसी बाहरी मल्ल से कुश्ती करने का मौका वह छोड़ता नहीं था। भगवान रुद्र का वह उपासक था और जो अपने-आपको मल्लविद्या में निपुण बताता हो वह जरासन्ध से भिड़े बिना जा नहीं सकता। जरासन्ध के लिए यही रुद्र की उपासना थी। यदि कोई मल्ल जीतने लगता तो जरासन्ध मल्ल-विद्या के नियम-कानून ताक में रखकर उसे बगल में दबा भुजाओं से भींच डालता था।

"ठीक है," जरासन्ध ने कहा, "उनसे कह दो कि वे कल प्रातः तक दुर्ग में ही ठहरें। उनके भोजन का प्रबन्ध कर दो। कल सुबह भगवान महाकाल की पूजा करने के बाद मैं उनके साथ अखाड़े में उतरूँगा। लेकिन उन्हें यह चेतावनी अवश्य दे देना कि यदि उन्होंने कोई छल-कपट किया और मुझे उसकी सुई बराबर भी सूचना मिल गई तो मैं अपनी भुजाओं में भींचकर उनके प्राण ले लूँगा और उनके अंजर-पंजर टेकरी के नीचे खड्ड में फिंकवा दूँगा।"

अचानक दुर्ग-द्वार के पास कोलाहल सुनाई दिया। इस कोलाहल से जरासन्ध चौंक उठा। उसने पास बैठे मल्लराज से पूछा, "यह कोलाहल किस बात का है? जाओ, देखकर पता करो। यदि वे परदेशी कोई गड़बड़ कर रहे हों तो उनके हाथ-पैर बाँधकर पटक दो।"

मल्लराज दुर्ग के द्वार तक पहुँचे, उससे पहले तो वे तीनों दीवार पर चढ़ गए थे और वहाँ खड़े विजयनाद कर रहे थे। तीनों में जो सबसे लम्बा था वह ताल ठोंक-ठोंककर लड़ने के लिए ललकार रहा था।

जरासन्ध को यह ललकार असह्य लगी। वह अपने सिंहासन से उठा और चार मल्लों को साथ लेकर वहाँ जा पहुँचा जहाँ उन तीनों ने दुर्ग में प्रवेश किया था।

जरासन्ध ने उनसे अधिकारपूर्ण वाणी में पूछा, "तुम लोग कौन हो? यहाँ किस प्रयोजन से आए हो? तुमने मेरे मल्लों का निरादर क्यों किया? मेरी आज्ञा का उल्लंघन क्यों किया?"

"जो मित्र होते हैं वे दुर्ग में द्वार से प्रवेश करते हैं। जो शत्रु होते हैं वे दीवार पर चढ़कर उसमें प्रवेश करते हैं। हम दीवार लाँघकर आए हैं क्योंकि हमें मित्र की तरह नहीं, शत्रु की तरह आना था।"

जरासन्ध हँस पड़ा। उसने गरजते हुए स्वर में कहा, "तुम, मेरे शत्रु! एक पल में तुम्हें मक्खी के समान मसल डालूँगा। लेकिन क्या तुमने मुझसे लड़ने योग्य मल्लविद्या सीखी भी है? नहीं सीखी हो तो फिर तुम्हें मेरे मल्लों में से किसी एक के साथ लड़ना होगा।"

"तुम्हें यह पता भी नहीं है कि मैं तुम्हारे साथ कुश्ती के योग्य भी हूँ कि नहीं? बड़ी विचित्र बात है, इतनी जल्दी भूल गए?" कृष्ण ने पूछा, "पूरी जिन्दगी तुम मुझे ढूँढ़ते फिरे हो, अब मैं तुम्हें ढूँढ़ता हुआ आया हूँ।"

"मैं तुम्हें ढूँढ़ता था?" जरासन्ध ने गुस्से और आश्चर्य में आधी आँखें मींचते हुए कहा, "मैं तुझसे कहाँ मिला था?"

"कई बार," कृष्ण ने उत्तर दिया, "तुम गोमन्तक को भूल गए? मैंने तुम्हें वहाँ लगभग मार ही डाला था लेकिन जीवनदान दे दिया। फिर तुम मुझे मथुरा में ढूँढ़ने आए और जब मैं तुम्हारे हाथ नहीं आया तब तुमने खाली मकानों को ही जलाकर सन्तोष किया।" कुछ रुककर कृष्ण ने पुनः धीमे किन्तु प्रत्येक शब्द पर जोर देते हुए कहा, "तुम्हारे अहंकार पर यह अन्तिम चोट थी।"

जरासन्ध ठहाका मारकर हँस पड़ा, "मेरे अहंकार पर अन्तिम चोट?" उसने कहा, "भगवान रुद्र में मेरा विश्वास आज तक कभी डिगा नहीं है।"

मल्लों ने इन परदेशियों पर टूट पड़ने की गरज से आज्ञा माँगी, लेकिन

जरासन्ध ने उन्हें रोक दिया। वह अपने ढंग से ही बदला लेना चाहता था।

"और क्या तुम कुण्डिनपुर को भी भूल गए जहाँ विदर्भ के राजा दमघोष ने मेरा सम्मान किया था?" कृष्ण ने पुनः कहा, "फिर हम काम्पिल्य में पांचाली के स्वयंवर के समय मिले थे। मेरा परामर्श मानकर जब तुम राजसभा से उठकर चले गए तभी तुम वहाँ अपमान से बचे।"

जरासन्ध दाढ़ी पर हाथ फेरते हुए सोचने लगा। उस घटना को वह भूला नहीं था। बोला, "वह पुरानी बात है। और तू झूठ बोलता है, मैं तो अपनी इच्छा से काम्पिल्य छोड़ आया था।"

पल-भर को जरासन्ध के मन में आया कि मल्लों के हाथों कृष्ण के टुकड़े-टुकड़े करा दूँ। लेकिन ऐसा नहीं किया। इससे तो उसकी प्रतिष्ठा और घटती। वह पहले ही उनके सामने अपमानित हो चुका था। इसलिए अब अच्छा ही था कि उनके सामने ही वासुदेव को वह स्वयं अपमानित करे और फिर दूसरा काम करे।

"हाँ, अब याद आया।" जरासन्ध ने कहा और तिरस्कार भाव से हँसा, "तो तू गायें चरानेवाला ग्वाला है। हाँ, क्षत्रियों के समान सामने आकर लड़ने की बजाय यह मथुरा छोड़कर भाग गया था। ऐसे कायर के साथ मैं युद्ध कैसे करूँ? पर अब जो तू यहाँ मिल ही गया है तो तुझे जीवित नहीं जाने दूँगा।" यह कहकर उसने दाँत किटकिटाए।

कृष्ण हँसे और उससे बोले, "समय आएगा तब तुम मेरे हाथों से बच नहीं पाओगे। पांचाली के स्वयंवर के समय मैंने तुम्हारी रक्षा कर दी थी। आज भी मैं तुम्हारा उद्धार ही करने आया हूँ। शायद यह अन्तिम बार है। यदि तुम नरमेध करना बन्द कर दो तो मैं तुम्हारे सारे अपराधों के बावजूद तुम्हें क्षमा कर दूँगा।"

"इतना दम्भ मत कर ग्वाले! तू मुझे ज्ञान सिखानेवाला कौन है? मुझे क्षमा करनेवाला भी तू कौन है?" जरासन्ध ने पूछा।

"मैं तुम्हें यह सब समझाने को ही आया हूँ।" कृष्ण ने धैर्य के साथ कहा। कृष्ण जितना ही शान्तचित्त से बोल रहे थे, जरासन्ध उतना ही अशान्त होता जा रहा था। कृष्ण ने आगे कहा, "तुमने अट्ठानबे राजाओं को कारागार में डाल रखा है। सौ राजा होने पर तुम उन्हें शंकर की भेंट चढ़ाओगे। इसके लिए तुम सूर्य के मकर राशि में जाने की प्रतीक्षा कर रहे हो। मैं तुम्हें यही कहने के लिए आया हूँ कि तुम ऐसा राक्षसी कृत्य मत करो। मैं तुम्हें यह करने नहीं दूँगा।"

यह सुनकर मल्ल फिर कृष्ण की ओर लपके किन्तु जरासन्ध ने उन्हें रोक दिया और कहा, "ये लोग अतिथि हैं। भगवान रुद्र के सामने हम इनसे द्वन्द्व करेंगे। कोई गड़बड़ न करें तो इन्हें मारना नहीं है।"

जरासन्ध को लग रहा था कि इस ग्वाले ने जिस तरह उसका अपमान किया

है उससे इन मल्लों के मन के किसी कोने में आनन्द आया है। इसलिए उसने आवाज को थोड़ा ऊँचा उठाते हुए कहा, "ठहर जा थोड़ा, अभी तेरी खबर लेता हूँ। तू मुझसे अब छूटकर जा नहीं सकता।"

कृष्ण बोले, "आप जैसा आदेश दें वैसा ही सही। मैं हर तरह तैयार हूँ।"

"अच्छा, पहले इस युवक को देखूँ, यह कौन है?" जरासन्ध ने अर्जुन की ओर इंगित कर पूछा, "तू भी मुझसे कुश्ती लड़ेगा क्या? लेकिन कान छिदवाकर बालियाँ पहननेवाले से मैं नहीं लड़ा करता। तेरी बारी आएगी तब तुझे भी निपटा दिया जाएगा।" फिर जरासन्ध भीम की ओर मुड़ा, "तू कौन है?"

"मैं हूँ पाण्डु-पुत्र भीमसेन, इन्द्रप्रस्थ के सम्राट् युधिष्ठिर का छोटा भाई। तुम मल्लविद्या की पवित्रता में विश्वास करते हो, मैं भी करता हूँ। मैं तुमसे द्वन्द्वयुद्ध करना चाहता हूँ, तुम्हारा अहंकार चूर-चूर कर देना चाहता हूँ।"

"ओ हो, इतना घमण्ड! जाओ, मेघसन्धि तुम्हारी खबर ले लेगा। कल सुबह मिलना और मरने को तैयार रहना।"

"देखें, मरने की तैयारी कौन करता है!" भीम बोला।

जरासन्ध ने घृणा से उनकी ओर पीठ कर ली और अपने महल की ओर चल दिया। हृदय में शूल उठता रहा। इस ग्वाले ने उसके हृदय का बहुत पुराना घाव कुरेद दिया था। भीतर से बहुत पीड़ा हो रही थी।

जरासन्ध का वध

गिरिव्रज के निवासियों को आकर्षित करने के लिए जरासन्ध ने नगर में वह ढिंढोरा पिटवाया—"मल्लविद्या सम्प्रदाय के अधिष्ठाता, मगध के अधिपति, राजाओं का गर्व चूर्ण करनेवाले सम्राट् जरासन्ध कल सबेरे पाण्डुपुत्र भीमसेन के विरुद्ध बाहुयुद्ध में उतरेंगे। भीमसेन के साथ उसका भाई अर्जुन आया है और ग्वाला कृष्ण वासुदेव भी है।"

इस घोषणा का नगर में दूर-दूर तक प्रभाव पड़ा। पहले कभी ऐसा निमन्त्रण लोगों को नहीं मिला था।

जरासन्ध जो कुछ कहता या करता, उसकी पहले कोई चर्चा भी नहीं करता था। किसी का बोलने का साहस भी नहीं होता था। यदि कोई बोलता तो मल्ल उसका कचूमर निकाल देते थे। मल्लों के विरुद्ध जरासन्ध कुछ भी नहीं सुनता था।

लेकिन अब ढिंढोरा पिटवाकर जरासन्ध ने स्वयं मुसीबत मोल ली थी। द्वन्द्व

देखने का निमन्त्रण दिया था तो चर्चा भी होनी ही थी। अब लोगों को बोलने से कोई कैसे रोक सकता था? लोगों ने यादवपति कृष्ण का नाम सुन रखा था, जिसने सम्राट् के दामाद मथुरा-नरेश कंस का वध किया था। लोग उसे देखने को उत्सुक थे।

अगले दिन क्या होगा, युवकों में यह जानने का कुतूहल था, उत्साह था, कुछ आशा का अंश भी था। बुड्ढे तो यही मानते थे कि जरासन्ध अजेय है, उसे न कोई मार सकता है और न हरा सकता है। पाण्डुपुत्र भले कितना ही बलवान और पराक्रमी क्यों न हो, जरासन्ध से भिड़ा तो उसे हारना ही पड़ेगा, मरना ही पड़ेगा। इन लोगों को तो ऐसा लगता था कि कृष्ण वासुदेव ने भूल की है जो जरासन्ध के जाल में यों सीधे-सीधे चले आए और फँस गए।

गिरिव्रज के कारावास में बन्दी राजाओं ने इस समाचार को सुना तो बहुत हर्षित हुए। त्राण की कुछ आशा बँधी। मल्लों ने उन्हें बहुत परेशान कर रखा था। उन्होंने सुना था कि कृष्ण वासुदेव को लोग भगवान की तरह पूजने लगे हैं। अब वे गिरिव्रज में आ गए हैं तो जरूर कुछ घटित होगा। कारावास में बन्दी राजागण आगामी घटनाओं की आतुरता से प्रतीक्षा करने लगे।

नगर में अफवाह उड़ी कि राजकुमार मेघसन्धि कोई विशेष दाँव सोच रहा है। लेकिन यह दाँव क्या हो सकता है, खुलेआम इसकी चर्चा करने का किसी में साहस नहीं था।

कृष्ण और जरासन्ध के बीच जो बातचीत हुई उसकी सूचना भी कानोंकान लोगों के बीच पहुँच गई थी। इस सूचना से ही लोगों को पहली बार ज्ञात हुआ कि गोमन्तक में कृष्ण वासुदेव ने जरासन्ध को पराजित किया था। उन्हें यह भी पहली ही बार ज्ञात हुआ कि जब जरासन्ध ने मथुरा पर चढ़ाई की तो कृष्ण वहाँ थे ही नहीं, इसलिए निरर्थक क्रोध में उसने निर्जन नगर को ही जला डाला था। लोगों को यह भी ज्ञात हुआ कि द्रौपदी के स्वयंवर में राज्यसभा से जरासन्ध के उठकर चले जाने का कारण भी कृष्ण ही थे। जरासन्ध के बन्दीगृह से कृष्ण अट्ठानवे राजाओं को छुड़वाने आए हैं, यह सूचना भी बहुत तेजी से फैल गई थी। यह भी कहा जा रहा था कि जरासन्ध ने कृष्ण की इस प्रार्थना को ठुकरा दिया है।

दूसरे दिन व्याघ्रचर्म पहने मल्ल दुर्ग और दुर्ग की ओर जानेवाले हर मार्ग पर तैनात हो गए थे।

सारा नगर उमड़ पड़ा था। स्त्री, पुरुष, बच्चे सभी इकट्ठे हुए थे। कोई भी इस अवसर को हाथ से नहीं जाने देना चाहता था। ऐसे अमूल्य अवसर जीवन में कभी-कभी ही आते हैं। सभी को लग रहा था कि अवश्य कोई महत्त्वपूर्ण घटना घटित होनेवाली है, शायद भयानक भी हो। कोई-कोई तो यह भी कह रहा था कि

जरासन्ध अमर है, इसलिए इन तीनों आगन्तुकों की मृत्यु निश्चित है।

इस अवसर पर सभी क्षत्रिय जितनी अनुमति थी, उतने अस्त्र-शस्त्र धारण करके आए थे।

बाहुयुद्ध का अखाड़ा भगवान रुद्र के मन्दिर के सामने था। अखाड़े के चारों ओर का मैदान मानवमेदिनी से ठसाठस भर गया। जब कृष्ण और अर्जुन के बीच चलते हुए भीमसेन ने वहाँ प्रवेश किया तो उपस्थित सभी लोगों ने उन्हें आदर और उत्सुकता से देखा। भीम को पहचानना कठिन नहीं था। वह ऊँचा कद्दावर और हृष्ट-पुष्ट था, उसकी मांसपेशियाँ तनी हुई थीं। कृष्ण वासुदेव भी तुरन्त पहचान में आ गए क्योंकि वे कोमल-कमनीय थे, उनके होंठों पर सदैव ताजे फूलों की-सी मुस्कान अंकित रहती थी। तीसरा व्यक्ति अर्जुन ही होना चाहिए, जिसने स्वयंवर में द्रौपदी का वरण किया था। वह सुन्दर और तेजस्वी है। जिस स्वयंवर से उनके सम्राट् को कृष्ण के परामर्श से उठ जाना पड़ा था, उसी स्वयंवर में द्रौपदी ने अर्जुन के गले में वरमाला डाली थी। निश्चय ही यह वही अर्जुन है।

सम्राट् के आगमन की घोषणा हुई। सम्राट् के साथ वृद्ध राजपुरोहित भी थे। वे इन तीनों आगन्तुकों की तरफ करुण भाव से देख रहे थे। सोच रहे थे कि अज्ञानवश बेचारे यमराज की गोद में ढकेले जा रहे हैं। सम्राट् के आने पर सभी लोग शान्त हो गए। हाथ जोड़कर सभी ने उन्हें दण्डवत् प्रणाम किया।

सिंहचर्म पहने हुए जरासन्ध अपराजेय प्रतीत हो रहा था। दाढ़ी और बालों को कसकर ऐसा बाँधा गया था कि उसका चेहरा शेर के समान और भी अधिक भयानक लग रहा था।

भीम बाहुयुद्ध के अखाड़े में उतरा और अपना मृगचर्म उतारकर उसने अर्जुन को सौंप दिया। केवल लँगोट पहने वह वहाँ खड़ा रहा।

जरासन्ध राजसी ठाठ से धीरे-धीरे चलता हुआ भगवान रुद्र के मन्दिर में गया। उसने भगवान रुद्र को सिर नवाया, जल से अभिषेक किया और उन पर पुष्प चढ़ाए।

फिर जरासन्ध ने भीमसेन को संकेत किया कि वह रुद्र की पूजा कर ले। भीम भगवान रुद्र के सामने खड़ा हो गया और खड़े-खड़े उनसे मौन प्रार्थना की कि वे उसे लड़ने की शक्ति प्रदान करें। फिर उसने भगवान वेदव्यास का स्मरण करके उनसे प्रार्थना की कि वे उसे साहस प्रदान करें। अन्त में माँ का स्मरण करके उनका आशीर्वाद माँगा। फिर कृष्ण और अर्जुन की ओर देखा। वे दोनों मुस्करा दिए। उनकी मुस्कराहट में भीमसेन के प्रति उनका अटल विश्वास अभिव्यक्त हो रहा था। भीमसेन को भी भरोसा था कि वह उनके इस विश्वास के योग्य सिद्ध होगा।

मन्दिर से वह अखाड़े में आया। वहाँ आकर उसने अपने प्रतिस्पर्धी को ललकारने के लिए जाँघ ठोकी।

जरासन्ध ने मल्लों के प्रमुख को अपना सिंहचर्म सौंपा और अखाड़े में आकर भीम की ललकार के प्रत्युत्तर में अपनी भी जाँघ पर फटकार दी।

फिर तत्काल कूदकर उसने भीम को दाँव में लेने का प्रयास किया, लेकिन भीम उछलकर पीछे हट गया और उसके इस दाँव को बेकार कर दिया। थोड़ी देर तक दोनों एक-दूसरे को दाँव में ले लेने को जोर लगाते रहे। समस्त दर्शकों के हृदय की धड़कन जैसे वहीं थम गई थी। दो समान कदवाले, समान शक्तिवाले और समान बाहुबलवाले वीर आपस में भिड़ रहे थे, एक-दूसरे को वश में करने को छटपटा रहे थे।

जरासन्ध की आयु काफी हो चुकी थी, फिर भी उसमें युवकों-सी चपलता थी, कौशल था। वह भीम के अगले दाव को पहले ही भाँप लेता और फुर्ती से बच निकलता।

थोड़ी देर बाद दोनों गुत्थमगुत्था हो गए।

दोनों हाँफने लगे। जरासन्ध की साँस बहुत तेजी से चलने लगी। ज्यादा दब जाने पर जरासन्ध ने भीम का गला पकड़ लिया और पेड़ू का प्रहार किया।

जरासन्ध अब बाहुयुद्ध नहीं कर रहा था। भीम भी समझ गया कि जरासन्ध अब उसके प्राण लेने पर उतर आया है।

युद्ध भयावह बिन्दु पर पहुँच रहा था। भीम ने कृष्ण की ओर देखा। कृष्ण के हाथ में एक पत्ता था। उन्होंने उस पत्ते को चीर डाला। भीम को संकेत मिल गया। उसने जरासन्ध को धरती पर पटक दिया और उसके एक पैर को अपने पैर से दबाकर दूसरा पैर खींचा। वह पूरी ताकत से जरासन्ध की देह को चीर रहा था।

जरासन्ध के मुँह से एक चीख भी पूरी निकल नहीं सकी। हड्डियों की खड़खड़ाहट सुनाई दी। जरासन्ध के दो टुकड़े हो गए। भीम ने उन्हें जमीन पर फेंक दिया।

भीम ने राहत की साँस ली। वह जीत गया था। उसने जरासन्ध के रक्तरंजित दोनों देह-खण्डों की ओर देखा और देखता ही रह गया। उसकी आँखें फटी-की-फटी रह गईं। जो उसके सामने हो रहा था, उस पर विश्वास करना कठिन था। देह के दोनों भाग एक-दूसरे के निकट आ रहे थे और कुछ ही क्षणों में चिपककर एक हो गए!

जरासन्ध ने आँखें खोलीं। वह उठकर बैठ गया और शरीर को झटककर रेत झाड़ी। फिर अपने पाँवों पर सन्तुलित होते हुए वह उठ खड़ा हुआ और पुनः भीम

को लड़ने के लिए ललकारा।

भीम काँप रहा था। तो लोगों में फैली किंवदन्ती सही थी कि जरासन्ध अमर है। उसने कृष्ण की ओर देखा। भीम ने अब इस द्वन्द्व से जीवित बचने की आशा त्याग दी। लेकिन कृष्ण के चेहरे पर उसे वही भुवनमोहिनी मुस्कान दिखाई दी। कृष्ण ने पुनः हाथ में पत्ता लिया। उसके दो टुकड़े किए। फिर दाएँ हाथ के टुकड़े को बाईं ओर फेंका और बाएँ हाथ के टुकड़े को दाईं ओर फेंक दिया।

भीम के शरीर में शक्ति के मानो नए स्रोत फूट पड़े। उसने एक बार फिर जरासन्ध को दो भागों में चीर डाला किन्तु इस बार उसने दाएँ हाथ के टुकड़े को बाईं ओर फेंका और बाएँ हाथ के टुकड़े को दाईं ओर फेंक दिया। और अब उसके शरीर के दोनों भाग रक्तरंजित निश्चेष्ट लोथड़े बने पड़े रहे।

भीम थोड़ी देर तक तो उन दोनों टुकड़ों की ओर देखता हुआ खड़ा रहा। फिर जब उसे विश्वास हो गया कि दोनों अभी तक एक-दूसरे से अलग पड़े हैं, तो उसने निश्चिन्तता की साँस ली। भगवान रुद्र का प्रिय जरासन्ध अब सचमुच मृत्यु को प्राप्त हो चुका था। भीम अखाड़े से बाहर निकल आया।

कृष्ण ने आगे बढ़कर भीम को बाँहों में भर लिया। भीम इतना थक गया था कि वह वहीं बैठ गया।

समूचे जन-समूह में एक बार तो सन्नाटा छा गया। लोगों में भगदड़ मच गई। बच्चे रोने लगे और माँओं से चिपक गए। स्त्रियाँ भी डर गईं। अनेक लोग तो दरवाजों की ओर भाग खड़े हुए।

मल्लों को विश्वास था कि जरासन्ध की कभी मृत्यु नहीं होगी। लेकिन जब उन्होंने अपनी आँखों से उसे मरते हुए देख लिया तो उनके भी पाँव उखड़ गए। उन्हें भय हुआ कि अब नागरिक ही उन पर टूट पड़ेंगे।

मेघसन्धि का संकेत मिलते ही क्षत्रियों ने तलवारें निकाल लीं और मल्लों को घेर लिया।

लोगों ने यह देखकर राहत की साँस ली कि भयानक सम्राट् मर चुका था और सबकी घृणा के पात्र मल्लों की शक्ति समाप्त हो चुकी थी।

सहदेव अभी तक अपने पिता के अत्याचारी व्यवहार से आक्रान्त था। कृष्ण के निर्देश पर अर्जुन उसे ले आया। वह कृष्ण के चरणों में गिर पड़ा और कातर स्वर में बोल उठा, "जय हो, कृष्ण वासुदेव की जय हो!"

कृष्ण ने उसे उठाकर खड़ा किया और कहा, "सहदेव, तेरे पिता महान् थे, लेकिन उन्हें यह ज्ञात नहीं था कि अपने बड़प्पन का धर्म-रक्षा में कैसे उपयोग करें। अपने पिता के पराक्रम के साथ तू धर्मपरायणता का भी समन्वय करना और एक आदर्श प्रस्तुत करना। मगध-सम्राट् के रूप में तेरा प्रथम कर्तव्य यही होना

चाहिए कि जितने भी राजा यहाँ बन्दी हैं, वे मुक्त हों।''

सहदेव ने जरासन्ध का रथ मँगाया और कृष्ण, भीम तथा अर्जुन को उसमें बिठाकर वहाँ ले गया जहाँ सभी राजा एक गुफा में कैद थे। कृष्ण को देखते ही गुफा के बाहर पहरे पर खड़े मल्ल वहाँ से भाग खड़े हुए। सहदेव ने गुफा का द्वार खोला और बन्दी राजाओं को मुक्त किया। सभी राजाओं के आश्चर्य और हर्ष का पार नहीं था। अर्जुन ने उनसे कहा कि जरासन्ध को मार डाला गया है और अब मगध का राजा सहदेव है। यह सुनकर उनकी आँखों में खुशी के आँसू छलक उठे।

मेघसन्धि और उनके भाइयों ने अपने क्षत्रिय मित्र-बन्धुओं के साथ मिलकर जरासन्ध की मृत देह के दोनों खण्डों का उचित सम्मान और विधि-विधान सहित अग्नि-संस्कार किया।

जरासन्ध की मृत्यु से किसी को भी दुख नहीं हुआ। उसने जीवन-भर दुख-ही-दुख दिया था और दुख दे-देकर वह देवताओं का कोपभाजन बना था।

गिरिव्रज के निवासियों ने मुक्ति की साँस ली। दसियों वर्षों से उन पर जो अत्याचार और आतंक का वातावरण छाया हुआ था वह अब समाप्त हो गया था।

अब मल्लों का कोई रक्षक नहीं बचा था। उन्हें डर लगा कि क्षत्रिय अब उन्हें जीवित नहीं छोड़ेंगे। इसलिए सभी मिलकर भीमसेन के पास गए और उसके चरणों में पड़कर अपने देश जाने देने की याचना की।

भीम बोला, ''चिन्ता न करो। मैं तुम्हें वचन देता हूँ कि तुम्हारा कोई कुछ नहीं बिगाड़ेगा। लेकिन तुम लोग हमारे साथ इन्द्रप्रस्थ क्यों न चले चलो? हमारे वहाँ एक-से-एक अच्छे मल्ल हैं और कई बढ़िया अखाड़े भी हैं। बलिय का नाम तो तुमने सुना ही होगा?''

''हस्तिनापुरवासी बलिय? हाँ-हाँ, उसका नाम तो हमने खूब सुना है।'' गिरिव्रज के मल्लराज ने कहा।

''वहाँ चलो तो तुम्हारी भेंट उसके पोते गोपू से भी हो जाएगी। बोलो, चलोगे इन्द्रप्रस्थ?'' भीम ने पूछा और सभी ने एक स्वर में 'हाँ' भर दी।

क्षत्रिय इन्हें तलवार के घाट उतारने को आतुर हो रहे थे। सहदेव ने कहा, ''हमारी समग्र पीड़ा के कारण ये मल्ल ही हैं।''

भीम ने सहानुभूति के साथ सहदेव की पीठ पर हाथ रखते हुए कहा, ''लेकिन पीड़ा का मूल कारण तो गया! ये लोग तो जरासन्ध के हथियार थे। और यों देखो तो सभी लोग जरासन्ध के हथियार थे। माध्यम या उपकरण थे। तुम भी थे। उसे भूल जाओ और उसके उपकरणों को भी क्षमा कर दो। मुक्ति प्रदान करने के इसी मंगल काम से तुम अपने शासन का शुभारम्भ करो। घोषणा कर दो कि

जो भी मल्ल अपने परिवार व सम्पत्ति सहित जाना चाहेंगे, उन्हें जाने दिया जाएगा।''

कृष्ण, भीम और अर्जुन जरासन्ध की तेरहवीं तक वहीं रहे। इस बीच आवश्यकता पड़ने पर सहयोग के लिए विदेह से उद्धव तथा अन्य यादव और भरत महारथी भी आ गए।

पड़ोसी देशों तक समाचार पहुँचा कि जरासन्ध को समाप्त कर दिया गया है, सहदेव मगधपति बना दिया गया है, बन्दी राजाओं को मुक्त करा लिया गया है। और कृष्ण वासुदेव ने नरमेध रोकने का चमत्कारी कार्य किया है। यह सब सुनकर समूचा आर्यावर्त विस्मय में डूब गया।

जरासन्ध का वध करनेवाले वीर तथा कृष्ण का दर्शन करने के लिए गिरिव्रज तथा आसपास के लोग आने लगे। काशी और विदेह जाकर छिपनेवाले मगध के श्रोत्रियों ने कृष्ण, भीम, अर्जुन तथा जरासन्ध के पुत्र सहदेव को आशीर्वाद दिया।

भीम की दिग्विजय×योजना

सहदेव और उसके पुत्रों ने राजसूय यज्ञ के अवसर पर इन्द्रप्रस्थ आने का वचन दिया। सहदेव द्वारा युधिष्ठिर को भेंट किए गए उपहार लेकर मेघसन्धि तो कृष्ण और भीम-अर्जुन को पहुँचाने इन्द्रप्रस्थ तक आया था।

ये तीनों वीर, उद्धव तथा अन्य रथी रथों पर बैठे। राजा लोग रथों या बैलोंवाले वाहनों में बैठे। मल्ल लोग बैलागड़ियों में या पैदल चले। ऐसा लगता था मानो किसी विजयी सेना की शोभायात्रा निकली हो।

अमर समझा जानेवाला जरासन्ध मृत्यु को प्राप्त हुआ और नरमेध के बन्दी अट्ठानवे राजाओं को मुक्त करा लिया गया है, यह सूचना कानोंकान सभी जगह जा पहुँची थी और इन वीरों के दर्शन के लिए लोग रास्ते पर जमा हो रहे थे।

काशीराज सुशर्मा तथा पांचाल नरेश द्रुपद ने इन्द्रप्रस्थ जानेवाले मार्ग पर इन वीरों का धूमधाम से सम्मान किया। द्रौपदी का भाई धृष्टद्युम्न तो इन्द्रप्रस्थ तक उनके साथ गया।

वीरों का स्वागत करने के उत्साह में सारा इन्द्रप्रस्थ उमड़ आया था। कृष्ण ने युधिष्ठिर के पाँव छुए तो युधिष्ठिर की आँखें नम हो गईं। कृष्ण ने बिना किसी सैनिक अभियान के उन्हें चक्रवर्ती पद दिला दिया था।

भगवान वेदव्यास भी उस समय वहीं उपस्थित थे। जरासन्ध पर विजय-प्राप्ति का समाचार मिलते ही वीरों के स्वागत के समय उपस्थित रहने का निमन्त्रण

युधिष्ठिर ने उन्हें भिजवा दिया था।

भगवान वेदव्यास जब से धौम्य के आश्रम में वापस लौटे थे तब से उनके मन में नरसंहार की भयंकरता बार-बार घुमड़ रही थी। जरासन्ध सौ राजाओं को यज्ञ-ज्वाला की धधकती लपटों में होम देगा, यह विचार उनके अन्तर्मन को बार-बार व्यथित कर रहा था। एक बार तो उनके मन में आया था कि इस नरसंहार को रुकवाने के लिए वे स्वयं जरासन्ध के पास जाएँ और ऐसा करने में यदि उनकी अपनी मृत्यु भी हो जाए तो होने दें। लेकिन भगवान सूर्य ने उन्हें ऐसा नहीं करने दिया। भगवान सूर्य ने उन्हें आदेश दिया कि ऐसा योग्य आदमी ढूँढ़ो जो इस नरमेध को रोक सके।

पिछले दो बरस से भगवान वेदव्यास को यही चिन्ता सता रही थी कि कुरुओं में कोई चक्रवर्ती राजा क्यों नहीं पैदा हो पा रहा। गायत्री जाप द्वारा उन्होंने बार-बार भगवान सूर्य से प्रार्थना की थी कि वे कोई शाश्वत धर्मगोप्ता इस धरती को प्रदान करें।

कृष्ण के व्यक्तित्व ने उन्हें बहुत प्रभावित किया था। मनोहर देह, हँसमुख चेहरा, दृढ़ मनोबल और मादक नेत्रों ने उन्हें मोह लिया था। कृष्ण की वाणी प्रभावशाली थी। मनुष्य हो या घटना, वे उसके मर्म को तत्काल पहचान लेते थे। हर संकट से मुक्ति पाने का उपाय वे पलभर में कर लेते थे। और धर्म में उनको अपार विश्वास था।

जरासन्ध की मृत्यु और राजाओं की मुक्ति का समाचार प्राप्त हुआ तो भगवान वेदव्यास को पूरा विश्वास हो गया कि कृष्ण का अवतरण आर्यों के हित में एक नये युग का निर्माण करने के लिए ही हुआ है।

उनकी दृष्टि में कृष्ण भगवान थे। जरासन्ध को नरमेध करने से उन्होंने वैसे ही रोका था, जैसे भगवान वरुण ने राजा हरिश्चन्द्र को शुनःशेप की आहुति देने से रोका था।

कृष्ण ने उनके पाँव छुए तो उन्होंने उन्हें उठाकर गले लगा लिया और उनका मस्तक सूँघा। वे शाश्वत धर्मगोप्ता की खोज कर रहे थे। अब यह खोज पूरी हो गई थी। धर्म का रक्षक मिल गया था।

तीन दिन बाद कृष्ण, उद्धव, सात्यकि, धृष्टद्युम्न, भगवान वेदव्यास, राजपुरोहित धौम्य और पाँचों पाण्डव पूरी परिस्थिति पर विचार करने बैठे।

युधिष्ठिर ने पूछा, "अब हमें क्या करना चाहिए?"

भीम का उत्साह अपार था। बोला, "बड़े भाई, आप चिन्ता मत कीजिए। जो कुछ करना था वह पूरा हो चुका है। गिरिव्रज से यहाँ आने में हमें जो तीन सप्ताह लगे, उसमें हमने सब विचार कर लिया है। वह समय हमने व्यर्थ नहीं गँवाया था।"

"क्या निर्णय किया है?"

"पूज्य द्रुपद ने धृष्टद्युम्न को हमारी सहायता के लिए भेजा है। काशी के सुशर्मा, मगध के सहदेव और मद्र के शल्य ने भी हमारी सेना की सहायता के लिए टुकड़ियाँ भेजने का वचन दिया है।" भीम ने कहा।

"लेकिन जब शान्ति की स्थापना करनी है तब इतनी बड़ी शक्तिशाली सेना की क्या जरूरत है? सैन्यबल का प्रदर्शन मुझे अच्छा नहीं लगता। इससे तो युद्ध भड़कने की आशंका बढ़ेगी।" युधिष्ठिर ने कहा।

"पन्द्रह दिनों में तो दो सौ महारथी और बीस अतिरथी हम एकत्र कर लेंगे।" भीम ने कहा और फिर प्रमुदित हो आँखें नचाता हुआ बोला, "एक और बात कहना तो भूल ही गया। राक्षसों की भी एक टुकड़ी आनेवाली है।"

भगवान वेदव्यास को छोड़ और सभी चौंक गए।

"राक्षसों की?" युधिष्ठिर ने पूछा।

"हाँ, और उनका नेतृत्व मेरा पुत्र घटोत्कच करेगा," भीम के चेहरे पर मुस्कराहट नाच रही थी, "देखने में वह बड़ा विकराल है, लेकिन उसका हृदय बहुत कोमल है। हर वर्ष उसका सन्देश मिलता है कि मुझसे मिलने की उसकी तीव्र इच्छा है।"

"घटोत्कच? वह यहाँ क्या करेगा?" अचम्भित होकर युधिष्ठिर ने पूछा।

"वह हमारे शत्रु राक्षसों से मुकाबला करेगा।" भीम ने कहा।

"मैंने घटोत्कच की माँ को कहलवा दिया है कि वह अथवा उसके योद्धा नरमांस छुएँगे नहीं और पवित्र यज्ञवेदी को भ्रष्ट नहीं करेंगे। घटोत्कच ने मेरी आज्ञा का पालन करने का वचन दिया है।" यह कहकर भीम ठठाकर हँस पड़ा।

फिर वह भगवान वेदव्यास की ओर देखकर बोला, "भगवान उसे भली-भाँति जानते हैं। जब मैंने उसका अपहरण किया था तब आपने ही उसे सँभाला था।"

भगवान वेदव्यास हँस पड़े। उनके इस मुक्त हास्य में सभी ने साथ दिया।

भीम ने फिर कहा, "घटोत्कच का स्वभाव इतना अच्छा है कि आप सब उसे चाहने लगेंगे, बड़े भाई! मुझसे तो वह ज्यादा अच्छा है।"

"लेकिन मुझे तो यह चिन्ता हो रही है कि तू इतनी बड़ी सेना इकट्ठी करके करेगा क्या?"

"हमें दिग्विजय करनी है," भीम ने कहा, "जरासन्ध को मैंने इसलिए नहीं मारा कि उसके पिट्ठुओं से मैं हार जाऊँ। यह मत समझो कि शिशुपाल, दन्तावक्त्र तथा शाल्व हमारे जन्मजात शत्रु हैं, और दुर्योधन के मित्र। हमारे इन्द्रप्रस्थ की तरफ कोई आँख भी न उठा सके, इसके लिए सेना एकत्रित करने के सिवा और कोई चारा नहीं है।"

"लेकिन भीम, कृपा करके युद्ध की तैयारियाँ तो मत करो...।" युधिष्ठिर ने कहा।

"क्यों न करूँ? क्या मैं क्षत्रिय नहीं हूँ?" भीम ने पूछा, "मैं क्षात्रधर्म को मानता हूँ। यदि तुम युद्ध की तैयारियाँ नहीं करते हो तो शान्ति की स्थापना भी नहीं कर सकोगे।"

"भीम, जरा मेरी बात सुन।" युधिष्ठिर ने कहा, "हमारा राजसूय दिग्विजय के लिए नहीं है। तुम्हारे प्रताप से हमने बिना रक्तपात धर्म की जय की है।"

"बड़े भाई, रक्तपात के बिना छुटकारा नहीं है। जरासन्ध को जब पछाड़ा तब उसकी देह से खून के फव्वारे छूटे थे।" भीम ने कहा और हँस दिया। फिर गम्भीरता धारण करते हुए बोला, "धर्म की रक्षा करनी हो तो अधर्मियों का नाश करना चाहिए।" और फिर कुछ व्यंग्य का पुट देते हुए कहा, "आपको तो शान्ति चाहिए न बड़े भाई? भले फिर इसका कोई भी मूल्य क्यों न चुकाना पड़े। तो फिर शान्ति के लिए आप हमें और इन्द्रप्रस्थ को दुर्योधन के हवाले कर दो!"

"ऐसे कटु शब्द मत कहो, भीम?" युधिष्ठिर ने कहा, लेकिन युधिष्ठिर के इन स्नेहपूर्ण शब्दों का भीम पर लेशमात्र भी असर नहीं हुआ।

"कटु शब्द?" उसने तिरस्कार से कहा, "मेरी जिह्वा असत्य की दासी नहीं है। यह सत्य की तलवार है।" फिर धीर-गम्भीर स्वर में बोला, "जब तक दुर्योधन का नाश न हो और शकुनि का अस्तित्व न मिट जाए तब तक शान्ति सम्भव नहीं है। यदि वे हमारे साथ लड़ना ही चाहते हैं तो हर दशा में मुझे लड़ाई जीतनी ही है।"

"बस कर, भीम, बस कर, और मेरी बात सुन," युधिष्ठिर ने मधुर मुस्कान के साथ कहा, "इस भ्रातृयुद्ध का क्या परिणाम होगा, यह तुझे पता नहीं है?"

भीम की आँखों में अंगारे उछलने लगे। वह खड़ा हो गया और बोला, "और दुर्योधन की शरण में जाने का क्या परिणाम होगा, यह आप नहीं जानते क्या?"

युधिष्ठिर रुष्ट नहीं हुए। बोले, "भीम, यों क्रुद्ध होने से कोई लाभ नहीं होगा। तुम क्रोध में डूबे रहोगे तो हम अपने चचेरे भाइयों से मित्रता कैसे स्थापित कर सकेंगे? थोड़ा शान्ति से बैठकर मेरी बात सुनो। हमें अपने पारिवारिक सूत्रों को फिर से जोड़ना है, अपने चचेरे भाइयों को हमें ऐसी विधि से निमन्त्रित करना है जो उनके अनुकूल हो। वे अधर्म की राह पर होंगे, किन्तु हमें धर्म की राह पर चलकर, नीति पर रहते हुए, अधर्म पर विजय प्राप्त करनी है..."

"तब तो शकुनि मामा को भी निमन्त्रित कर लीजिए न?" भीम ने कटाक्ष करते हुए कहा, "वह तो हमारा कट्टर शत्रु है। उसे तो हमें विशेष सम्मान देना चाहिए!"

"मेरा विचार यही करने का है। सम्भव है वह दुर्योधन के प्रति हमारे प्रेम को देखे और उसका हृदय-परिवर्तन हो जाए!"

"शत्रुओं के प्रति आप सदैव स्नेहशील रहे हैं, मित्रों के प्रति नहीं।" भीम ने कहा।

"भीम, इतना क्रोध मत करो। तुम्हारी इतनी बड़ी विजय के बाद अब उन्हें यह जरूर समझ आ जाएगा कि हमें निर्मूल करने के उनके प्रयत्न व्यर्थ हैं।"

"कुछ भी करो, उन पर प्रभाव नहीं होगा। हमारे निमन्त्रण का वे कोई सम्मान नहीं कर सकेंगे। हमारी शक्ति और समृद्धि देख-देखकर उसे छीन लेने के वे नए-नए मार्ग ढूँढ़ेंगे।"

कृष्ण ने बीच में बोलते हुए कहा, "राजा वृकोदर, थोड़ा धीरज रखो, विराजो। बड़े भाई की इच्छा तो मात्र यही है कि हमें शकुनि तथा दुर्योधन को नीति से जीत लेने का प्रयत्न करना चाहिए। यह तुम जानते हो न कि सभी लोग बड़े भाई को धर्मपुत्र कहते हैं?"

"लगता है, आपकी भी मति मारी गई है।" भीम ने कृष्ण की ओर तिरस्कार से देखते हुए कहा।

"तुम्हारा कहना सही है भीम कि बड़े भाई जो रास्ता बता रहे हैं उस रास्ते शकुनि को सुधारा नहीं जा सकता है।"

"कृष्ण, आप क्या शकुनि को नहीं जानते हैं? वह तो पूरा जहर से भरा हुआ है। उसको निचोड़ो तो उसमें से इतना जहर निकलेगा, जिसमें सारी दुनिया डूब जाए। हमें नष्ट करने को इसने क्या-क्या नहीं किया?" भीम कटुतापूर्ण स्मृतियों को ताजा करता कहता रहा, "मैं नन्हा बालक था तभी इन लोगों ने मुझे डुबा देने का प्रयास किया था। वारणावत में हमें जीवित जला देने का षड्यन्त्र इन्होंने किया था। इनके घातक षड्यन्त्रों से बचने के लिए हमें जंगलों में छिप-छिपकर भटकते हुए कितना दुख देखना पड़ा है? इन्होंने हमें हमारे पूर्वजों के सिंहासन से वंचित रखा है।"

भीम रुका। फिर चेतावनी के लिए तर्जनी उठाते हुए बोला, "सुनो बड़े भाई, वे हमारा सर्वनाश करने पर तुले हुए हैं। वे हमारा इन्द्रप्रस्थ भी लेने पर तुले हुए हैं। बल से नहीं होगा, तो छल से लेंगे।"

"मेरे प्रिय भाई!" युधिष्ठिर ने कहा, "वे क्या करेंगे, उस पर अभी विचार करना उचित नहीं है। महत्त्वपूर्ण बात यह है कि हमें क्या करना है। हम शकुनि को भी विशेष निमन्त्रण देंगे।" पल-भर वे रुके, फिर बोले, "भीम, तुझे यह नहीं भूलना चाहिए कि दुर्योधन के मन में भी पीड़ा है कि यदि उसके पिता अन्धे न होते तो कुरुओं की राज्यगद्दी उसे मिलती।"

भीम के क्रोध का अब पार नहीं रहा। बोला, "मैं शान्त बैठा नहीं रहूँगा। हमें अपने अस्तित्व के लिए, आपके चक्रवर्ती पद के लिए, अपनी सन्तानों के अधिकारों के लिए, स्वनिर्मित अपने सुखी संसार के लिए और अपने क्षात्रधर्म के लिए हमें लड़ना ही होगा। मैंने अपना मार्ग चुन लिया है। आवश्यकता हुई तो पूरे हस्तिनापुर का सामना करने को भी मेरे पास पर्याप्त सैनिक हैं।"

युधिष्ठिर ने बीच में बोलना चाहा, किन्तु भीम बोलता गया, "मैंने सेनाएँ इकट्ठी करनी शुरू कर दी हैं। आपको जँचे या न जँचे, दिग्विजय तो होगी ही। और यदि दुर्योधन, शकुनि या उनके मित्र बीच में आए तो मैं अपने यज्ञोपवीत की सौगन्ध खाकर कहता हूँ कि इन सबको मैं समाप्त कर दूँगा।" इतना कहकर भीम मन्त्रणाकक्ष से बाहर चला गया।

युधिष्ठिर समझ गए कि अन्य भाइयों का भी वही मत है जो भीम का। उन्हें लगा कि उन्होंने भीम के साथ भारी अन्याय किया है। युधिष्ठिर के चेहरे पर भीम के प्रति स्नेह-भाव उभर आया था।

अभी तक शान्त बैठे भगवान वेदव्यास ने कृष्ण से कहा, "वासुदेव, आप जाकर भीम से कहो कि बड़े भाई ने दिग्विजय की योजना उस पर ही छोड़ दी है और उन्होंने उसे अपना आशीर्वाद भी भिजवाया है।"

घटोत्कच की पिता से भेंट

जब सभी योजनाएँ बन गईं तो कृष्ण द्वारका गए। यादवों को यह सुसंवाद सुनाना था कि जरासन्ध अब जीवित नहीं है, मारा जा चुका।

जरासन्ध के मरने से सत्ता का सारा सन्तुलन ही बदल गया। जो जरासन्ध की मदद पर निर्भर थे, वे अब सम्बलहीन और असहाय बन गए थे।

पाण्डवों को अब आर्यावर्त की एक सशक्त और अजेय सत्ता के रूप में स्वीकार किया जाना प्रारम्भ हो गया था। पांचाल, काशी तथा मद्र के राजा और द्वारका के यादव पाण्डवों के निकट सहयोगी थे।

धर्मस्रोत के रूप में पूज्य भगवान वेदव्यास ने पाण्डवों को आशीर्वाद दिया था। सामान्य जनसमुदाय के बीच देवता का स्थान प्राप्त कर लेनेवाले कृष्ण के सहारे पाण्डवों ने अजेय सत्ता का यह दुर्लभ स्थान प्राप्त किया था।

चारों भाई अपनी-अपनी सेनाएँ लेकर अलग-अलग दिशाओं में निकल पड़े। वे राजाओं से मिलते, उन्हें राजसूय यज्ञ में आने के लिए युधिष्ठिर की ओर से निमन्त्रण देते। जो लोग इस निमन्त्रण को मैत्रीभाव से स्वीकार करते वे युधिष्ठिर

द्वारा भेजी गई भेंट-सौगात स्वीकार कर लेते, लेकिन जो अस्वीकार करते उनसे सेना निपट लेती।

अधिकतर राजाओं ने युधिष्ठिर की मैत्री को सहर्ष स्वीकार कर लिया था। कुछ को युद्ध करके झुकाना पड़ा था। कारुष के दन्तावक्त्र तथा प्राग्ज्योति के भगदत्त ने युद्ध में हारने के बाद ही युधिष्ठिर की मैत्री स्वीकार की थी।

युधिष्ठिर को भय था कि राजाओं से बड़ी-बड़ी लड़ाइयाँ लड़नी पड़ेंगी लेकिन उनका यह भय अब दूर हो गया। वे प्रसन्न हुए कि राजसूय यज्ञ अब मैत्रीपूर्ण वातावरण में सम्पन्न हो सकेगा और धर्म की नींव सुदृढ़ हो सकेगी।

उन्होंने अपनी सम्पूर्ण शक्ति लोगों को धर्ममय जीवन की ओर ले जाने में ही लगाई थी। वे न्यायप्रिय, उदार और दानशील थे। गरीबों के प्रति अत्यन्त दयालु थे।

धर्म को मूल में रखकर शासन करने की युधिष्ठिर की दृढ़ नीति के कारण राज्य की भौतिक समृद्धि अच्छी हुई। न सूखा पड़ा, न बाढ़ आई। अच्छी वर्षा होती, अच्छी फसलें होतीं। खूब अनाज होता। गायों और स्त्रियों की रक्षा पर जोर रहता। पहले तो लोग उन्हें धर्मपुत्र कहने लगे, फिर उन्हें धर्मराज नाम से पुकारा जाने लगा।

भगवान व्यास के शिष्य आश्रम-आश्रम जाकर आचार्यों को व्यास मुनि का आशीर्वाद पहुँचाते और उन्हें राजसूय यज्ञ में आने का निमन्त्रण देते। इस यज्ञ में महामुनि व्यास ब्रह्मा का स्थान ग्रहण करेंगे, यह समाचार सुनते ही श्रोत्रियगण इस शुभ अवसर की प्रतीक्षा करने लगे थे।

आचार्यों में अपूर्व उत्साह था। उन्हें विश्वास था कि श्रुतियों का अर्थ करने में उन्हें जो कठिनाइयाँ आती रहती थीं उन्हें दूर करने का राजसूय के समय अच्छा अवसर मिलेगा।

खाण्डव वन-दहन के समय मयदानव कृष्ण की शरण आया था। वही मयदानव कृष्ण की आज्ञा मानकर युधिष्ठिर के लिए एक ऐसा सभा-भवन तैयार कर रहा था जैसा आज तक तीनों लोक में भी नहीं बना था।

चारों भाई अपनी-अपनी विजय-यात्राओं से वापस लौटने लगे। वे अपने साथ सोना, चाँदी, गायें, घोड़े और हाथी आदि भी लाए जो उन्हें मित्र राजाओं ने भेंट स्वरूप दिए थे।

अर्जुन अपनी सेना के साथ उत्तर दिशा में गया था। वह हिमालय के सभी प्रदेशों और मानसरोवर तक हो आया था। नकुल पश्चिम में गया था और वहाँ सागरतट के म्लेच्छ राजाओं से उपहार ले आया था।

भीम पूर्व की ओर गया था। उसकी दिग्विजय-यात्रा विशेष घटनापूर्ण रही थी।

उसकी सबसे बड़ी सफलता थी शिशुपाल पर विजय। शिशुपाल जरासन्ध का घनिष्ठ मित्र था, लेकिन अब जरासन्ध के न होने के कारण उसे किसी ऐसे शक्तिशाली मित्र की खोज थी जिसका साथ पाकर वह स्वयं शक्तिशाली बना रह सके।

भीम ने शिशुपाल का हृदय जीतने के लिए एक सरल मार्ग ढूँढ़ा। उसने उसे बारम्बार कहा, "शिशुपाल, हम लोग आपस में बहुत गहरे रिश्ते से जुड़े हैं। तेरी माँ श्रुतश्रवा और मेरी माँ कुन्ती बहिनें हैं, इस कारण हम भाई हैं। हमारे बीच मैत्री रहेगी तो वे दोनों बहिनें बहुत प्रसन्न रहेंगी।"

शिशुपाल ने स्वीकार किया कि पाण्डवों से मित्रता बढ़ानी उपयोगी रहेगी। एक बार पाण्डवों से अच्छी मैत्री हो जाए तो अपने कट्टर शत्रु कृष्ण के विरुद्ध वह उनका उपयोग कर सकता है, ऐसा उसने सोचा। उसने यह भी सोचा कि राजसूय यज्ञ में वही सबसे अधिक शक्तिशाली अतिथि होगा और इसका लाभ उठाकर आगे और शक्ति बढ़ाने में भी वह सफल हो सकेगा।

सहदेव दक्षिण यात्रा से वापस लौटा तो उसका स्वागत करने को श्रोत्रिय, राजा, वैश्य तथा शूद्र हर प्रकार के लोग एकत्रित हुए। लेकिन रथ में उसकी बगल में एक भयानक शक्ल-सूरत की मूरत देखकर सभी सहम गए। आदमी क्या था, पहाड़ था। विशाल डील-डौल, शीशम-जैसा काला रंग, चौड़ा मुँह और उसमें से बाहर निकले राक्षसों-जैसे दो बड़े-बड़े दाँत। ताँबई रंग की हल्की-सी दाढ़ी। गंजे सिर पर सोने का मुकुट। हाथ में काठ की गदा जिसमें तीखी कीलें जड़ी हुई थीं। उसके सारे शरीर पर सिन्दूर पुता हुआ था और अँगूठियाँ, बाजूबन्द, कमरबन्द, मालाएँ आदि सोने के कई गहने पहने हुए थे।

वह रथ से कूदकर बाहर आया तो सहदेव की अगवानी को आए हुए लोगों में अपने पिता को ढूँढ़ने लगा। जब वह छोटा था तब उसके पिता उसकी माँ को छोड़कर चले गए थे, लेकिन उसकी माँ का हृदय जीत लेनेवाले राजा वृकोदर का हुलिया माँ ने उसे विस्तार से समझा दिया था।

एक-एक आदमी को ध्यान से देखते हुए उसकी दृष्टि भीम पर ठहर गई। एक वही मनुष्य उसे ऐसा लगा जिसका व्यक्तित्व बताए गए हुलिए से मेल खाता था। अतिथियों के स्वागत की आर्य-परम्परा का उसे कोई ज्ञान नहीं था, इसलिए ताम्रकलश लेकर मन्त्रोच्चार करते श्रोत्रियों का स्वागत-कार्यक्रम पूरा होने से पहले ही वह पागल बैल की तरह झपटा और 'पिताजी! पिताजी!' कहता हुआ भीम के पैरों में गिर पड़ा। भाव-विह्वल होकर उसने भीम का पैर उठाकर अपने सिर पर लगाया।

इस विचित्र मनुष्य को ऐसा व्यवहार करते देखकर लोग डर गए। कहीं कुछ

कर न बैठे, इस भय से अर्जुन ने कन्धे से धनुष उतारकर हाथ में ले लिया।

भीम ने उसे उठाकर अपनी बाँहों में लिया और गले से लगा लिया।

"पिताजी!" घटोत्कच ने राक्षसी भाषा में कहा।

"तूने मुझे कैसे पहचाना?" भीम ने उससे उसी भाषा में पूछा।

"आप बिलकुल वैसे ही हैं, जैसा माँ ने बताया था। माँ ने कहा था कि मैं आपके पैरों में सिर नवाऊँ और आपका पैर अपने मस्तक पर रखूँ।"

भीम ने कहा, "घटोत्कच, उधर सामने मेरे बड़े भाई खड़े हैं, उनके पैर छुओ।" संकेत युधिष्ठिर की ओर था।

घटोत्कच ने धीमी आवाज में भीम से कहा, "माँ ने तो केवल आपके ही पाँव छूने को कहा था। ये तो बहुत छोटे हैं।"

"सबसे पहले बड़े भाई के पाँव छुए जाते हैं।" भीम ने आदेश के स्वर में कहा। घटोत्कच ने कन्धे उचकाए और बुदबुदाया, "ठीक है, आप जैसा कहेंगे, वैसा ही करूँगा।"

कोई विशेष सम्माननीय व्यक्ति शायद आ रहा था। लोग-बाग आनेवाले व्यक्ति के लिए अगल-बगल हटकर हाथ जोड़कर खड़े हो गए। भीम ने घटोत्कच की हथेलियाँ मिला हाथ जुड़वाए और वैसे ही खड़ा रहने को उससे कहा।

"क्यों, क्या बात है?" घटोत्कच ने अपने पिता से पूछा।

"भगवान वेदव्यास आ रहे हैं।" भीम ने उत्तर दिया।

घटोत्कच को हाथ जोड़ना नहीं आता था। भीम को उसकी हथेलियाँ मिलाकर उसे हाथ जोड़ना सिखाना पड़ा। उसने उससे कहा, "भगवान वेदव्यास आएँ तो उन्हें प्रणाम करना।"

"माँ ने तो कहा था कि इस दुनिया में आप ही सबसे बड़े आदमी हैं।" घटोत्कच ने कहा।

"मैं तेरी माँ से सहमत हूँ," भीम ने नकली गम्भीरता से कहा, "लेकिन इन सब लोगों को यह बात हम कैसे समझाएँ?"

घटोत्कच ने महामुनि वेदव्यास को देखा तो याद आया कि यह वही व्यक्ति है जो उसकी माता के कथनानुसार उसके पिता को माता के पास से लेकर चला गया था।

भीम ने घटोत्कच से कहा, "इनका चरण-वन्दन करो।"

घटोत्कच बोला, "माँ गलत नहीं हो सकती।"

"मैं कहता हूँ कि इनके पाँव छूओ।" भीम ने घटोत्कच की पीठ थपथपाते हुए कहा।

"अच्छा-अच्छा," घटोत्कच ने कहा, "माँ कहती है कि ऐसा मत कर, पिताजी

कहते हैं कि वैसा मत करो। मैं क्या करूँ? यह करूँ कि वह करूँ? कोई बात नहीं, पिताजी यहाँ उपस्थित हैं और माँ उपस्थित है नहीं, इसलिए बात पिताजी की ही माननी पड़ेगी।''

घटोत्कच ने सबकी ओर देखा और फिर वेदव्यास को प्रणाम करने का प्रयत्न किया। लेकिन पृथ्वी पर लेटकर प्रणाम करने का उसे अभ्यास नहीं था, इस कारण साष्टांग प्रणाम करने को ज्यों ही वह झुका त्यों ही उसके सिर का मुकुट गिर पड़ा।

साष्टांग मुद्रा में ही अपना मुकुट पकड़ने का उसने प्रयास किया तो स्वयं को स्वयं पर ही हँसी आ गई और जब उसे यों बेढंगी स्थिति में मुकुट पकड़ते हँसते देखा, तो आसपास खड़े और लोग भी हँस पड़े।

युधिष्ठिर भी बिलकुल नन्हे बच्चे की तरह हँस पड़े। जीवन में शायद पहली ही बार वे यों हँसे थे। उन्होंने मुकुट उठाया और अपने परिवार के इस नए, अद्भुत सदस्य के केशरहित सिर पर पहना दिया।

घटोत्कच का हँसना अभी तक रुका नहीं था। पिता की ओर मुड़कर राक्षसी बोली में बोला, ''वे जो काका हैं न!'' उसका संकेत सहदेव की तरफ था, ''उन्होंने कहा कि मुझे मुकुट पहनना ही चाहिए। माँ यहाँ होती तो वह कभी का इस मुकुट को फेंक चुकी होती। लेकिन यहाँ तो हर कोई कहता है, 'ऐसा करो', 'वैसा करो' और घटोत्कच पालन करता जाता है!'' और यह कहते-कहते वह ठठाकर हँस पड़ा।

घटोत्कच ने जो कहा उसे भीम ने आर्य भाषा में अनुवाद करके सभी को सुनाया।

भीम की ओर मुड़कर युधिष्ठिर ने कहा, ''घटोत्कच यह मुकुट न पहने तो भी चलेगा। हम इसके लिए नया मुकुट बनवाएँगे।''

घटोत्कच ने युधिष्ठिर की बात सुनकर सहदेव की ओर देखते हुए कहा, ''उस काका से यह काका ज्यादा समझदार है।''

घटोत्कच ने अपने पिता की ओर देखकर कहा, ''वह काका,'' और सहदेव की तरफ अँगुली का इशारा किया, ''काका ने मुझसे कहा कि मुकुट तुझको पहनना ही होगा। मेरे माथे पर आप सब जैसे बाल नहीं हैं। बाल होते तो आप कहते कि मैं भी माथे पर मुकुट के साथ जन्मा था। अब तो यह गंजापन ही मेरा मुकुट है।'' खुद पर यों व्यंग्य करके खुद ही हँस पड़ा। भीम ने अनुवाद करके सुनाया तो दूसरे भी सभी हँस पड़े।

हँसी कुछ कम हुई तो घटोत्कच को देखकर अचम्भा हुआ कि मुनि उससे राक्षसी भाषा में बात करने लगे हैं। मुनि ने कहा, ''बेटा, मैंने तुझे जब पहले-पहल देखा था तब तू दूध और शहद पीता था। चिरंजीव हो।'' यह कहकर भगवान

वेदव्यास ने उसके सिर पर हाथ रखा और उसकी पीठ थपथपाई।

घटोत्कच ने मुकुट पिता के हाथ में देकर प्रणाम किया। प्रणाम करने के लिए जब वह धरती पर लेटा तो भीम ने उसे सहारा देकर ऊँचा उठाया।

"तूने क्या-क्या किया बेटे?" मुनि ने पूछा, "समुद्र पार बसनेवाले राक्षस-राजाओं से मित्रता स्थापित करने को तुझे भेजा था। वहाँ तूने कितना-कितना क्या काम पूरा किया?"

घटोत्कच ने अपनी बात कहनी शुरू की। सहदेव की ओर अँगुली से संकेत करते हुए उसने कहा, "उस काका ने मुझे राक्षस राजाओं से दोस्ती के लिए भेजा था। लंका में भेजा था। मैं वहाँ गया। मैंने वहाँ जाकर उन्हें बताया कि मेरे पिता कितने बलवान हैं। इन्द्रप्रस्थ में राज करनेवाला मेरा काका कितना भला है, यह भी मैंने उन्हें बताया।" सहदेव की ओर देखते हुए वह कहता गया, "ओ काका मुझको बराबर पढ़ाके भेजता था। फिर ओ राजा लोग मुझको तरह-तरह का भेंट-सौगात दिया। कितने ही हाथी और हाथी-दाँत भी दिया। ओ सबकी गिनती भूल गया।"

भीम के सिवाय सब चले गए तब इस बालराक्षस को लड़कों की भीड़ ने घेर लिया। घटोत्कच उन सबके आकर्षण का केन्द्र बन गया। उसने सब बालकों को प्रभावित कर दिया। पाण्डवों के पुत्रों ने भीम से पूछा, "आपने जिसके बारे में कहा था, यह वही हमारा भाई है न?"

"बिलकुल वही।" भीम ने उत्तर दिया। फिर उसने घटोत्कच से राक्षसी बोली में कहा, "ये सभी बालक तुम्हारे भाई हैं।"

"ये सभी मेरे भाई हैं?" घटोत्कच को आश्चर्य हुआ, "और सभी इतने छोटे-छोटे?" ऐसे दुबले-पतले, ठिगने-ठिगने बालक उसके भाई हैं, यह देखकर वह हँस पड़ा।

भीम घटोत्कच को रानियों के कक्ष में ले गया। वहाँ द्रौपदी और जालन्धरा से परिचय कराते हुए कहा, "ये तेरी माताएँ हैं।"

वह फिर ठठाकर हँस पड़ा। उसे विचित्र लगा, "ये मेरी माताएँ? इतनी नन्ही-नन्ही मेरी माताएँ?" फिर अँगुलियों पर गिनने लगा, "एक तो माँ मेरे पहले से है। दूसरी माँ ये। तीसरी माँ ये। और उधर बैठी वे भी सब मेरी माँ?" और फिर वह ठठाकर हँस पड़ा।

"अब अधिक मत हँसो। पेट फूट जाएगा।" भीम ने उसकी पीठ थपथपाकर कहा।

"जब से यहाँ आया हूँ तब से हर बात ऐसी ही मिली है जो हँसाए बगैर रहती नहीं।"

‘‘अब देख, अभी तो तेरे लिए तीन माँएँ काफी होंगी।’’ घटोत्कच के साथ-साथ हँसते हुए भीम ने कहा।

भीम उसे महल के दूसरे भाग में ले गया। वहाँ सभी राजकुमार सो रहे थे।

‘‘यह क्या हमारे पास सोएगा? भूख लगने पर यह हमें खा गया तो?’’ श्रुतसोम ने पूछा।

‘‘घटोत्कच,’’ भीम ने कहा, ‘‘ये सब पूछ रहे हैं कि ये लोग यदि यहाँ तेरे पास सोएँगे तो तू उन्हें खा तो नहीं जाएगा?’’

घटोत्कच हँस पड़ा, ‘‘माँ कहती है कि आदमी को मत खाओ। मैं मानता हूँ। पिताजी कहते हैं कि आदमी को मत खाओ। मैं मानता हूँ। लेकिन मैं यहाँ अपने भाइयों के पास जमीन पर नहीं सोऊँगा। मुझे तो नींद पेड़ पर ही आती है।’’

भीम बोला, ‘‘तुझे जैसा ठीक लगे वही कर।’’ फिर वह दूसरे राजकुमारों की ओर मुड़कर बोला, ‘‘घटोत्कच में आत्मीयता और स्नेहभाव तो है किन्तु हमारे रीति-रिवाजों से वह परिचित नहीं है।’’

थोड़ी देर बाद भीम जब घटोत्कच को सँभालने के लिए आया तो घटोत्कच पेड़ से नीचे कूद पड़ा और भीम से बोला, ‘‘पिताजी, माँ ने आपसे अकेले में एक बात कहने को कहा था।’’

‘‘अच्छा,’’ भीम ने कहा, ‘‘चलो, उधर चलें।’’

वे दोनों एक ओर थोड़ी दूर गए तब घटोत्कच ने पिता के कान में कहा, ‘‘पिताजी, आपके कोई शत्रु हैं?’’

भीम हँस पड़ा। बोला, ‘‘जितने चाहो!’’

‘‘मुझे कल बताना।’’

‘‘क्यों? मेरे शत्रुओं से तुझे क्या काम है? तू तो मेरे मित्रों के बारे में पूछ।’’

‘‘नहीं, माँ ने मुझे आपके सभी शत्रुओं को साफ कर देने को कहा है और माँ की बात तो माननी ही होगी।’’

‘‘हे भगवान!’’ भीम ने चकित होकर आह भरी। यदि यह कहीं सचमुच ही शत्रुओं को मारने निकल पड़ा तो गजब हो जाएगा।

भीम ने अपने राक्षस-पुत्र की पीठ थपथपाते हुए कहा, ‘‘तू मेरे बैरियों की चिन्ता मत कर। प्रतिविन्ध्य और श्रुतसोम सदैव तेरे साथ रहेंगे।’’

‘‘लेकिन मुझे माँ की आज्ञा का पालन करना ही होगा। उन्होंने कहा था कि मुझे आपके शत्रुओं की हत्या कर देनी है।’’

‘‘लेकिन तूने अभी तो कहा था न कि पिता यहाँ हैं सो पिता की बात भी माननी है! इसलिए यहाँ अब तुझे मेरी ही बात माननी है।’’

"अच्छा, ऐसा है तो मैं आपकी आज्ञा मानूँगा। अब पेड़ पर जाकर सो जाऊँ?" घटोत्कच ने पूछा।

श्रीकृष्ण की अग्रपूजा

युधिष्ठिर ने जो-जो निर्देश दिए उनके अनुसार सहदेव ने राजाओं के पास दूत भेजे और श्रोत्रियों, राजन्यों, अग्रगण्य व्यापारियों, कृषकों तथा शूद्रों को भी आमन्त्रित किया।

कुरुवंश के वयोवृद्धों तथा परिवार के निकट सम्बन्धियों को स्वयं जाकर विशेष निमन्त्रण देने और लिवा लाने के लिए नकुल को हस्तिनापुर भेजा गया।

यज्ञ प्रारम्भ होने से पहले माता सत्यवती, वाटिका, काशी की राजकन्याएँ तथा माता शर्मी और सभी पुत्रवधुएँ आ गईं। माता शर्मी अब वृद्धा हो गई थीं, फिर भी उन्होंने आते ही भोजन के प्रबन्ध की सारी व्यवस्था अपने हाथ में ले ली।

महामुनि आए। उनके साथ वेद-मन्त्रों के लय-तालयुक्त पाठ में निपुण सैकड़ों श्रोत्रिय भी आए।

श्रोत्रियों में श्रेष्ठ श्रोत्रिय सुशर्मा ने सामवेद पक्ष की विधियों का कार्यभार सँभाला। कर्मकाण्ड के क्षेत्र में आर्यावर्त में प्रसिद्ध याज्ञवल्क्य को अध्वर्यु घोषित किया गया। महामुनि के शिष्य धौम्य तथा पैल को होता बनाया गया।

श्रोत्रियों ने अपनी-अपनी रुचि और विशेषता के अनुसार स्वयं को अलग-अलग विद्वत्परिषदों में बाँट दिया। प्रतिदिन अनुष्ठान सम्पूर्ण होने के बाद वे इन विद्वत्परिषदों में विविध विषयों और तत्त्व-ज्ञान के गूढ़ प्रसंगों पर चर्चाएँ करते। श्रोत्रियों को ठहराने के लिए नए आवास निर्मित किए गए थे। उनमें इनकी चर्चाओं के लिए भी अलग सभागृह थे।

कई श्रोत्रिय कथावाचक थे जो पूर्वजों की वीरगाथाएँ सुनाते थे। उनकी कथा सुनने को बड़ी संख्या में लोग आने लगे। कथा-श्रवण के लिए आनेवाले इन लोगों के मनोरंजन के लिए गीत और नृत्य के कार्यक्रमों की व्यवस्था भी अलग से की गई।

माता शर्मी के अधीन जो भोजनालय थे वहाँ सभी के भोजन की पर्याप्त व्यवस्था थी। अनाथ और गरीबों को भी वहाँ भोजन कराया जाता था। महामुनि व्यास अपने नित्य स्वभाव के अनुसार पहले बच्चों को खिलाते फिर स्वयं खाते।

राजकीय अतिथि आने लगे। सभी के साथ अपने-अपने महारथी थे, सैन्य-गुल्म थे।

चेदि के शिशुपाल तथा कारुष के दन्तावक्त्र तो अपने-अपने साथ महारथियों का बड़ा-बड़ा सैन्य दल लेकर आए थे। युधिष्ठिर के प्रेमपूर्ण अभिवादन को शिशुपाल ने उपेक्षाभाव से स्वीकार किया। स्नेह के उत्तर में द्वेष का प्रदर्शन किया।

अपने पिता वसुदेव तथा बड़े भाई बलराम और अन्य यादव नायकों के साथ कृष्ण आए। युधिष्ठिर ने उनका आदरपूर्वक हार्दिक स्वागत किया। वे जानते थे कि यदि कृष्ण सहायक नहीं होते तो हिमालय से लंका तक के इतने राजाओं की मैत्री उन्हें बिना युद्ध किए कदापि नहीं मिलती।

हस्तिनापुर से भीष्म पितामह आए। साथ में धृतराष्ट्र थे, परम आदरणीय मन्त्री विदुर थे और दुर्योधन तथा उसके भाई भी थे। गान्धार का राजा सुबल और उसका पुत्र शकुनि भी आया। कर्ण और अश्वत्थामा आए। पाण्डवों और कौरवों को—जिन्होंने युद्धकला सिखाई थी, वे द्रोणाचार्य और कृपाचार्य भी आए। युधिष्ठिर ने तय किया था कि राजसूय के अवसर पर पाण्डवों तथा दुर्योधन व उसके भाइयों के बीच वे संवाद स्थापित करा देंगे। सौ कौरव भाइयों पर उन्हें पूरा भरोसा है, यह जताने के लिए उन्होंने उन्हें कुछ महत्त्वपूर्ण काम सौंपे।

युधिष्ठिर ने भीष्म से कुरु-परिवार के अध्यक्ष का तथा गुरु द्रोणाचार्य से समस्त कार्य-प्रबन्ध का प्रभारी-पद स्वीकार करने का अनुरोध किया। अश्वत्थामा को यह काम सौंपा कि वे श्रोत्रियों का स्वागत-अभिवादन करेंगे।

अतिथियों द्वारा लाए जानेवाले उपहारों को स्वीकार करने का अत्यन्त उत्तरदायित्वपूर्ण और विश्वास का काम राजा दुर्योधन को सौंपा गया। युधिष्ठिर ने सोचा था कि भाइयों द्वारा इसका उन्हें अच्छा प्रतिफल दिया जाएगा।

दुःशासन तथा संजय को अतिथि राजाओं का स्वागत करने का काम सौंपा गया। कृपाचार्य को यह काम दिया गया कि वे उपहारस्वरूप प्राप्त सोने-चाँदी और जवाहरातों का मूल्यांकन करें और देखें कि किसके यहाँ से कितने का माल आया। मन्त्री विदुर को यह दायित्व दिया गया कि वे इन मूल्यवान वस्तुओं को उचित स्थान पर सुरक्षित रखवाने का प्रबन्ध करें।

विद्वान श्रोत्रियों के पाँव पखारने का काम कृष्ण ने आगे बढ़कर खुद माँग लिया था। कृष्ण सभी के आकर्षण के केन्द्र बन गए। विद्वानों की चर्चाओं में वे भाग लेते और वहाँ अपनी सहज विद्वत्ता से सभी को प्रभावित कर देते।

सभी काम सुचारु रूप से होते देखकर युधिष्ठिर बहुत खुश थे। लेकिन कभी-कभी कुछ राजाओं को राजसूय की महत्ता के अनुसार स्तरीय व्यवहार करते नहीं देखते, तो उनका मन बहुत दुखी हो जाता था।

इस सबमें शिशुपाल को प्रसन्न करना कठिन था। इतने वर्षों बाद भी वह अभी यह नहीं भूला था कि उसकी होनेवाली पत्नी रुक्मिणी को कृष्ण अपहरण

कर ले गए थे। इसीलिए जब कृष्ण ने उसे नमस्कार किया तो उसने ध्यान भी नहीं दिया। वह जरासन्ध का सहयोगी था और कृष्ण ने आर्यों के जीवन में जो स्थान प्राप्त किया था, उसका उसे कोई अनुमान नहीं था। अब जरासन्ध रहा नहीं था, इसलिए, यहाँ जो कुछ भी हो रहा था उसके पीछे उसे कृष्ण की ही चाल दिखाई देती थी।

उसने जब मगध के राजा स्हदेव को कृष्ण के प्रति सम्मानपूर्ण व्यवहार करते देखा तो उसे बहुत क्रोध आया।

शुभ मुहूर्त में युधिष्ठिर की यजमान के रूप में प्रतिष्ठा हुई और वे राजाओं के साथ यज्ञशाला में गए।

प्रथम दिवस के होम-हवन पूरे हुए, तब युधिष्ठिर का इन्द्रप्रस्थ के राजा के रूप में राज्याभिषेक हुआ।

दूसरे दिन समस्त श्रोत्रियगण तथा राजा यज्ञशाला में एकत्रित हुए। समुचित मन्त्रोच्चार के साथ अग्नि-पूजा हुई।

इसके बाद का एक महत्त्वपूर्ण समारोह था–किसी विशिष्ट राजा अथवा मुनि की अग्रपूजा होना। युधिष्ठिर अग्रपूजा के लिए किसे चुनेंगे, इसकी सब लोग व्यग्रता के साथ प्रतीक्षा करने लगे।

शिशुपाल तथा उसके मित्रों का मानना था कि वहाँ एकत्रित हुए लोगों में मात्र शिशुपाल ही अग्रपूजा के योग्य है। जब इस शुभ मुहूर्त की घोषणा हुई तो भीष्म ने युधिष्ठिर की ओर देखकर कहा, ''वत्स, अब शुभ घड़ी आ गई है। यज्ञ प्रारम्भ करने के लिए उत्तम मुनि अथवा उत्तम राजा की अग्रपूजा होनी चाहिए।''

युधिष्ठिर को क्षण-भर लगा कि जैसे हृदय की धड़कन बन्द हो जाएगी। इस निर्णय की जोखिम उन्हें नजर आ रही थी। वे जानते थे कि शिशुपाल और उसके मित्र इस स्थान के लिए आतुर हैं। भीष्म सबमें वृद्ध थे। उन्होंने अपनी प्रतिज्ञा की रक्षा के लिए हस्तिनापुर के राज्य की भी परवाह नहीं की थी। पल-भर के लिए तो युधिष्ठिर ठिठक गए, लेकिन फिर बोले, ''आप जिसके लिए आज्ञा करें उसी को अग्रपूजा अर्पित करूँ, लेकिन समस्त राजाओं में आप ही श्रेष्ठ...''

भीष्म ने युधिष्ठिर को वाक्य पूरा नहीं करने दिया। उन्होंने कहा, ''मैं तो तेरा दादा हूँ। भरतकुल का बुजुर्ग हूँ। तूने तय करने का काम मुझ पर छोड़ा, यह बहुत अच्छा किया।''

भीष्म को तय करते देर नहीं लगी। अकेले कृष्ण ही इस योग्य थे। उनका मार्गदर्शन नहीं मिला होता तो कुरुओं का नाश हो गया होता, पाण्डव भी कहीं के न रहे होते। उनकी सहायता के बिना उन्हें द्रौपदी नहीं मिल सकती थी। राजा द्रुपद की मित्रता भी नहीं मिल सकती थी। कृष्ण ने जरासन्ध का वध न कराया

होता तो आर्यावर्त की रक्षा नहीं हो सकती थी। भीष्म की चिन्तनधारा गतिशील थी।

पूरी यज्ञशाला में पूर्ण शान्ति थी।

भीष्म का शान्त गम्भीर कण्ठस्वर धीरे-धीरे सबके कानों में पहुँचा, "यहाँ उपस्थित लोगों में पराक्रम, ज्ञान और बुद्धि में जो श्रेष्ठ हो, जिसने धर्म का उद्धार कर उसकी नवप्रतिष्ठा की हो, ऐसा कोई एक मनुष्य है तो वह है..."

प्रत्येक साँस रोके यह सुनने को कान लगाए हुए था कि भीष्म आगे किसके नाम की घोषणा करते हैं।

"...वह हैं कृष्ण वासुदेव। उन्हीं की अग्रपूजा होनी चाहिए।"

श्रोत्रियों ने और राजाओं ने 'साधु, साधु', 'कृष्ण वासुदेव की जय' के घोष से यज्ञशाला को गुंजायमान कर दिया।

सहदेव आगे आए। उन्होंने कृष्ण के चरण धोए। उनके ललाट पर कुंकुम तिलक किया। भीष्म के निर्णय का समस्त श्रोत्रियों ने स्वागत किया। महामुनि व्यास ने स्वास्तिवाचन की ऋचाओं का पाठ प्रारम्भ कर दिया और सभी श्रोत्रियों ने उसमें स्वर मिलाया।

पांचालराज द्रुपद, मगधराज सहदेव और अन्य राजाओं ने श्रीकृष्ण का पूरे उत्साह के साथ जयघोष किया।

जय-जयकार का घोष कुछ थमा, तब महामुनि व्यास आगे आए और कृष्ण के मस्तक पर हाथ रखकर बोले, "ईश्वर करे आप शाश्वत धर्मगोप्ता हों।"

एक बार और सभी श्रोत्रियों ने महामुनि के साथ शान्तिपाठ किया।

शान्तिपाठ पूरा हुआ, तब सम्पूर्ण यज्ञशाला में निस्तब्धता छा गई। इस निस्तब्धता को चीरता हुआ शिशुपाल का स्वर उठा, "धर्म-सम्मत आचरण के विपरीत होनेवाले इस कुकर्म, इस पाप का मैं भागीदार नहीं बनूँगा।"

चक्र

शिशुपाल आगबबूला हो उठा। उसका अंग-अंग काँपने लगा। उसकी आँखों में खून उतर आया।

जब उफान कुछ नियन्त्रित हुआ तो अपमान से पीड़ित स्वर में उसने भीष्म पितामह से कहा, "शान्तनु के पुत्र गांगेय, अग्रपूजा के लिए इस ग्वाले का चयन करके आपने पाण्डवों का दासत्व स्वीकार कर लिया है। आपने स्वार्थ को ऊपर रखा और धर्म को नीचे गिराया है।"

कुछ देर वह चुप रहा, फिर बोला, "कृष्ण राजा नहीं है। आपको किसी सुपात्र यादव की ही तलाश थी तो कृष्ण के पिता वसुदेव में क्या कमी थी? यदि आपको किसी वयोवृद्ध राजा के चयन की ही इच्छा थी तो राजा द्रुपद यहाँ मौजूद हैं। यदि आपको किसी ऐसे व्यक्ति का सम्मान करना था जो शास्त्र और शस्त्र दोनों में निष्णात हो तो अश्वत्थामा का चयन करते। वे भी यहाँ उपस्थित हैं। आपको किसी आदरणीय पूजनीय मूर्ति को ही प्रतिष्ठा देने की इच्छा थी तो स्वयं महर्षि वेदव्यास यहीं विराज रहे हैं।"

फिर कृष्ण की ओर देखते हुए उसने कहा, "वासुदेव, तू लालची, महत्त्वाकांक्षी और षड्यन्त्रकारी है। ये सब पाण्डव कायर हैं जो तुझ-जैसे नीच व्यक्ति का सम्मान कर रहे हैं। तुझमें यदि जरा भी सज्जनता शेष रही है तो तुझे इस सम्मान को अस्वीकार कर देना चाहिए।"

यह कहकर शिशुपाल अपने आसन से उठ खड़ा हुआ। उसके मित्र भी उसके साथ अपने-अपने आसनों से उठकर खड़े हो गए।

युधिष्ठिर शिशुपाल के पास गए और धीमे स्वर में उसे समझाते हुए बोले, "दमघोष के पराक्रमी पुत्र, पूज्य पितामह-जैसे महान वीर पुरुष के प्रति ऐसे शब्दों का प्रयोग करना क्या आपको शोभा देता है? पितामह तो क्षात्र-तेज के साक्षात् प्रतीक हैं।"

भीष्म ने युधिष्ठिर को रोका। उनको लगा कि युक्ति से काम लिया जाए तो शिशुपाल विघ्न नहीं डालेगा और राजसूय निर्विघ्न हो जाएगा। अतः वे बोले, "दमघोष के पुत्र, तेरा क्रोध तेरी दृष्टि के आड़े न आए तो अच्छा रहेगा। तू तनिक विचार तो कर। तू मानेगा कि मैंने जो किया है वह सही है। हम सबको वासुदेव का सम्मान करना चाहिए। इन्होंने आर्यधर्म को बार-बार संकट से उबारा है। फिर भी यदि तुम्हें तथा तुम्हारे साथियों को लगे कि हमने तुम्हारे साथ न्याय नहीं किया है तो तुम अपने रास्ते जाओ और हमें अपने रास्ते चलने दो।"

राजाओं को लगा कि कोई भयानक घटना घटेगी। वे अपने-अपने आसन से उठ खड़े हुए और भीष्म, कृष्ण, शिशुपाल, सुनीत और पाण्डवों को घेरकर खड़े हो गए। सामान्यतया बिना बुलाए न बोलनेवाले सहदेव को बोलना पड़ा, "चेदिराज, मैं जो अग्रपूजा कर रहा हूँ वह जिसे पसन्द न हो वह अलग रह सकता है, यहाँ से प्रस्थान भी कर सकता है। हमें राजसूय पूरा करने दीजिए। समस्त श्रोत्रियों और अधिकांश राजाओं की इच्छा है कि यज्ञ जारी रहे।"

अपने इर्द-गिर्द खड़े थोड़े से राजाओं को सम्बोधित करके शिशुपाल बोला, "राजाओ, हम राजसूय को भंग करेंगे। युधिष्ठिर का राज्यारोहण नहीं होने देंगे और ग्वाले की अग्रपूजा को स्वीकार नहीं करेंगे।"

उसके मित्रों ने सिर हिलाकर उससे सहमति व्यक्त की।

शिशुपाल इतने भावावेश में था कि बोलता ही चला गया। रुकने का नाम ही नहीं ले रहा था। वह बिलकुल विवेकशून्य हो चुका था। उसने भीष्म पितामह की तरफ अँगुली उठाकर कहा, "तू गंगा का पुत्र, तेरी भी मति मारी गई? तेरी भी रग-रग में झूठ घुस गई? जीवन-भर झूठ के सिवाय तूने किया क्या?"

घृणा और तिरस्कार के भाव से फुफकारते हुए वह आगे और बोलता गया, "तू कहता है कि तेरा ब्रह्मचर्य अखण्ड है। असली बात तो यह है कि इसी ब्रह्मचर्य नाम के नीचे तूने अपनी नपुंसकता को छिपा रखा है। अब आज तेरा काल आ गया है। तेरे सामने खड़ा है।"

यह सुनते ही कृष्ण युधिष्ठिर के पास से उठकर भीष्म के पास जाकर खड़े हो गए। शिशुपाल तब कृष्ण पर बरसने लगा, "अरे ग्वाले, तेरा भी काल तुझे पुकार रहा है। भूल मत, तूने तो अपने जीवन का आरम्भ ही अपने मामा की हत्या करके किया है।"

और फिर भीम की ओर अँगुली उठाकर बोला, "तूने ही इस बैल को छल-प्रपंच से जरासन्ध की हत्या करने की विद्या सिखाई थी। यहाँ किसलिए आया है तू? राजाओं के बीच तेरा क्या लेना-देना?"

भीम क्रोध से काँपने लगा। वह शिशुपाल की ओर बढ़ने को हुआ तो भीष्म ने उसे रोका और कहा, "हमने वासुदेव की अग्रपूजा की है। अब इस राजसूय की रक्षा का दायित्व उन्हीं का है। वे जिस तरह भी इस परिस्थिति से निपटना पसन्द करें, उन्हें निपटने दो। वे नरश्रेष्ठ हैं।"

"वासुदेव? नरश्रेष्ठ? हा-हा-हा-हा!" शिशुपाल के अट्टहास में घृणा भरी हुई थीं। घृणा से सराबोर शब्दों में बोला, "भीष्म, तू इस वासुदेव का भाट बनकर इसी की स्तुति किया कर। यदि तुझे वास्तव में स्तुति ही करनी है तो यहाँ राजा द्रुपद भी हैं, कर्ण हैं, प्रतापी दुर्योधन हैं, इन सबकी स्तुति करेगा तो तेरा उद्धार होगा। इस ग्वाले की स्तुति करने से तुझे क्या लाभ होगा?"

"शिशुपाल तू अभी क्रोध में है। क्रोध आदमी का सबसे बड़ा शत्रु है," भीष्म ने कहा, "वासुदेव की अग्रपूजा करके हमने उनसे किसी कृपा की याचना नहीं की है। मैं किसी की कृपा के भरोसे जीवित नहीं हूँ। तू कितना ही शक्तिशाली क्यों न हो, मैं तेरे कहने से धर्म का मार्ग छोड़ूँगा नहीं।"

शिशुपाल के पास सुनीत खड़ा था। वह बोला, "भीष्म, तू पापी है। शिशुपाल ने जैसा कहा है, तेरा वध हो ही जाना चाहिए।"

"युवा राजन्," भीष्म ने सुनीत की ओर देखकर कहा, "तुम्हारे-जैसों की धमकी सुनकर जीवित रहने की बजाय मैं मृत्यु को गले लगाना अधिक पसन्द

करूँगा।'' भीष्म की गर्दन तन गई। सीना फूल गया। शरीर में तेज चमकने लगा। वे बोले, ''मैं सत्य कहता हूँ, सत्य आचरण करता हूँ। यह सत्य है कि वासुदेव हम सबमें श्रेष्ठ हैं—पराक्रम में श्रेष्ठ, ज्ञान में श्रेष्ठ, बुद्धि में श्रेष्ठ, धर्मपरायणता में श्रेष्ठ।''

''ग्वालों की बात बाद में,'' शिशुपाल ने कहा, ''पहले तो मैं तेरा वध करूँगा। फिर पाण्डवों की बारी होगी और तब इस ग्वाले का खात्मा करूँगा।''

शिशुपाल ने आवेश में आकर तलवार निकाल ली। उसके मित्रों ने भी तलवारें निकालीं।

कृष्ण, भीम तथा पाण्डवों के हाथ में कोई शस्त्र नहीं था क्योंकि वे लोग वहाँ यज्ञ में भाग ले रहे थे।

विचलित हुए बिना सहज भाव से कृष्ण ने एक हाथ से सहदेव को एक ओर हटाया और शिशुपाल के सामने आकर खड़े हो गए। उनका स्वर शान्त था, बिलकुल उद्विग्न नहीं था। उन्होंने कहा, ''चेदिराज, मैं जानता हूँ कि तुम्हारी लड़ाई न भीष्म से है और न पाण्डवों से। तुम्हारा वैर मुझसे है। तुम मेरे भाई हो, फिर भी तुमने मुझे और यादवों को कई बार संकट में ढकेला है। मैं प्राग्ज्योतिष गया तो पीछे से तुमने द्वारका में आग लगा दी। पिता ने अश्वमेध यज्ञ किया तब तुमने अश्व को बलपूर्वक बाँध लिया।''

''हाँ,'' शिशुपाल ने हँसते-हँसते कहा, ''मैंने यह सब किया था, पर इसका मतलब?''

''तुम्हारे पापों के लिए मैंने तुम्हें कभी का दण्ड दे दिया होता, पर मैंने तुम्हारी माता श्रुतश्रवा को वचन दिया था कि शिशुपाल के सौ अपराध मैं क्षमा करूँगा। अब तुम उस सीमा से बहुत आगे निकल गए हो।''

कृष्ण में आए परिवर्तन को देखकर लोग स्तब्ध रह गए। कृष्ण का स्वर ही बदल गया था। अब उनके स्वर में निश्चय का बल उभर आया था। उनके मोहक चेहरे पर भव्यता आ गई थी। ऐसी भव्यता, जिसके आगे संसार नमन करे।

''अरे ग्वाले, तुझे तो सबक मैं सिखाऊँगा।'' शिशुपाल ने अपनी तलवार खींच ली। वे और उसके मित्र कृष्ण का वध करने को तैयार हो गए।

भीम कृष्ण की रक्षा के लिए आगे बढ़ा, लेकिन कृष्ण ने संकेत से दूर रहने को कहा।

''शिशुपाल,'' कृष्ण के स्वर में बिजली तड़प उठी, ''आज तूने पाण्डवों के आतिथ्य का अपमान किया है, भीष्म पितामह-जैसे आर्यों के पूज्य का अपमान किया है, इस यज्ञ सभा को दूषित करने की धृष्टता की है।''

अब वहाँ हर व्यक्ति की दृष्टि कृष्ण पर स्थिर हो गई थी। कृष्ण बोलते रहे,

“शिशुपाल, एक बार मुझे विदर्भ कन्या रुक्मिणी की तुझसे रक्षा करनी पड़ी थी, आज मुझे धर्म की रक्षा करनी पड़ेगी।”

शिशुपाल ने हँसने का प्रयास किया, “निर्लज्ज ग्वाले, मेरे साथ जिसका वाग्दान हुआ था उस वैदर्भी को तू ले भागा था। क्या तुझे अपने उस कृत्य की तनिक भी लाज नहीं है?”

और वह तलवार के साथ आगे बढ़ा।

हर व्यक्ति जड़वत् हो गया। कृष्ण निहत्थे थे। भीष्म ने मगधपति सहदेव की तलवार उठा ली।

अचानक सभी के कानों में एक गूँजती हुई ध्वनि पहुँची। कोई धारदार गोल शस्त्र हवा में घूम रहा था। सूर्य के प्रकाश में चमकता यह शस्त्र धीरे-धीरे कृष्ण के पास आया और कृष्ण ने उसे अपने दाहिने हाथ में धारण कर लिया।

कोई कुछ सोचे-समझे, उससे पहले ही कृष्ण उस शस्त्र को शिशुपाल पर छोड़ चुके थे।

भय के मारे शिशुपाल की आँखें फट गईं। उसके हाथ की तलवार जमीन पर गिर पड़ी।

चक्र बढ़ता गया और शिशुपाल की गरदन काटकर पुनः कृष्ण के हाथ में लौट गया।

शिशुपाल का सिर नीचे गिरा और थोड़ी ही देर बाद उसकी देह भी डगमगाकर धराशायी हो गई।

भविष्यवाणी

दन्तावक्त्र, सुनीत तथा शिशुपाल के मित्र कृष्ण के इस भयावह रूप को देखकर दंग रह गए और उन्होंने चुपचाप इन्द्रप्रस्थ की राह पकड़ी।

शिशुपाल के निकट सम्बन्धी होने के नाते कृष्ण तुरन्त शिशुपाल के पुत्र के पास गए और उसके सिर पर हाथ रखकर उसे स्नेह किया।

शिशुपाल की अन्त्येष्टि उसके स्तर के अनुरूप पूरे राजकीय सम्मान से हुई। शोक-सूतक की अवधि तब उसके निकट सम्बन्धी राजसूय यज्ञ में भाग नहीं ले सके। उसके बाद महामुनि व्यास ने शिशुपाल के पुत्र को आशीर्वाद दिया और युधिष्ठिर ने वहाँ एकत्रित राजाओं के समक्ष चेदिराज के रूप में उसका राज्याभिषेक किया।

युधिष्ठिर की उदारता और सौजन्यता का राजसूय में आए लोगों पर गहरा प्रभाव पड़ा।

राजसूय का कार्यक्रम जारी रहा, किन्तु सभी के मन में थोड़ी-थोड़ी खिन्नता छाई रही।

महामुनि का नैतिक बल इन तमाम घटनाओं के विषाद को कम करने में सहायक हुआ। प्रतिदिन असंख्य लोग उनके दर्शन के लिए आते थे। बीमार लोग उनका स्पर्श पाकर स्वस्थ होने की इच्छा से आते थे। बालकगण हाथों में प्रसाद पाने की प्रतीक्षा में बैठे रहते थे। राजा लोग उनका आशीर्वाद लेने आते थे।

महामुनि की प्रेरणा से श्रोत्रियों में नई निष्ठा जाग्रत हुई। तप का महत्त्व बढ़ा। श्रुति की अलौकिकता में वृद्धि हुई। श्रुति में श्रद्धा के भाव को विस्तार मिला।

महामुनि उनके हृदय में इस भाव को बार-बार जमाते रहे कि धर्म को जीवन में उतारने से ही वह टिक सकता है, श्रोतियों का मान तभी तक है जब तक वे जीवन में तप और संयम को बनाए रखें और गायत्री की उपासना करते रहें।

जब राजसूय यज्ञ समाप्त हुआ तब यज्ञ की पवित्र अग्नि को विधिपूर्वक शीतल कर दिया गया।

राजा-महाराजाओं ने युधिष्ठिर को चक्रवर्ती स्वीकार कर उनका अभिवादन किया। युधिष्ठिर ने उन्हें भाँति-भाँति के उपहार दिए और अपने भाइयों को निर्देश दिया कि राज्य की सीमा तक उन्हें पहुँचा आएँ।

वसुदेव, बलराम तथा अन्य यादव महारथियों ने द्वारका के लिए प्रस्थान किया। केवल कृष्ण, उद्धव तथा सात्यकि कुछ समय के लिए रुक गए।

भीष्म तथा हस्तिनापुर से आए अन्य सम्बन्धी उस चमत्कारपूर्ण सभा-भवन को देखने के लिए रुक गए, जिसे मय दानव ने युधिष्ठिर के लिए बनाया था।

इसके बाद दुर्योधन ने हँसते-हँसते विदा ली तो युधिष्ठिर को सन्तोष हुआ। उन्होंने सोचा कि कौरवों के साथ जो इस प्रकार मित्रता स्थापित हो गई, यह अच्छा ही हुआ।

दुर्योधन जब मय दानव द्वारा निर्मित सभा-भवन देख रहा था तब एक छोटी-सी दुर्घटना हो गई। भीम और द्रौपदी के साथ दुर्योधन उस भवन के विविध खण्डों का अवलोकन कर रहा था। एक स्थान पर जब उसने धरती समझकर पाँव रखा तो ताल में जा गिरा। ताल के पानी और उस फर्श में कोई अन्तर ही नहीं था। वह सिर से पाँव तक भीग गया। फिर एक जगह ऐसा हुआ कि जब उसने द्वार समझकर उसे पार करना चाहा तो वहाँ दीवार निकली और उससे उसका सिर टकरा गया। भीम और द्रौपदी खूब हँसे। दुर्योधन को बहुत बुरा लगा, उसने इससे अपना अपमान समझा।

घटोत्कच अपने घर के लिए रवाना हुआ तो सभी के चेहरे पर उदासी छा

गई। घटोत्कच बड़ा विनोदी स्वभाव का था। कभी किसी चीज पर और कभी किसी आदमी पर वह ऐसी टिप्पणी करता कि सभी हँस पड़ते। राजपरिवार के सभी सदस्यों के हृदय में उसने स्थान बना लिया था। इन्द्रप्रस्थ के नागरिकों में भी उसने अच्छी लोकप्रियता कर ली थी।

उसे राक्षसावर्त पहुँचाना भी एक समस्या थी। नाविकों ने उसे नाव में बिठाने से मना कर दिया क्योंकि वह राक्षस था। और वह अकेला नहीं था। वह और उसके साथ कुल मिलाकर बारह राक्षस थे।

"मुझे नाव से जाना ही नहीं है। जलयात्रा शुभ नहीं कहलाती। मैं जलमार्ग से जाऊँगा ही नहीं।" घटोत्कच ने कहा। उसका इरादा पक्का था, "मैं जंगल के रास्ते से जाऊँगा। लेकिन मैं उस चाचा का अपहरण कर उसे साथ ले जाऊँगा।" उसने सहदेव की ओर संकेत करते हुए कहा। घटोत्कच ने पिछले कुछ माह सहदेव के साथ बिताए थे। सहदेव जब 'दिग्विजय' के सन्दर्भ में दक्षिण की ओर गया तब घटोत्कच उसके साथ-साथ घूमा था और उसके बहुत निकट आ गया था।

अन्त में यह तय हुआ कि सहदेव और कुछ धनुर्धारी सैनिक घटोत्कच को जंगल की सीमा तक पहुँचा आएँ। राक्षसावर्त प्रदेश शुरू हो जाने के बाद तो कोई कठिनाई थी ही नहीं।

पिता से विदा लेते हुए उसकी आँखों में चमक नाच उठी। वह पिता की कमर पकड़कर उनसे लिपट गया। राजपरिवार में इतना स्वतन्त्र कोई नहीं हो सकता था लेकिन घटोत्कच की सभी बातें निराली थीं। वह बोला, "पिताजी, आप मुझे बहुत अच्छे लगते हो। मेरे साथ चलिए ना? माँ भी कहती थी कि आप वहाँ चलना अवश्य पसन्द करेंगे।"

"बेटे, मैं कैसे आ सकता हूँ।" भीम ने कहा, "मुझे यहाँ कितने लोगों की देखभाल करनी है, यह तुम जानते ही हो!"

"हाँ, यह तो देख ही रहा हूँ," घटोत्कच बोला, "आप तो मेरे साथ चलना चाहते हैं लेकिन इन चाचाओं का काम आपके बिना चलेगा नहीं। मैं जाकर माँ से इतनी शिकायत तो जरूर करूँगा कि आपने मुझे अपने शत्रुओं को मारने नहीं दिया।"

भीम हँस पड़ा। उसने घटोत्कच की पीठ थपथपाई। उसे भी घटोत्कच से खूब स्नेह था, "अपनी माँ से कहना कि तूने मेरी आज्ञा का पूरा पालन किया। यह सुनकर वह बहुत खुश होगी।"

घटोत्कच के मन में यही बात जमी हुई थी किसी तरह वह पिता के और अधिक काम आ सका होता! वह बोला, "आपका वह बैरी आपको मारने की

धमकी दे रहा था, तब आपने कितना समय व्यर्थ गँवा दिया? यदि आपने मुझे यह काम सौंप दिया होता तो मैं पल-भर में उसे धर दबाता और उसका काम तमाम कर देता।'' हाथों से अभिनयपूर्वक अपनी बात समझाते हुए घटोत्कच ने कहा।

भीम ने जब अनुवाद करके घटोत्कच की बात बड़े-बूढ़ों को समझाई तो वे सब हँस पड़े और पास खड़े बच्चे हो-हो कर नाच उठे।

''सचमुच यदि मुझे यह काम सौंप दिया होता न तो माँ बहुत खुश होती।'' घटोत्कच ने कहा।

विदा होते समय भीम का पैर उठाकर घटोत्कच ने अपने सिर पर रखा फिर हाथ पकड़कर भीम को अपने साथ थोड़ी दूर तक ले गया और कहा, ''पिताजी, अब इतना याद रखें कि जब भी आपको अपने दुश्मनों का सफाया करना हो तो मुझे अवश्य बुला लें।''

''अवश्य-अवश्य।'' भीम ने कहा। पुत्र मुस्करा दिया।

दूसरे दिन युधिष्ठिर को ऐसा लगा मानो वे किसी स्वप्न से जागे हों तथा वीरों और सन्तों की दुनिया छोड़कर युद्धों के भूखे राजाओं की नित नई महत्त्वाकांक्षाओं से भरी दुनिया में आ गिरे हों।

अचानक युधिष्ठिर को लगा कि वे क्षात्रतेज की परम्परा के जाल में फँस गए हैं। वे राजसूय यज्ञ करना नहीं चाहते थे, किन्तु उनको वह यज्ञ करना पड़ा क्योंकि क्षात्रतेज की परम्परा के प्रभाव में लिप्त परिवार के सभी लोग चाहते थे कि वे चक्रवर्ती राजा बनें और इसी महत्त्वाकांक्षा की बलिवेदी पर उन्हें भी चढ़ना पड़ा था।

कृष्ण जैसे बुद्धिमान, पराक्रमी और दूरदर्शी पुरुष ने भी प्रकट में यही कहा था, ''अधर्म का नाश करना ही चाहिए।''

बहुत देर तक युधिष्ठिर को नींद नहीं आई। जो कुछ हुआ वह सब उनके नाम से हुआ था, उनकी सहमति से हुआ था, अब वे कैसे कह सकते थे कि वे इसके लिए उत्तरदायी नहीं हैं!

यज्ञ की सभी विधियाँ जब पूरी हो जाती हैं तब शान्तिपाठ करने का नियम है। शान्तिपाठ हुआ, 'ॐ शान्तिः शान्तिः' की उद्‌घोषणा हुई, लेकिन इस शान्ति की स्थापना के लिए जरासन्ध और शिशुपाल का वध करना पड़ा। राजसूय हुआ था शान्ति और संवाद स्थापित करने को, किन्तु इसी से तो राजाओं के दो दलों में द्वेष बढ़ा था और दोनों दल एक-दूसरे का नाश करने को कृतसंकल्प हुए थे।

अभी उन्हें पूरी नींद नहीं आई थी कि उन्हें लगा जैसे वे किसी युद्धभूमि में घायल पड़े हैं और उनके शरीर में तलवार भोंक दी गई है। उसी समय उन्हें

शान्तिपाठ भी सुनाई दिया।

उनके मन में बार-बार प्रश्न उठता था कि क्या वे इस राजकीय वधशाला में ही चक्कर खाते रहेंगे? क्या वे कोई भी उपयोगी कार्य नहीं कर सकेंगे?

महामुनि वेदव्यास जब युधिष्ठिर से विदा लेने गए तब युधिष्ठिर ने उनका चरण-स्पर्श किया। चरण-स्पर्श करते-करते उनकी आँखों में आँसू आ गए। वे बहुत दुःखी हो गए थे।

''महामुनि, आपको भविष्य कैसा दिखाई दे रहा है? आप तो भूत, वर्तमान और भविष्य–तीनों काल के ज्ञाता हैं!''

''वत्स, मन को हलका करने के लिए तुम्हें जो कुछ कहना है कहो।'' महामुनि ने स्नेहपूर्वक कहा।

''शिशुपाल का वध अपशकुनकारी घटना है। इसकी प्रतिक्रिया में क्या शीघ्र ही कोई युद्ध तो नहीं हो जाएगा?'' उन्होंने पूछा।

महामुनि निर्निमेष दृष्टि से थोड़ी देर शून्य में ताकते रहे, फिर धीमे स्वर में बोले, ''वत्स, शिशुपाल का वध संघर्ष का अन्त नहीं है। मुझे तो इसमें क्षत्रियों के एक बड़े पारस्परिक संहार का प्रारम्भ दिखाई देता है। कंस, जरासन्ध और शिशुपाल के भूत इस पृथ्वी पर तब तक मँडराते रहेंगे जब तक उनकी रक्त-पिपासा शान्त नहीं हो जाएगी।''

''महामुनि, इस संकट का निवारण कैसे सम्भव होगा? इसका निवारण करने के लिए जो भी करना हो मैं करने को तैयार हूँ।'' युधिष्ठिर ने कहा।

महामुनि वैसे ही शान्त बैठे रहे। देर तक नहीं बोले। फिर कहा, ''वत्स युधिष्ठिर, इस पारस्परिक संहार के केन्द्र में तुम्हीं रहोगे।''

युधिष्ठिर ने चकित होकर पूछा, ''हे भगवान, इस भीषण संकट से बचने का क्या कोई उपाय नहीं है?''

''नहीं।'' महामुनि ने दुखी स्वर, किन्तु दृढ़तापूर्वक कहा।

''मैं संन्यास ले लूँ या मृत्यु को प्राप्त हो जाऊँ तो भी नहीं?'' युधिष्ठिर ने पूछा।

महामुनि नहीं बोले।

युधिष्ठिर ने फिर पूछा, ''यह संघर्ष कितने समय तक चलेगा?''

महामुनि ने आँखें बन्द कीं, फिर खोलीं और कहा, ''तेरह वर्ष।''

युधिष्ठिर थरथरा उठे। उन्होंने फिर पूछा, ''इस विपत्ति से मुक्ति का कोई मार्ग नहीं है?''

महामुनि ने सिर हिलाते हुए कहा, "नहीं, मुझे कोई मार्ग दिखाई नहीं देता। उपयुक्त समय आएगा तब भगवान शिव तुम्हें सलाह देंगे।"

महामुनि खड़े हुए। युधिष्ठिर ने उनके चरण छुए। उनका कण्ठ भर आया। वे कुछ भी बोल नहीं सके।

इस घटना को बीते दो दिन हुए होंगे। भोर का तारा उदित हुआ। प्रभात की शान्ति भंग करती दूर से रथ की आवाज आई। रथ राजमहल के पास आकर रुका। उसमें आनेवाले लोगों से नकुल और सहदेव बात करते सुनाई दिए।

नकुल दौड़कर युधिष्ठिर के पास गया, "बड़े भाई, वसुदेव द्वारका जा रहे थे तब शाल्व ने उन्हें पकड़ लिया और सम्भवतः उसने उनकी हत्या कर दी है। शाल्व ने सौराष्ट्र पर आक्रमण किया है और कई गाँवों में आग लगा दी है।"

"चलो, वासुदेव के पास चलें।" युधिष्ठिर ने कहा।

"सहदेव उन्हीं को सन्देश देने गया है।" नकुल ने कहा।

युधिष्ठिर जब कृष्ण के महल में पहुँचे तब कृष्ण अपने सारथी दारुक से कह रहे थे, "दारुक, रथ तैयार करो।"

युधिष्ठिर ने कृष्ण से पूछा, "क्यों, क्या हुआ भाई?"

"शाल्व ने पिताजी को बन्दी बना लिया है। मुझे जल्दी जाना चाहिए।"

दूसरे भाई भी वहाँ आ पहुँचे। उन्होंने भी साथ जाने की इच्छा व्यक्त की।

कृष्ण ने कहा, "नहीं, मैं अपने ही ढंग से इस समस्या का समाधान करूँगा।"

रथ तैयार होने की सूचना शंखध्वनि से आई।

विदाई के समय युधिष्ठिर ने कृष्ण को गले लगाया। युधिष्ठिर की आँखों में आँसू थे–"भाई, आज मैं चक्रवर्ती हूँ तो वह आपके ही कारण। आपके प्रति कृतज्ञता कैसे व्यक्त करूँ, कुछ समझ में नहीं आता।"

"मेरे प्रति कृतज्ञता की आवश्यकता नहीं है। आप सब लोग मिलकर इन्द्रप्रस्थ की शक्ति बढ़ाइए," कृष्ण ने कहा और फिर धीमी आवाज में फुसफुसाते हुए बोले, "दुर्योधन तुम्हारी समृद्धि को कभी सहन नहीं कर सकेगा। उसके जाल में मत फँसना।"

कृष्ण ने रथ के अश्वों की वल्गा अपने हाथों में ले ली। उन्हें जाने की जल्दी थी। घोड़े स्वामी का स्वभाव जानते थे। उनका रथ वायुवेग से उड़ चला। उनके पीछे यादव महारथी थे। थोड़ी ही देर में उनके रथ की घरघराहट तक सुनाई देनी बन्द हो गई।

विदुर सन्देश लाते हैं

युधिष्ठिर निराश हो गए। कुरुओं पर मँडरानेवाले युद्ध के बादलों का उन्हें आभास होने लगा था।

'हे भगवान,' उन्होंने मन-ही-मन कहा, 'शान्ति की स्थापना कैसे करूँ। ऋषिगण शान्तिपाठ करते हैं, लेकिन शान्ति तो कहीं दिखाई नहीं देती है! भीम का कथन सच है। दो युद्धों के बीच का अन्तराल ही शान्ति है और कहीं शान्ति नहीं है।

उनके मन में एक-एक कर कई बिम्ब उभरने लगे। कार्तवीर्य ने समस्त आर्यावर्त को भस्मीभूत कर रखा था। परशुराम ने शान्ति की स्थापना के लिए कई युद्ध किए थे। उनके पूर्वज शान्तनु ने सम्राट्-पद की प्रतिष्ठा के लिए रक्तपात का सहारा लिया था। जरासन्ध ने अपना वर्चस्व स्थापित करने के लिए रक्तरंजित लड़ाइयाँ लड़ी थीं और यज्ञ में बलि चढ़ाने के लिए राजाओं को बन्दी बनाया था। उसने मथुरा को फूँक डाला था।

सब यही सोचते थे कि एक बार जो जरासन्ध का सफाया हो जाए तो शान्ति हो जाएगी। लेकिन द्वेषभाव के कारण शिशुपाल भी जब लड़ने को खड़ा हो गया तो उनका भी वध करना पड़ा।

अब जरासन्ध के मित्र शाल्व ने सौराष्ट्र पर चढ़ाई कर दी है। कृष्ण के पिता वसुदेव को बन्दी बना लिया है। कृष्ण और यादव महारथी मिलकर शाल्व को कुचल देंगे। जब तक शाल्व का नाश नहीं होगा तब तक यादव सुख-चैन से रह नहीं सकेंगे, और यदि वे ऐसा करते हैं तो वे सही भी हैं।

उन्होंने गहरी साँस ली, 'मेरे भाई सोचते हैं कि जब तक युद्ध में दुर्योधन की पराजय नहीं हो जाती, तब तक हम शान्ति से रह नहीं सकेंगे। भगवान वेदव्यास तो महायुद्ध की सम्भावना बताते हैं और कहते हैं कि इस महायुद्ध के केन्द्र में मैं रहूँगा।'

युधिष्ठिर मन-ही-मन विचार कर रहे थे, 'बेचारा दुर्योधन! उसका अपराध इतना ही है कि मुझसे कुछ दिन बाद उसका जन्म हुआ और वह भी अन्धे पिता से। बस। मात्र इतने से वह राजगद्दी के अधिकार से वंचित है। अब वह हमें हमारे अधिकार से वंचित रखना चाहता है। वीरों में श्रेष्ठ भीम का विचार है कि यदि हमें शान्ति चाहिए तो युद्ध के लिए तैयार रहना चाहिए।'

युधिष्ठिर इन्हीं विचारों की उथल-पुथल में डूबे रहे और हर विचार के बाद वे और अधिक गहरे डूबते चले गए। और फिर झुँझलाकर उन्होंने मन-ही-मन कहा, 'शान्ति के लिए हो चाहे युद्ध के लिए, मुझमें तो किसी के लिए खड़े रहने

की शक्ति नहीं है! भगवान वेदव्यास की भविष्यवाणी के अनुसार मैं ऐसी धुरी बनूँगा जिसके चारों ओर युद्ध होते रहेंगे! इससे बचूँ तो कैसे बचूँ?

'दुर्योधन के हृदय में जो ईर्ष्या-द्वेष का ज्वालामुखी धधक रहा है उसे शान्त करूँ तो कैसे करूँ? जब तक वह यह सोचता है कि उसे उत्तराधिकार से वंचित रखा गया है तब तक उसके मन में शान्ति की बात कैसे स्थान पा सकती है?

'मेरे भाई पिता के समान मेरा सम्मान करते हैं। मेरे प्रति उनकी निष्ठा अद्‌भुत है। फिर भी इन्द्रप्रस्थ छोड़ने के लिए वे कदापि सहमत नहीं होंगे।'

यों, एक के बाद एक अनेक विचार-तरंगें युधिष्ठिर के मन में चक्कर खाती रहीं–'मेरे भाइयों का विश्वास है कि दुर्योधन ने हमें हमारे उस अधिकार से वंचित किया जो नियमानुसार हमें मिलना चाहिए था और उनका यह विश्वास सही है। इन्द्रप्रस्थ हमें उत्तराधिकार में नहीं मिला है। इसे तो हमने स्वयं अपने श्रम से बनाया है। इसे छोड़ देने को मैं कैसे कहूँ?

'मैं यह सुझाव देता हूँ तो माता कुन्ती और द्रौपदी भी विरोध करेंगी, वे किसी भी दशा में उसे कौरवों को देने के लिए सहमत नहीं होंगी।

'भावी युद्ध की भीषण वास्तविकता मैं उन्हें कैसे समझाऊँ? श्रुति में मन्त्र आता है–सर्वत्र शान्ति प्रवर्तते, किन्तु यह शान्ति है कहाँ?

'युद्ध की भावना मनुष्य के हृदय में बसी है। युद्ध के साधनों को–अश्व, रथ, धनुष, तीर, परशु, गदा–इन सबको–दैवी सन्दर्भ दे दिया गया है। अब यह युद्ध की आदत छूटे तो छूटे कैसे?'

युधिष्ठिर ने मन्द स्वर में शान्तिपाठ किया।

अन्त में जब उन्होंने 'ॐ शान्तिः शान्तिः' कहकर त्रिविध ताम शान्त होने की प्रार्थना की तब मन-ही-मन वे यह भी कह रहे थे, 'यह सब आत्म-प्रवंचना है। यह शान्ति होगी कैसे? जब तक दुर्योधन के और मेरे भाइयों के हृदय में ईर्ष्या-द्वेष की भावना बनी हुई है तब तक शान्ति नहीं मिल सकती और महामुनि की भविष्यवाणी को मैं असत्य कैसे बना सकता हूँ? हे भगवान, क्या इस संकट से बचने का कोई उपाय नहीं?'

युधिष्ठिर के मन में एक प्रकाश-किरण फूटी। उन्होंने सोचा, 'इस सबके मूल में यह उत्तराधिकार ही रहा है। यदि मुझे महामुनि की भविष्यवाणी को असत्य सिद्ध करना है तो मुझे इस उत्तराधिकार को ही तिलांजलि दे देनी चाहिए।'

उस वर्ष द्रौपदी युधिष्ठिर के साथ रह रही थी। वह देख रही थी कि उसके पति अकसर खोए-खोए रहते हैं, बेचैन रहते हैं। राजसूय यज्ञ करके भी शान्ति स्थापित

नहीं हो सकी, यह बात उनको कचोटती रहती थी। राजाओं का कौरवों और पाण्डवों के पक्ष में बँट जाना भी उनके मन को व्यथित करता रहता था।

कृष्ण ने शिशुपाल का जिस तरह से वध किया था उससे सभी परिजन प्रसन्न थे। चेदिराज ने भीष्म पितामह और कृष्ण का जो अपमान किया था उसका यही परिणाम होना था। बिलकुल उचित था। लेकिन द्रौपदी देख रही थी कि युधिष्ठिर इस प्रसंग का उल्लेख तक टाल जाते थे। वे तो इसी ख्याल में डूबे रहते थे कि महामुनि की भविष्यवाणी को असत्य कैसे सिद्ध करें।

अचानक दो रथी आ पहुँचे। उन्होंने हस्तिनापुर के मुख्य सचिव विदुर के आगमन की खबर दी।

विदुर का हस्तिनापुर में अग्रणी स्थान था। धृतराष्ट्र तथा पाण्डु की तरह इनका जन्म भी महामुनि व्यास के माध्यम से हुआ था लेकिन नियोग के समय काशी की राजकन्या ने अपने स्थान पर एक दासी को भेज दिया था, इस कारण उनका जन्म दासी की कोख से हुआ था। उनका लालन-पालन धृतराष्ट्र के साथ ही हुआ था, इस कारण दोनों के बीच अच्छा हेल-मेल था।

माँ की ओर से विदुर को भोला चेहरा, तीखी नाक और ठिगना शरीर मिला था और पिता का प्रभाव उनके विनम्र स्वभाव और नीतियुक्ति आचरण में झलकता था। बचपन से ही वे नीतिवान और बुद्धिमान माने जाते थे। कुरु परिवार का कल्याण उनके हृदय में अनवरत निवास करता था।

वे जब बड़े हुए तो राजनीति और नीतिशास्त्र के पण्डित के रूप में उनकी ख्याति फैली। हस्तिनापुर का उन्हें मुख्य सचिव बनाया गया।

वे हमेशा सच्चे मनुष्य का सम्मान करते थे। इसी कारण उन्होंने सभी का विश्वास प्राप्त कर लिया था। दुर्योधन और उसके भाइयों को छोड़कर सभी उनका आदर करते थे।

पाण्डु के पुत्रों को जब परिवार में स्वीकार करने का प्रश्न उठा तो उन्होंने भीष्म पितामह का समर्थन किया था। विदुर के निष्कपट सौजन्य के कारण पाँचों पाण्डव उन्हें चाहते थे और उन्हें पिता के समान मानते थे।

विदुर ने दुर्योधन तथा उसके भाइयों के साथ सम्बन्ध सुधारने के कई प्रयत्न किए, किन्तु उनमें से किसी को भी सम्बन्ध सुधारने में रुचि नहीं थी। वे विदुर का तिरस्कार करते, उन्हें दासीपुत्र कहकर उनका अपमान करते। धृतराष्ट्र द्वारा पाण्डवों का पक्ष लेने के मूल में उन्हें विदुर का हाथ दिखाई देता था। शकुनि को तो विदुर में अपना जन्मजात शत्रु ही दिखाई देता था। धृतराष्ट्र और विदुर के बीच घनिष्ठ आत्मीयता थी, किन्तु दुर्योधन से धृतराष्ट्र को इतना प्रेम था कि उसके विषय में तो वे विदुर की बात भी नहीं मानते थे।

विदुर चाचा के इस अचानक आगमन से सभी को लगा कि निश्चय ही कोई संकट सिर पर है।

पाण्डवों ने उनका हार्दिक स्वागत किया। विदुर ने माता कुन्ती को प्रणाम किया और परिवार के सभी सदस्यों की ओर मधुर मुस्कान के साथ देखा।

भोजन के बाद जब पाण्डव, कुन्ती और द्रौपदी विदुर से मिले तब विदुर के चेहरे की मधुर मुस्कान अदृश्य हो चुकी थी। उनकी आँखों में चिन्ता के चिन्ह दिखाई देते थे।

युधिष्ठिर ने पूछा, "चाचाजी, आपके इस आकस्मिक आगमन के विषय में हमें जिज्ञासा है।"

"मैं एक सन्देश लाया हूँ। इसे लाने में मुझे बहुत वेदना हुई है।" विदुर ने कहा। उनकी दृष्टि में साफ झलक रहा था कि कोई बड़ा संकट आनेवाला है।

"क्या सन्देश है? कहिए।" भीम ने कहा। वह तो हर संकट का सामना करने को तैयार रहता था।

"महाराज धृतराष्ट्र ने आप सभी को हस्तिनापुर आने का निमन्त्रण दिया है।"

सभी को यह एक नई बात लगी। भीम ने आँखें चौड़ी करके पूछा, "किसलिए?"

विदुर ने निश्वास छोड़ा, "शब्दों में उसे कहना कठिन है," उन्होंने कहा।

"कह दीजिए काका," भीम ने कहा, "अब हम काफी परिपक्व हो चुके हैं। हस्तिनापुर ने हमें फँसाने को यह पहला जाल नहीं फेंका है?"

"तुम्हारे लिए मयदानव ने जैसा सभागृह बनाया है, वैसा ही सभागृह दुर्योधन ने भी बनवाया है और उसे देखने के लिए तुम सबको हस्तिनापुर बुलाया है।"

"मात्र सभागृह देखने का निमन्त्रण देने दुर्योधन विदुर काका को यहाँ नहीं भेजते। इसमें कोई-न-कोई रहस्य होना चाहिए।" भीम ने अधीर होकर कहा।

विदुर काका बोले, "दुर्योधन ने तुम सभी को द्यूतक्रीड़ा के लिए निमन्त्रण भेजा है—कहना चाहिए कि चुनौती दी है।"

"क्या कहा? जुआ खेलने?" युधिष्ठिर ने पूछा।

भीम के चेहरे पर चमक आई, अर्जुन की भँवें तन गईं। द्रौपदी की आँखें क्रोध से लाल हो गईं।

"बड़े भाई द्यूत खेलना नहीं जानते और हम सभी को इसका कोई विशेष ज्ञान नहीं है।" अर्जुन ने कहा।

"मात्र जुआ खेलने के लिए हस्तिनापुर जाने को हम तैयार नहीं हैं, इस प्रकार हमें चुनौती देना उचित भी नहीं है।" भीम ने कहा।

"युधिष्ठिर, वत्स, तुम्हारा क्या उत्तर है?" विदुर ने प्रश्न किया।

भविष्यवाणी को चुनौती

युधिष्ठिर चिन्ता में पड़ गए। 'लगता है महामुनि की भविष्यवाणी सच हो जाएगी,' उन्होंने मन-ही-मन कहा।

सब लोग यही प्रतीक्षा कर रहे थे कि युधिष्ठिर कुछ बोलें। उन्होंने पूछा, "विदुर काका, इस निमन्त्रण का क्या अर्थ है? राजसूय यज्ञ चल रहा था, तब वे महीना-भर यहीं थे, अब हमें क्यों बुलावा भेजा है?"

विदुर काका ने निराशा में सिर हिलाया।

भीम ने कहा, "हमसे इन्द्रप्रस्थ छीन लेने की यह एक चाल है।"

सहदेव ने कहा, "या शायद वे यह चाहते होंगे कि हम मना कर दें तो वे अन्य राजाओं को बता सकें कि हम खेलना नहीं जानते और यों सबके सामने हमारी हँसी उड़ाकर हमें नीचा दिखा सकें!"

"इस खेल के पीछे कोई दूसरा खेल होना चाहिए। विदुर काका यह पीछेवाला क्या खेल होगा?" द्रौपदी ने पूछा।

"यह एक दुखद कथा है," विदुर ने कहा, "युधिष्ठिर ने दुर्योधन को राजसूय यज्ञ के समय प्राप्त हुई भेंट-सौगातों की व्यवस्था सौंपी थी। वह उस समय तुम्हारी सम्पत्ति देखकर दंग रह गया था। वह तुम्हारी सम्पत्ति छीन लेना चाहता है।"

"हमारी सम्पत्ति देखकर वह अपने पिता के समान अन्धा हो गया लगता है।" द्रौपदी ने कहा।

"हस्तिनापुर पहुँचते ही उसने उपद्रव शुरू कर दिया था। भोजन छोड़ दिया। धमकी दी कि तुम्हारी सम्पत्ति उसे नहीं मिली तो वह प्राण दे देगा।" विदुर काका ने कहा, "मैंने उसे समझाने का बहुत प्रयत्न किया। मैंने उससे कहा कि हस्तिनापुर लेने की तेरी इच्छा थी वह तुझे मिल ही गया, अब और तुझे क्या चाहिए? पहले तो उत्तर देने की बजाय उसने मुझ पर पक्षपात का आरोप लगाया, फिर बोला, "इन पाण्डवों ने इन्द्रप्रस्थ में जो सम्पत्ति एकत्रित की है उस पर उनका कोई अधिकार नहीं है। वह सारी सम्पत्ति मेरी है। पुराण कहते हैं कि परिवार के छोटे भाई द्वारा एकत्रित की गई सम्पत्ति बड़े को—परिवार में जो बड़ा हो, उसे—मिलनी चाहिए।"

भीम ने युधिष्ठिर की ओर मुँह करके कहा, "बड़े भाई, मैंने आपको कहा नहीं था क्या कि यह दुर्योधन हमें इन्द्रप्रस्थ में भी चैन से नहीं रहने देगा।"

विदुर काका की ओर मुड़कर माता कुन्ती ने पूछा, "पूज्य पितामह की इस विषय में क्या राय है?"

"पितामह ने तो दुर्योधन की इन अनुचित माँगों को मानने से इनकार कर

दिया। सम्राट् धृतराष्ट्र ने भी पहले तो मना किया किन्तु उनका मन कच्चा है। मैंने सही राय दी, लेकिन वे अपने पुत्र को रुष्ट नहीं कर सकते। उन्होंने पहले तो दुर्योधन की माँग को अनुचित बताया और फटकार दिया पर अन्ततः उन्होंने दुष्ट शकुनि द्वारा बताया गया रास्ता अपना लिया।''

''तब तो कोई दुष्टता की बात होगी?'' भीम ने कहा।

''हाँ, शकुनि ने ही पाण्डवों को द्यूत के लिए बुलाने की युक्ति सबसे पहले दुर्योधन को बताई थी। उसने यह भी सुझाया कि दुर्योधन के प्रतिनिधि रूप में पासा वह फेंकेगा।'' विदुर ने कहा और फिर आगे बोले, ''उसे भरोसा था कि महाराज के निमन्त्रण को अस्वीकार करने की हिम्मत तुम कर नहीं सकोगे और शकुनि-जैसा मक्कार जहाँ खेलने बैठा हो, वहाँ तुम्हें हारना ही है।''

''लेकिन हम इस निमन्त्रण को स्वीकार करें ही क्यों?'' द्रौपदी ने कहा।

''यदि तुम निमन्त्रण को अस्वीकार करोगे तो दुर्योधन युधिष्ठिर को कायर कहेगा। तुम सब क्षात्रधर्म पर कलंक हो, ऐसा कहकर राजसूय से प्राप्त हुई प्रतिष्ठा को चुनौती देगा।''

''दुर्योधन हमें क्या कहेगा और क्या न कहेगा, इसकी मुझे चिन्ता नहीं है,'' भीम ने कहा और फिर जोर देकर पुनः कहा, ''कुछ भी हो जाए, हमें यह निमन्त्रण स्वीकार नहीं करना है। हमारी प्रतिष्ठा हमारे कर्म और परिश्रम पर निर्भर है।''

''भीम, उतावली मत करो,'' विदुर काका ने कहा, ''दुर्योधन कोई युधिष्ठिर को कायर कह करके ही रुक जानेवाला थोड़े ही है? वह अपने मित्रों और तुम्हारे शत्रुओं को इकट्ठा करके उनकी सहायता से इन्द्रप्रस्थ पर कब्जा करने की कोशिश करेगा।''

''उसको लड़ना ही है न? हम तैयार हैं।'' भीम ने कहा।

''यह इतना सरल नहीं है, वत्स!'' विदुर ने कहा, ''तुम्हारे मित्र अभी-अभी यहाँ आकर वापस अपने-अपने स्थानों को गए हैं। इतनी जल्दी फिर यहीं आकर तुम्हारी सहायता करना उनके लिए बहुत कठिन होगा। कृष्ण अभी शाल्व से उलझा हुआ है और यादव अपना जीवन बचाने की लड़ाई में लगे हैं। तुम पर दबाव डालने का दुर्योधन के लिए यह बिलकुल उचित समय है।''

''वह किसी भी हालत में हमें जीत नहीं सकेगा।'' भीम ने कहा।

''राजा लोग द्यूत के राजसी खेल को कितना महत्त्व देते हैं, यह तो तुम जानते हो? वे लोग इसे जुआ नहीं कहते—हालाँकि यह है एक प्रकार का जुआ ही—लेकिन यदि तुम इस चुनौती को स्वीकार नहीं करते हो तो राजा के रूप में तुम्हारी जो प्रतिष्ठा है वह काफी गिर जाएगी,'' विदुर काका ने कहा, ''और द्यूत खेलकर जो युद्ध टाला जा सकता है उस युद्ध के लिए अन्य राजागण तुम्हें

उत्तरदायी ठहराएँगे।"

सभी शान्त थे। सभी विचार में डूबे थे।

"हमें उतावली में कोई निर्णय नहीं करना चाहिए," युधिष्ठिर ने कहा, "हम दो दिन इस पर और विचार कर लें।"

"हाँ, युधिष्ठिर तुम जितना चाहो विचार कर सकते हो।" विदुर ने कहा।

"इसमें विचार को है क्या? यह तो अपने ही हाथों अपना गला घोंटने का न्योता है!" भीम ने आवेश में आकर कहा, "हमें इस न्योते को स्वीकार करने से साफ मना कर देना चाहिए।"

रातभर युधिष्ठिर के मन में अन्धकार की कालिमा छाई रही। वे शान्ति प्राप्त करने की चेष्टा करते रहे किन्तु उन्हें शान्ति नहीं मिली।

'महामुनि की भविष्यवाणी सच होती प्रतीत हो रही है,' उन्होंने मन-ही-मन कहा, 'विदुर काका का कथन सत्य है, शकुनि ने बहुत उपयुक्त समय चुना है। कृष्ण शाल्व के साथ युद्ध में व्यस्त है। मित्र राजागण अभी तो राजसूय में आकर अपने-अपने घर गए हैं, वे सहायता के लिए तुरन्त कैसे लौट सकते हैं?'

वे सोचते रहे, सोचते रहे। उन्हें आवश्यकता थी शान्ति की और उनके द्वार पर आकर खड़ा हुआ था युद्ध।

उन्हें आँखों के आगे रणक्षेत्र दिखाई देता था–टूटे हुए रथ के पहिए, घायल सैनिक, मृत देहों के कटे हुए अंग–इन सबसे भरे हुए मैदान में वे स्वयं भी पड़े हैं, उनकी छाती में तीर धँसा हुआ है और अब कोई आकर तलवार भोंक दे, यही प्रतीक्षा कर रहे थे। वे काँप उठे।

उन्होंने देखा कि माताएँ, बहनें, विधवाएँ, बालक–सब अनाथ हो गए हैं, बेसहारा हो गए हैं। उन्हें लगा कि झुण्ड-की-झुण्ड गायों का वध कर दिया गया है।

और इस सबके बीच उन्हें सुनाई दी–'शान्तिः शान्तिः शान्तिः' की ध्वनि। कैसा परिहास था यह!

किन्तु यह सत्य नहीं था, स्वप्न था।

युधिष्ठिर जागे तो उनके मन में एक विचार उपजा–

'महामुनि का कहना सही है। मैं ही इस समस्त दुर्भाग्य का जनक हूँ। ईश्वर को उत्तर मुझे ही देना होगा। परिस्थिति का साहस के साथ मुकाबला करने की मुझमें शक्ति नहीं है।

'मुझे अपने उत्तराधिकारी की रक्षा करनी है। मेरे भाई इससे वंचित न हों, इसका प्रबन्ध करना है। कैसे करना है, यह मुझे समझ में नहीं आता। रास्ता मुझे ही ढूँढ़ना होगा।'

सहसा उनके अन्तर में एक प्रकाश-बिन्दु उभरा। उन्होंने साहस बटोरकर धर्मपरायण जीवनपथ पर चलने का संकल्प किया। जो भी हो, यह युद्ध तो रोकना ही होगा।

उनकी माता, भाई और द्रौपदी उनसे क्या अपेक्षा रखते हैं, वे यह जानते थे। 'उन सबकी यही राय है कि दुर्योधन के निमन्त्रण को अस्वीकार कर दिया जाए। वे सही हैं। इन्द्रप्रस्थ उनसे छीन लेने की यह एक चाल है। लेकिन शान्ति दाँव पर लगी है। इन्द्रप्रस्थ पर राज्य मैं करता हूँ या दुर्योधन, इससे कोई अन्तर नहीं पड़ेगा। धर्म की रक्षा होनी चाहिए।'

और युधिष्ठिर ने तय किया कि वे युद्ध को टालकर महामुनि की भविष्यवाणी को असत्य सिद्ध करने का प्रयास करेंगे।

तीसरे दिन जब सभी लोग निर्णय के लिए एकत्रित हुए तब तक वे मन में संकल्प पक्का कर चुके थे।

"क्या विचार है युधिष्ठिर?" विदुर काका ने पूछा।

"विदुर काका, आपकी क्या राय है?" युधिष्ठिर ने पूछा।

"मेरी तो यह राय है कि अभी तुम हस्तिनापुर जाना स्थगित रखो। कहो कि अभी हमें वासुदेव की सहायता के लिए जाना है, इसलिए आना सम्भव नहीं। तुम्हारा क्या विचार है?"

भीम ने कहा, "मैं झूठ बोलना पसन्द नहीं करता। मैं अपने महारथियों को लेकर कृष्ण की सहायता को चला जाता हूँ।"

"भाई मेरे, इस चुनौती को स्वीकार करें या नहीं, यह तय करना सरल नहीं है," युधिष्ठिर ने स्नेह से कहा, "मेरे बन्धुओ, तुम सबने मेरे आदेश का पालन करने की प्रतिज्ञा की है। इस प्रतिज्ञा से जब तक बँधे रहोगे तब तक इस समस्या का कोई हल नहीं खोज सकोगे। इसलिए मैं तुम सबको इस प्रतिज्ञा से मुक्त करता हूँ। भीम, तू इन्द्रप्रस्थ का शासन करने में सबसे अधिक योग्य है, तू राज-पद स्वीकार कर। मैं राजा बनने योग्य नहीं हूँ। मेरी इच्छा अब वनवास करने की है।"

उनके इस वचन से सभी को धक्का लगा। कुन्ती आश्चर्य में पड़ गईं। पूछा, "बड़के, तू यह क्या कह रहा है?" उनकी आँखों में आँसू आ गए, "मैंने तुम सभी को इस आशा से पाल-पोसकर बड़ा किया है कि तुम सब साथ रहोगे, इसी भरोसे तो द्रौपदी तुमसे शादी करने को सहमत हुई थी। यदि तुम सभी बिछुड़ जाते हो तो मेरा सारा किया-कराया धूल में मिल जाएगा। धर्मराज्य की स्थापना करने का तुम्हारा स्वप्न छिन्न-भिन्न हो जाएगा।"

"मैं यह सब जानता हूँ।" युधिष्ठिर ने दुखी होकर कहा, "संकट की घड़ी

आ गई है। महामुनि ने भविष्यवाणी की है कि क्षत्रियों के बीच रक्त की नदियाँ बहानेवाला महायुद्ध होगा और उसके केन्द्र में रहूँगा मैं!" युधिष्ठिर ने आँसू पोंछे और आगे बोले, "आपके हृदय को चोट तो लगेगी और दुख भी होगा लेकिन मैंने बहुत गहराई से सोच-विचार करके निर्णय लिया है कि मैं महामुनि की भविष्यवाणी को चुनौती देकर रहूँगा। आप साथ देंगे तो आपके साथ और आप साथ नहीं देंगे तो अकेले ही। धर्मराज ने मुझे जो भी शक्ति दी है, उसे मैं इसमें लगा दूँगा।"

"महामुनि ने यह बात कब कही थी?" भीम ने पूछा।

"जाने से पहले वे विदा लेने आए, तब।" युधिष्ठिर ने कहा। उनके हाथ काँप रहे थे। विदुर की ओर मुड़कर वे बोले, "आप जो निमन्त्रण लाए हो वह भविष्यवाणी की दिशा में पहला कदम है।" युधिष्ठिर के चेहरे पर घिरी विषाद की छाया स्पष्ट दिखाई देने लगी थी। उनके शब्द सुनकर भीम के सिवाय सभी द्रवित हो गए।

भीम ने तिरस्कारपूर्ण स्वर में कहा, "मैंने आपके प्रति पूर्णतया निष्ठावान रहने की सौगन्ध खाई है। मैं अपनी गरदन स्वयं काट लूँ, यदि आप ऐसी भी आज्ञा देंगे तो भी मुझे वह स्वीकार होगी। इससे अधिक आपको और क्या चाहिए?"

"तुम्हारी निष्ठा का सौदा मुझे नहीं करना है। यह संकट केवल हमारे और दुर्योधन के सम्बन्धों का ही नहीं है, बल्कि हमारे अपने बीच भी है। मैं तुम्हें यह नहीं कह सकता कि तुम क्षात्रधर्म का त्याग कर दो।"

"आप भविष्य को इतना अन्धकारपूर्ण मत समझो," अर्जुन ने कहा, "हो सकता है परिस्थितियाँ सुधर भी जाएँ। हम सब साथ ही रहेंगे। आपका निर्णय कई बार हमें अच्छा नहीं लगता, पर हम उसे स्वीकार करते हैं।"

विदुर समझ गए थे कि युधिष्ठिर के मन में क्या चल रहा है। लगता था, युधिष्ठिर सभी के हित के लिए अपनी बलि चढ़ा रहे हैं।

उन्होंने कहा, "युधिष्ठिर, तुम्हारा निर्णय बहुत सही है।" भीम की ओर मुड़कर उन्होंने कहा, "युधिष्ठिर की इच्छा धर्म और शान्ति के पथ पर चलने की है। यदि तुम्हारी इच्छा के विरुद्ध निर्णय होता है तो भी क्या तुम इनका अनुसरण करोगे?"

युधिष्ठिर ने कहा, "मैंने अपने भाइयों को अपने से भी अधिक चाहा है। हमारी शक्ति का आधार हम पाँचों भाइयों की एकता और माँ कुन्ती तथा पांचाली की प्रेरणा रहा है। परन्तु कोई भी रास्ता चुनो, साफ दीख रहा है कि खतरे तो रहेंगे।"

"चाहे जो हो, हम आपके निर्णय का पालन करेंगे।" अर्जुन ने कहा।

माता कुन्ती ने कहा, "पाँचों भाइयों की एकता ही तुम्हारी शक्ति है, इसी

कारण तो द्रौपदी ने तुम पाँचों का वरण किया था।"

द्रौपदी बोली, "मुझे लगता है कि अब हमारे कुछ हलके-पतले दिन आनेवाले हैं। मेरी प्रतिज्ञा है कि मैं आप सबको साथ रखूँगी। यदि मैं नहीं रखती हूँ तो मेरा जीवन व्यर्थ होगा और मैं पुनः काम्पिल्य लौट जाऊँगी।"

भीम ने अपने क्रोध को दबाते हुए कहा, "बड़े भाई, आप हमारे लिए बड़ी कठिन कसौटी खड़ी कर रहे हैं। महामुनि भूत, भविष्यत् और वर्तमान के ज्ञाता हैं। यदि उन्होंने ऐसी भविष्यवाणी की है कि युद्ध होगा तो हम कितना ही रोकने का प्रयत्न क्यों न करें, युद्ध तो होगा ही। इसलिए हमें तो उसका सामना करने की तैयारी करनी चाहिए।"

"क्या आप सब युधिष्ठिर से सहमत हैं?" विदुर ने पूछा।

"जब माँ हमें हस्तिनापुर लाई थी और हम सभी को बड़े भाई की आज्ञा मानने की सौगन्ध दिलाई थी, हमारा निर्णय तो तभी हो चुका था," भीम ने कहा, "बड़े भाई, आप हमारा सिर उतार लेने की आज्ञा दो तो हम उसके लिए भी तैयार हैं और यही आप माँग रहे हैं।"

नकुल ने भी सहमति में सिर हिलाया।

युधिष्ठिर ने सहदेव की ओर मुड़कर पूछा, "सहदेव, तेरी इस विषय में क्या राय है?"

सहदेव ने सिर खुजलाया और कहा, "यदि आप अपना वचन भंग करेंगे तो वह धर्म-विरोधी कार्य कहलाएगा और हमारा नैतिक बल टूट जाएगा।"

"युधिष्ठिर, अब ज्यादा चर्चा का कोई अर्थ नहीं है। सभी भाई तुम्हारे प्रति गहरी निष्ठा रखते हैं," विदुर ने बीच में हस्तक्षेप करते हुए कहा, "इन्होंने निर्णय तुम्हारे हाथों में छोड़ दिया है, तुम्हें ही अब निर्णय लेना होगा।"

द्रौपदी ने कहा, "यह सब देखकर मेरा बहुत जी दुखता है। ऐसे समय में कृष्ण हमारे साथ होते तो कितना अच्छा होता। समय विकट आ गया है, किन्तु मुझे भरोसा है कि राजा वृकोदर ने बड़े भाई को जो वचन दिया है उसे जरूर पूरा करेगा।'

युधिष्ठिर की आँखों से अश्रुधारा बहने लगी। उन्होंने अपने भाइयों की ओर, माँ की ओर और पत्नी की ओर देखा और कृतज्ञता व्यक्त की।

उन्होंने कहा, "विदुर काका, मैंने महामुनि की भविष्यवाणी को असत्य सिद्ध करने का निश्चय किया है। मेरे भाग्य में क्या लिखा है, यह मैं जानता नहीं लेकिन मैं धर्म-पथ पर चलूँगा। कोई यह नहीं कह सकेगा कि पाण्डु के पुत्रों ने क्षात्रधर्म छोड़ दिया और कोई यह भी नहीं कह सकेगा कि मैंने धर्म का मार्ग छोड़ दिया।"

"आपका निर्णय क्या है, वही कह दीजिए न!" भीम ने उकताकर कहा, "हमें हमारा शीश कहाँ चढ़ाना है, यह तो तय हो जाए!"

"आप सबके स्नेह से मैं गद्‌गद हूँ। माँ ने और पांचाली ने हमें अत्यन्त प्रेम से रखा है।" युधिष्ठिर ने कहा और फिर गर्दन नीची करके काँपती वाणी में बोले, "विदुर काका, हस्तिनापुर जाकर धृतराष्ट्र से कहना कि हम उनकी इच्छा के अनुसार हस्तिनापुर आएँगे।"

द्रौपदी की रोष-भरी आँखों में आँसू थे। उसने कहा, "तब तो आपने हमें दुर्योधन के हाथों बेच दिया।"

द्रौपदी का क्रोध

जब सभी लोग हस्तिनापुर के लिए प्रस्थान करनेवाले थे, उससे एक दिन पहले द्रौपदी युधिष्ठिर से मिलने आई। युधिष्ठिर अकेले ही थे। द्रौपदी की आँखें गुस्से से लाल थीं। उसका चेहरा आग की लपट के समान धधक रहा था।

वह युधिष्ठिर के सामने आकर बैठ गई। द्रौपदी को इतने कष्ट में देखकर युधिष्ठिर को भी बहुत दुख हुआ।

"पांचाली, तू इतनी अधिक रुष्ट क्यों है?" उन्होंने पूछा।

"रुष्ट? मैं तो क्रोधाग्नि में धधक रही हूँ। मैं जानती हूँ आपका क्या निश्चय है। आपको किसी-न-किसी युक्ति से युद्ध रोकना है। इसके लिए आप दुर्योधन के साथ द्यूत खेलोगे और उसमें हार जाओगे।" द्रौपदी ने कहा और फिर आगे बोली, "आपकी आज्ञा मानने की प्रतिज्ञा हम सबने की है। आप सबसे बड़े हैं। हमारा तन और मन प्रतिज्ञावश आपके साथ जुड़ा हुआ है। लेकिन आपको क्या हमारा, आपकी अपनी सन्तान का और उन लोगों का कोई ख्याल नहीं है जो इन्द्रप्रस्थ यह सोचकर आए हैं कि आप यहाँ नए स्वर्ग की रचना करेंगे? उनके लिए आपने क्या सोचा है?"

"मैं तो विदुर काका की आज्ञा का पालन कर रहा हूँ। उनकी आज्ञा का उल्लंघन नहीं किया जा सकता।" युधिष्ठिर ने कहा।

"हस्तिनापुर जाने को आपने 'हाँ' क्यों की, मुझे तो यह बताओ?" द्रौपदी ने पूछा।

"पांचाली, तू जानती है कि मैं अपने भाइयों से स्नेह रखता हूँ, माँ का आदर करता हूँ और तेरे-जैसी पत्नी पर गर्व करता हूँ। मैं क्या करूँगा, यह तो पता नहीं, लेकिन करूँगा वही जो धर्म बताएगा। तू यह तो नहीं चाहेगी न कि मैं धर्म के

विपरीत चलूँ?'' युधिष्ठिर ने पूछा।

द्रौपदी फूट पड़ी। आँखों से आँसू बहने लगे और उसके गालों को धोने लगे।

''इतनी दुखी मत हो, पांचाली! मुझमें विश्वास रख।'' युधिष्ठिर ने कहा।

''आपमें विश्वास रखूँ? आपको तो अपने उन भाइयों की भी चिन्ता नहीं है जो आपके आदेश पर आपके साथ कहीं भी चलने को तैयार हैं! आपको तो अपनी माँ की भी चिन्ता नहीं है। और मेरी भी नहीं है। अपने बच्चे की भी आपको परवाह है कोई?'' द्रौपदी कुछ देर चुप रही फिर आगे बोली, ''दुर्योधन जहर से कितना भरा हुआ है, यह आपसे छिपा नहीं। शकुनि कितना चालबाज है यह भी आप जानते हैं। हमें हस्तिनापुर बुलाने के पीछे उसकी क्या चाल है, यह भी आप जानते हैं। तब फिर हम सभी को साथ ले आप विनाश के मार्ग पर क्यों चले जा रहे हो?''

''तू चिन्ता क्यों करती है?'' युधिष्ठिर ने पूछा, ''माँ चलेगी, सभी भाई चलेंगे, तू भी चलेगी, आचार्य धौम्य भी आ जाएँगे।''

द्रौपदी खड़ी हो गई, ''कृष्ण अभी यहाँ होते तो कितना अच्छा होता! आपको आत्मघात की ओर बढ़ने से वे अवश्य रोक देते। उन्होंने जाते समय क्या कहा था, वह भूल गए? उन्होंने कहा था, 'दुर्योधन के जाल में मत फँसना।' वे समझदार हैं। वे होते तो आपको दुर्योधन के जाल में जाने से रोक देते।''

युधिष्ठिर की स्थिति करुणाजनक हो गई। उन्हें पता था कि परिवार में जिससे भी उनका अपनत्व है वे सभी लोग उनके इस कदम के महत्त्व को समझते नहीं हैं। उन्हें डर था कि युधिष्ठिर कहीं उन्हें हानि न पहुँचा दें, इन्द्रप्रस्थ को न गँवा दें, स्वयं धर्म से ही हाथ न धो बैठें।

द्रौपदी ने सुबकते हुए कहा, ''ठीक है, ठीक है, आपकी जो मरजी हो वह करो। मैंने तो अपने पुत्र और स्वयं को आपके हाथों में सौंप दिया है। आप परिवार में बड़े हैं। बड़े शौक से कुटुम्ब की नैया को विनाश के गर्त में गिरा सकते हैं।''

गर्वीली और बुद्धिशाली पांचाली को युधिष्ठिर प्यार करते थे, उसका सम्मान करते थे। पांचाली जानती थी कि वे हस्तिनापुर किस कारण जा रहे हैं। विवशता की जो परिस्थिति थी उसे भी वह जानती थी। धर्म युधिष्ठिर को हस्तिनापुर की ओर खींच रहा था और शान्ति की स्थापना के लिए दुर्योधन जो माँगे वह देने को युधिष्ठिर तैयार थे।

इस आन्तरिक खींचातानी से युधिष्ठिर बहुत टूट गए थे।

कपटी शकुनि के साथ द्यूत खेलने का उनका मन नहीं था, लेकिन लगता था कि खेले बगैर छुटकारा भी नहीं है।

वे हस्तिनापुर जाने से मना करते तो लड़ाई छिड़ने का डर था, लेकिन उनके

भाइयों को यही पसन्द था।

युधिष्ठिर ने जो रास्ता अपनाया था उससे उनके भाई, माँ तथा द्रौपदी बहुत दुखी थे।

अगले दिन ब्राह्मणों का आशीर्वाद लेकर पाण्डवों ने इन्द्रप्रस्थ से प्रस्थान किया।

युधिष्ठिर के अन्तर्द्वन्द्व का प्रजा को कोई पता नहीं था। वह तो यह सोचती थी कि वे पाण्डवों और कौरवों के बीच मित्रता बढ़ाने के लिए इस यात्रा पर जा रहे हैं।

हस्तिनापुर पहुँचते ही पाण्डवों ने भीष्म पितामह, काका धृतराष्ट्र, माता गान्धारी, द्रोण तथा अन्य सभी बड़ों से मिलकर उन्हें प्रणाम किया।

युधिष्ठिर के दबाव से भीम सहित सभी भाई दुर्योधन तथा कर्ण से भी मिलने गए। दोनों ने उनका हार्दिक स्वागत किया, उल्लास से आवभगत की।

युधिष्ठिर ने अपने लिए हुई तैयारियों को देखा। वे जान गए कि इन तैयारियों का उद्‌देश्य नकली सहजता उत्पन्न करना है। उन्होंने यह भी देखा कि उनके चारों भाई जंजीरों में बँधे वन्य पशुओं के समान कसमसा रहे थे। युधिष्ठिर के निर्णय से वे प्रसन्न नहीं थे।

युधिष्ठिर के मन में एक ही बात थी–यदि युद्ध रुक सकता हो तो इन्द्रप्रस्थ भी दे दूँगा। वन में रह लेंगे किन्तु धर्म का जीवन नहीं छोड़ेंगे।

दुर्योधन प्रार्थना करता है

ऊँचे डील-डौल के बलशाली भीष्म बिस्तर पर सोए हुए थे। एक मल्ल उनके पाँवों में तेल मालिश कर रहा था। उनके कक्ष में तेल के चार दीप जल रहे थे।

वर्षों से भीष्म आर्यावर्त में कुरुओं की शक्ति के आधार-स्तम्भ बने हुए थे। अब उन्हें अनुभव होने लगा था कि इस भूमिका का अधिक निर्वाह नहीं होगा। हस्तिनापुर में हाल ही में घटी घटनाओं से वे बहुत दुखी थे।

जन्मान्ध सम्राट् धृतराष्ट्र के बड़े पुत्र दुर्योधन ने धमकी दी थी कि यदि पिता ने द्यूत खेलने को पाण्डवों को नहीं बुलाया तो वह आत्महत्या कर लेगा। क्षात्र परम्परा के अनुसार कोई भी क्षत्रिय द्यूत के निमन्त्रण को अस्वीकार नहीं कर सकता था। द्यूत के निमन्त्रण को अस्वीकार करना किसी भी राजा के विरुद्ध युद्ध छेड़ने का निमित्त बनने योग्य कारण था।

भीष्म ने धृतराष्ट्र को बहुत समझाया कि वे विदुर के हाथों ऐसा निमन्त्रण

युधिष्ठिर को न भेजें। परन्तु धृतराष्ट्र इतना कमजोर थे कि वे भीष्म पितामह के सुझाव को मान नहीं सके। उन्होंने भीष्म से कहा कि पुत्र की प्राण-रक्षा के लिए उन्हें यह निमन्त्रण भेजना ही पड़ेगा।

धृतराष्ट्र का सन्देश इन्द्रप्रस्थ ले जाने के लिए विदुर को ही चुना गया था।

भीष्म पितामह जानते थे कि विदुर को यह कठिन काम क्यों सौंपा गया था। पाण्डवों को विदुर में विश्वास था। दूसरे धृतराष्ट्र को यह विश्वास था कि विदुर के हाथ भेजे गए निमन्त्रण में पाण्डवों को कोई सन्देह होने की गुंजाइश भी नहीं रहेगी। विदुर ने यह समझकर इस काम को स्वीकार किया था कि वे बीच में रहें तो शायद लड़ाई रोकने में सहायक हो सकें।

इस खेल का परिणाम क्या होगा, भीष्म पितामह को यह सब सूझ रहा था। क्षात्रधर्म के प्रति निष्ठावान पाण्डव इस चुनौती को अवश्य स्वीकार कर लेंगे। वे हस्तिनापुर आएँगे और द्यूत खेलेंगे। दुर्योधन की जगह शकुनि खेलेगा तो युधिष्ठिर के जीतने की कोई सम्भावना नहीं रहेगी।

यदि पाण्डव नहीं खेलते हैं तो उन्हें कायर ठहराया जाएगा और यदि खेलते-खेलते शकुनि पर छल-कपट का आरोप लगाते हैं तो बाजी फेंककर दुर्योधन के मित्र राजागण पाण्डवों पर टूट पड़ेंगे और उनकी हत्या कर देंगे।

पितामह दुर्योधन के षड्यन्त्र से भलीभाँति परिचित थे। दो दिन पहले जब पाण्डव हस्तिनापुर आए थे तो उसने उनका भव्य स्वागत किया था। इस स्वागत-सत्कार के पीछे उसका उद्देश्य यह था कि प्रजा को उसकी कुचाल पर सन्देह न हो।

लेकिन पितामह को यह समझ नहीं आ रहा था कि वे क्या करें। वे द्यूत न खेलने का आदेश दे देते किन्तु दुर्योधन के चार सहयोगियों—दुःशासन, कर्ण, अश्वत्थामा तथा शकुनि—ने तय कर लिया था कि वे उनकी आज्ञा की भी परवाह नहीं करेंगे। भीष्म के जीवन की यह पहली घटना थी जब कुरुपरिवार में से किसी ने उनकी अवज्ञा का निर्णय किया था।

राजा धृतराष्ट्र को संजय वहाँ ले आए जहाँ पितामह लेटे हुए थे। उन्होंने धृतराष्ट्र को पितामह के पलँग के पास रखे एक आसन पर बिठाया और पास खड़े मल्ल को बाहर जाने का संकेत किया।

"मेरा प्रणाम स्वीकार करें, पितामह!" राजा ने कहा।

"आशीर्वाद, वत्स," पितामह ने कहा और राजा की पीठ थपथपाते हुए बोले, "रात्रि के इस प्रहर में यहाँ कैसे आना हुआ?"

दुर्बल, काँपते स्वर में धृतराष्ट्र बोले, "दुर्योधन ने अपनी एक विनम्र प्रार्थना आप तक पहुँचाने को मुझे कहा है।"

"क्या प्रार्थना है?" कठोर आवाज में भीष्म ने पूछा।

"...जब जुआ खेला जाए तब पितामह उसमें हस्तक्षेप न करें।"

पितामह ने धृतराष्ट्र की ओर देखा। सूनी आँखों में बसी लोलुपता, लड़खड़ाती वाणी और विवशता के भाव को व्यक्त करता चेहरा देखकर उन्हें दया आ गई।

पितामह ने पूछा, "यदि मैं इस प्रार्थना को स्वीकार न करूँ तो दुर्योधन के मित्र क्या करेंगे? उन्होंने जो निर्णय किया है उसके बारे में भी मुझे कुछ बताइए न!"

"वे क्या करेंगे इसकी तो मुझे सूचना नहीं है, लेकिन ऐसा तो अवश्य प्रतीत होता है कि वे कुछ करेंगे।" धृतराष्ट्र ने कहा और फिर संजय की ओर दृष्टिहीन नेत्र घुमाकर बोले, "संजय, तू उनके निर्णय के बारे में कुछ जानता हो बोल न!"

"पितामह क्षमा करें। राजा की आज्ञा है तो सत्य बोलना ही पड़ेगा।" संजय ने क्षमा-याचना के स्वर में कहा।

"संजय, जो सत्य हो, वही कहो।" पितामह ने कहा, "मुझे यह जानते देर नहीं लगेगी कि तुम जो कह रहे हो वह कितना सत्य है।"

"पाण्डवों को समाप्त करने के लिए वे किसी भी सीमा तक जाने को तैयार हैं।" संजय ने हाथ जोड़कर कहा।

"मेरे प्रश्न का उत्तर टाल क्यों रहे हो?" पितामह ने पूछा, "मैं यदि हस्तक्षेप करता हूँ तो वे क्या करेंगे?"

संजय ने कहा, "महाराज ही यह बताएँगे। मुझमें वह साहस नहीं है।"

पितामह की भृकुटि तन गई, "कौन कहेगा इससे कोई अन्तर नहीं पड़ेगा, कहो कि उन्होंने क्या निर्णय किया है?"

"लड़कों में उत्तेजना है। अण्ड-बण्ड बक रहे थे।" धृतराष्ट्र ने कहा, लेकिन कहते-कहते वे थरथरा रहे थे।

साहस जुटाकर वे फिर बोले, "वे तनिक आवेश में हैं। कह रहे थे कि आपने यदि हस्तक्षेप किया तो वे आपका अनादर करेंगे।...बिलकुल मूर्ख हैं वे लोग।"

"अब आगे मुझे कुछ भी कहने की आवश्यकता नहीं है। तुम कहो तो मैं ही इस बात को पूरी कर दूँ।" पितामह ने अर्थपूर्ण मुस्कराहट के साथ कहा, "वे किसी भी सीमा तक जाने को तैयार हैं। आवश्यकता हुई तो वे मेरा सिर धड़ से अलग भी कर देंगे।"

वे थोड़ी देर रुके, फिर बोले, "क्या तुम्हारे पुत्रों और उनके मित्रों ने कुरुओं की कुल-परम्परा को इतना नीचे गिरा दिया है कि घर के बड़े-बूढ़ों को भी आज्ञा वे देने लगे हैं? धृतराष्ट्र, दुर्योधन के प्रति तुम्हारा यह अन्धप्रेम कुरुओं का सर्वनाश करके रहेगा!"

धृतराष्ट्र ने निःश्वास छोड़ी, "मैं दुर्बल हूँ। अपने पुत्र की पीड़ा मुझसे देखी नहीं जाती। मैं डरता हूँ कि कहीं..." वे आगे नहीं बोल सके।

"तुम्हारा कष्ट मैं जानता हूँ। लेकिन दुर्योधन को पीड़ा क्या है? वह हस्तिनापुर का स्वामी है। उसके परामर्श पर आपने पाण्डु के उत्तराधिकारियों को वन में भेजा। उन्होंने अपने पुरुषार्थ से जंगल में भी मंगल पैदा कर दिया। अब दुर्योधन उनसे इन्द्रप्रस्थ भी छीन लेना चाहता है।"

धृतराष्ट्र ने खीझकर दोनों हाथ ऊपर उठाते हुए पूछा, "तो मैं क्या करूँ?" असहाय भाव से बोले, "न तो वह मेरी सुनता है और न उसके मित्र उसे सुनने देते हैं।"

पितामह बोले, "काफी रात हो चुकी है। तुम्हें और तो कुछ नहीं कहना?"

"मात्र इतना ही कि..." धृतराष्ट्र ने बोलने की चेष्टा की।

पितामह ने तिरस्कारपूर्वक हँसते हुए कहा, "पुत्र, तुम्हें क्या हो गया है? दुर्योधन की ऐसी धमकियाँ मुझ तक लाते हुए तुम्हें लज्जा नहीं आती?"

"नहीं, मैं धमकी लेकर नहीं आया था। मुझे तो डर यह है कि दुर्योधन कहीं आत्महत्या न कर बैठे।" धृतराष्ट्र ने कहा।

"धमकी देने नहीं आए तो डराने आए हो। क्या तुम सबने यह मान लिया है कि मैं अब बूढ़ा हो चुका हूँ?" भीष्म का शरीर क्रोध से काँपने लगा।

"नहीं, नहीं। मैं ऐसा नहीं कह रहा हूँ।" धृतराष्ट्र ने थरथराते हाथ जोड़ते हुए दबे स्वर में कहा।

"मैं समझा। तुम्हारा आशय यह है कि कहीं कोई अनीतिवाला व्यक्ति भयानक अनीतिपूर्ण आचरण न कर बैठे, इस भय से किसी भी नीतिवान को कोई नीतिपूर्ण बात नहीं करनी चाहिए। लेकिन वत्स, तुम भूलते हो कि भीष्म ने कभी भय नहीं जाना।"

फिर उन्होंने रूखे स्वर में इतना और कहा, "मेरा आशीर्वाद धृतराष्ट्र, अब तुम जा सकते हो।"

युधिष्ठिर की याचना

भीष्म के गुस्से का पार नहीं था। सारी परिस्थिति उनकी समझ में आ गई थी। कुरु राजाओं का अधिकांश भाग सपरिवार इन्द्रप्रस्थ जाकर बस गया था। जो यहाँ रहे थे उन सबने दुर्योधन के प्रति अपनी स्वामी-भक्ति व्यक्त कर दी थी। हस्तिनापुर में रहना था तो इसके सिवा कोई अन्य उपाय भी नहीं था।

भीष्म को ज्ञात था कि यदि उन्होंने द्यूत में हस्तक्षेप किया तो दुर्योधन और उसके मित्र उनका अनादर करने में हिचकिचाएँगे नहीं। वे हँस पड़े। मन-ही-मन बोले, 'मुझसे निपटना बच्चों का खेल नहीं है।'

वे बिस्तर में अभी करवटें ही बदल रहे थे कि विदुर द्वारा प्रवेश की अनुमति माँगने का सन्देश आया। विदुर का इस समय आना उन्हें आश्चर्यजनक लगा। 'कोई जरूरी काम नहीं हो तो विदुर इतनी रात गए आते नहीं।' उन्होंने सोचा।

"विदुर, अन्दर आ जाओ।" वे बोले।

विदुर अन्दर आए। उनके साथ एक व्यक्ति था, जिसका मुँह दुपट्टे से ढँका हुआ था।

"यह कौन है?" पितामह ने पूछा।

आगन्तुक ने चेहरे पर से दुपट्टा हटाया और भीष्म के सामने लेटकर दण्डवत् किया।

"कौन, युधिष्ठिर!" पितामह को अचम्भा हुआ। युधिष्ठिर हाथ जोड़कर खड़े हो गए थे। "तुम? इतनी रात गए? क्या बात है विदुर?" उन्होंने पूछा।

"पितामह, बहुत महत्त्वपूर्ण बात है।" विदुर ने कहा, फिर युधिष्ठिर की ओर देखते हुए बोले, "युधिष्ठिर, तुम्हें जो कहना हो वह पितामह से कहो।"

"मैं आपके पास एक याचना करने आया हूँ।" युधिष्ठिर ने कहा, "और इसका सम्बन्ध कल प्रारम्भ होनेवाली द्यूतसभा से है।"

"मूर्ख, तूने द्यूतसभा में आने की हामी क्यों भरी?" पितामह ने कठोर स्वर में कहा, "हस्तिनापुर आने से मना कर देते! तुम नहीं आते तो यह लड़ाई की बात ही नहीं होती। कौन सुनता उसकी लड़ाई की बातें?"

"मैं निवेदन करूँ?" युधिष्ठिर ने पूछा।

"बोलो, पर तुमने इस समय निर्बलता दिखाकर सभी के लिए भारी संकट खड़ा कर दिया है।"

युधिष्ठिर ने हाथ जोड़कर नम्रता से कहा, "कदाचित मैंने मूर्खता ही की होगी, किन्तु अब तो हमारे सामने संकटों का पहाड़ खड़ा हो गया है। इन संकटों से आप ही मेरा उद्धार कर सकते हैं। मैं आपके पास यही प्रार्थना करने आया हूँ, पितामह।"

"क्या है तुम्हारी प्रार्थना?" भीष्म ने पूछा।

"मेरी विनम्र प्रार्थना यही है कि कल द्यूतसभा में आप कृपया बीच में न पड़ें। कितना ही छल-प्रपंच हो, आप न बोलें।" युधिष्ठिर ने कहा।

"क्या?" भीष्म बिस्तर में उठकर बैठ गए और आँखें मलते हुए बोले, "क्या मैं कोई स्वप्न देख रहा हूँ? जाग रहा हूँ कि सो रहा हूँ?"

"यह स्वप्न नहीं है, पितामह!" युधिष्ठिर ने कहा, "शकुनि छल-कपट कुछ भी करे तो भी आप हस्तक्षेप नहीं करेंगे, यही मेरी आपसे प्रार्थना है, याचना है।"

"क्या तुम यह कहना चाहते हो कि द्यूत में कपट-व्यवहार हो तो भी मैं चुप रहूँ?" पितामह ने चकित होकर पूछा।

युधिष्ठिर ने धीमी आवाज में कहा, "पितामह, इन्द्रप्रस्थ छोड़ने से पहले महामुनि ने भविष्यवाणी की थी कि एक महायुद्ध होगा, उसमें क्षत्रियों का होगा और उसके केन्द्र में मैं रहूँगा।"

"यदि कुरु-परिवार के दो अंग, जो भाई-भाई हैं, यदि वही आपस में लड़ते हैं तो महायुद्ध ही होगा।" भीष्म ने कहा।

"मैं युद्ध की कल्पना मात्र से काँप जाता हूँ। आप जानते हैं पितामह कि युद्ध का गर्जन सिंह के गर्जन से कुछ कम नहीं होता। सिंह की तरह वह भी मनुष्यों का भक्षण करता है। पृथ्वी को वीरों की अस्थियों से, टूटे हुए रथों से और मरते हुए घोड़ों से भर देता है। स्त्रियों और बच्चों को अनाथ और असहाय बना डालता है। गौवंश भी नहीं बचता, गायों की भी हत्या होती है।"

"महामुनि ने तो भविष्यवाणी अब की है, मैं तो वर्षों से इस आते हुए युद्ध को स्पष्ट देख रहा हूँ। यदि कुरुकुल के लोग भी धर्म को पहचान नहीं सकते तो धर्म रहेगा कहाँ?" पितामह ने चिन्तित स्वर में कहा।

पितामह जानते थे कि युधिष्ठिर कितने निष्ठावान हैं। जो व्यक्ति उनके सामने खड़ा था, धर्म ही उसका जीवन था, धर्म ही उसका एकमात्र अवलम्बन था।

युधिष्ठिर ने कहा, "पितामह, क्षमा करें, धर्म ही यज्ञ है। यज्ञ में आहुति देने के लिए सभी को तैयार रहना चाहिए। मैंने कई रातें जाग-जागकर बिताई हैं और अन्त में यही निर्णय किया है कि मुझे किसी भी दशा में महामुनि की भविष्यवाणी को सच नहीं होने देना है, चाहे इसके लिए मुझे अपने भाई-बन्धु, माँ, पत्नी और सन्तान की ही आहुति क्यों न देनी पड़े।"

"लड़ना ही नहीं है तो यहाँ फिर आए क्यों हो?" पितामह ने पूछा।

"मैं इस निमन्त्रण को अस्वीकार कर देता तो दुर्योधन हमारे विरुद्ध युद्ध की घोषणा कर डालता।" युधिष्ठिर ने उत्तर दिया।

"मैं जानता हूँ," पितामह बोले, "जब तक वह तुम्हारी एक-एक वस्तु छीन नहीं लेगा तब तक चैन नहीं लेगा। उसे ऐसा करने से रोकने के लिए तूने क्या सोचा है?"

युधिष्ठिर ने आँखें नीची रखते हुए नम्रता से कहा, "दुर्योधन को इन्द्रप्रस्थ का शासक बनाने का यदि ईश्वर ने निर्णय ही कर लिया है तो रोकनेवाले हम कौन? लेकिन इसे वह हमसे जीते, इसके बजाय तो मैं स्वयं ही उसे इन्द्रप्रस्थ सौंप

दूँगा। इससे उसके भीतर का जहर उतर जाएगा।''

''इन्द्रप्रस्थ उसे सौंप दोगे?'' पितामह ने चकित होकर पूछा।

''हाँ, पितामह!'' युधिष्ठिर ने उत्तर दिया।

''लेकिन तुम्हारा यह विचित्र निर्णय क्या तुम्हारी माता, तुम्हारे भाइयों तथा पांचाली ने भी स्वीकार कर लिया है?''

''उन्हें पता नहीं है कि मैं क्या करना चाहता हूँ। विदुर चाचा जब सन्देश लेकर आए तब मैंने भाइयों से कह दिया कि मेरे प्रति निष्ठावान रहने की प्रतिज्ञा से वे मुक्त रहें और मुझे मेरे रास्ते जाने दें, लेकिन उन्होंने पुनः यही प्रतिज्ञा की है कि वे मेरे प्रति निष्ठावान रहेंगे। उन्होंने प्रतिज्ञा की है कि द्यूत में मैं कुछ भी करूँ, वे मेरा साथ नहीं छोड़ेंगे।''

''क्या तुम जानते हो युधिष्ठिर कि तुम अपनी गर्दन शत्रुओं के सामने रख रहे हो?'' पितामह ने पूछा।

''हाँ, यदि ऐसा करने से भी युद्ध रुक सके!'' युधिष्ठिर ने उत्तर दिया।

पितामह ने कहा, ''बेटे, तू इस युद्ध को नहीं रोक सकेगा।'' फिर थोड़ी देर विचार करके उन्होंने विदुर से पूछा, ''विदुर, तुम्हारा क्या विचार है?''

''पितामह, मैंने पाण्डवों को हस्तिनापुर न आने के लिए समझाया था। लेकिन जब युधिष्ठिर आने को तैयार ही हो गया तो मैंने इसे रोका नहीं। शान्ति स्थापित करने के लिए तो यह आग पर भी चलने को तैयार है। शायद यह इसमें सफल न भी हो, तो भी इसका प्रयत्न तो बुरा नहीं।''

''पितामह, क्षमा करें,'' युधिष्ठिर ने हाथ जोड़कर कहा, ''मैं आपका पिता से भी अधिक आदर करता हूँ। पृथ्वी पर आप मेरे लिए प्रभु के समान पूज्य हैं। इसी कारण तो आपके पास आया हूँ। हम सभी प्रतिदिन 'शान्तिः शान्तिः शान्तिः' का पाठ करते हैं, लेकिन युद्ध में भले मर जाएँ, शान्ति के लिए मरने को कोई तैयार नहीं होता। मैं शान्ति के लिए अपनी आहुति देने को तैयार हूँ। खाली नाम का ही 'धर्मराज' मुझे मत कहो, वास्तव में मुझे 'धर्मराज' बनने दीजिए।''

कुछ समय तक चुप रहकर वे फिर बोले, ''पितामह, आपका बहुत समय लिया, लेकिन आप इतनी कृपा करें कि कुछ भी हो, द्यूत में हस्तक्षेप न करें।''

''कैसी विचित्र स्थिति है!'' सूखी हँसी के साथ पितामह ने कहा, ''युधिष्ठिर, तू और दुर्योधन, और कई बातों में भिन्न हो सकते हो किन्तु एक बात में तुम दोनों एकमत हो कि मैं तुम्हारे द्यूत में हस्तक्षेप न करूँ। एक ओर कपट है, दूसरी ओर धर्म है। जो हो, युधिष्ठिर, मैं तुझे प्यार करता हूँ। तू धर्म के प्रतीक-जैसा है और सदा ऐसा ही रहेगा। तुझे मेरा आशीर्वाद है। तू शान्ति के लिए लड़, मैं द्यूत में हस्तक्षेप नहीं करूँगा।''

विदुर और युधिष्ठिर चले गए तब पितामह ने दोनों भुजाएँ उठाकर कहा, "हे भगवान, पता नहीं मुझे कुरुओं का भार अब और कितना ढोना होगा।"

राजसभा भवन

युधिष्ठिर ने राजसभा भवन में प्रवेश किया। इधर-उधर देखा। इस कक्ष से उनकी अनेक स्मृतियाँ जुड़ी थीं। कई पुरानी बातें याद करके उन्होंने आनन्द का अनुभव किया।

जब युधिष्ठिर तथा उनके भाइयों को पाण्डु-पुत्र के रूप में स्वीकार किया गया, तो उन्होंने इस खण्ड में पहले-पहल प्रवेश किया था। तब वे बिलकुल बालक थे लेकिन तब जो सुख की अनुभूति उन्हें हुई थी वह उन्हें आज भी याद थी।

फिर उन्होंने एक बार और इस कक्ष में तब प्रवेश किया था जब उनका हस्तिनापुर के युवराज के रूप में अभिषेक हुआ था। इसी खण्ड में तो कुरुओं के राजा के रूप में उनका अभिषेक हुआ था और यहीं तो उनको तथा उनके भाइयों को इन्द्रप्रस्थ जाने के लिए विदाई दी गई थी।

इन सभी अवसरों पर असंख्य लोग उनका अभिवादन करने और उनका चरण-स्पर्श करने को उमड़े थे।

गंगा की धारा जैसे कैलाश से प्रवाहित होती है, वैसे ही धर्म की धारा इसी कक्ष से आर्यावर्त में फैली थी। लेकिन अब यही स्थल छल-प्रपंच, षड्यन्त्र और गुटबाजी का अखाड़ा बन गया था।

अब प्रभु की ऐसी इच्छा है कि उनके पाँचों भाइयों और उनके पूरे परिवार को लपेट सकनेवाली ज्वाला में वे अपने-आपको होम दें, तो वे ऐसे समर्पण के लिए भी तैयार थे।

साथ-ही-साथ उनको यह भी विश्वास था कि उनका, उनके भाइयों का और उनके परिवार का यह त्रिविध आत्म-त्याग शान्ति की प्राप्ति के लिए था। प्राचीन युग में भी ऋषियों ने इसी शान्ति की रक्षा के लिए अपने प्राणों की आहुति दी थी।

राजसभा भवन में द्वार के ठीक सामने एक ओर ऊँचे चबूतरे पर कुछ सिंहासन रखे हुए थे। बीच के दो सिंहासन भीष्म पितामह तथा राजा धृतराष्ट्र के लिए थे। युधिष्ठिर का जब हस्तिनापुर में राज्याभिषेक हुआ तब उन्होंने पितामह तथा सम्राट् धृतराष्ट्र के बाद ही अपना आसन रखने का निर्णय लिया था।

उन दोनों के सिंहासनों के दोनों ओर कुछ नीची चौकी पर एक ओर दुर्योधन का और दूसरी ओर शायद उनका सिंहासन था। इनके बाद एक-एक सिंहासन

दोनों ओर द्रोणाचार्य तथा कृपाचार्य के लिए था। ये दोनों कुरु-साम्राज्य के संरक्षक माने जाते थे।

सिंहासनों के दोनों ओर सोने से मढ़ी दो चौकियाँ रखी थीं जिन पर मृगछालाएँ बिछाई हुई थीं। इनमें से एक आसन पर कुरुओं के पुरोहित आचार्य सोमदत्त और दूसरे पर पाण्डवों के आचार्य धौम्य विराजे हुए थे।

मंच के दाहिनी ओर श्रोत्रिय बैठे थे, बाईं ओर हस्तिनापुर के राजवी बैठे थे। उस कक्ष के बीचोंबीच एक और मंच था, जो बड़े मंच से कुछ नीचा था, छोटा था, और उस पर हाथी-दाँत की चौकी रखी थी। यह पासा फेंकने के लिए थी। इसके ही पास चाँदी का एक पात्र रखा था, जिसमें पासे पड़े थे।

युधिष्ठिर को मन-ही-मन हँसी आई। शान्ति के लिए उनके सम्पूर्ण समर्पण के प्रतीक वे पासे थे?

भविष्य की भीषण दुखान्तिका की कल्पना से वे सिहर गए। अपने भाइयों को उत्तराधिकार में प्राप्त होनेवाली सम्पदा से उन्हें वंचित कराने का निमित्त वे बनेंगे!

उन्होंने भीम की ओर देखा। इस वीर और उदार हृदय भाई ने हर संकट में उनको सहयोग दिया था। अभी भी उसका चेहरा तमतमा रहा था और आँखों से अंगारे बरस रहे थे।

अर्जुन, नकुल और सहदेव की आँखें तो भूमि पर से उठती ही नहीं थीं। युधिष्ठिर जानते थे कि उन पर उनके अटल विश्वास के कारण ही उन्होंने उन्हें इतनी निष्ठा दी थी, इतना समर्थन दिया था। स्वाभाविक है कि वे उतने ही अधिक दुखी थे। आज तक उन्होंने ही उनके सुख की चिन्ता की थी, आज वे ही उन्हें दुख के सागर में डुबोने जा रहे थे।

इसके बावजूद वे चिन्तित नहीं थे। सत्य के लिए ऋषि-मुनि प्राणोत्सर्ग करने से कब घबराए थे? देवताओं की दानवों पर विजय हो, इस उद्देश्य से दधीचि ने तो अपनी हड्डियों का दान कर दिया था। तप की अग्नि में से गुजरे बिना कोई सिद्धि प्राप्त नहीं होती। शान्ति प्राप्त करने में उनकी निष्ठा की अग्नि-परीक्षा लेने को जैसे भगवान ने यह कसौटी खड़ी की थी।

राजवियों ने करबद्ध और नतशिर युधिष्ठिर का अभिनन्दन किया। उनमें से कइयों के चेहरे पर क्रूर उपहास का भाव भी झलक रहा था। वे तो यही बाट जोह रहे थे कि कब इन्द्रप्रस्थ पर दुर्योधन का अधिकार हो और कब उसमें से उन्हें उनका भाग मिले।

वातावरण में एक अभूतपूर्व तनाव था। सभी के चेहरों पर भावी की आशंका का भाव आ रहा था।

युधिष्ठिर व उनके भाइयों का स्वागत करने को दुर्योधन, दुःशासन, कर्ण और

शकुनि आगे बढ़े।

दुर्योधन ने वन्दन किया तब युधिष्ठिर ने उसे गले लगाया, बाँहों में भरकर जमीन से ऊँचा उठा लिया और कहा, "भाई, ईश्वर तेरी कामना पूरी करे।"

द्यूतसभा प्रारम्भ हो

आचार्य सोमदत्त तथा आचार्य धौम्य ने समुचित मन्त्रों द्वारा उनका स्वागत किया।

युधिष्ठिर और उनके भाई तथा दुर्योधन और उसके सहयोगी प्रवेश-द्वार के पास बड़ों की प्रतीक्षा करने को खड़े हो गए।

दुर्योधन और उसके कौरव भाइयों ने सोचा कि कितनी सरलता से उन्होंने पाँचों भाइयों को जाल में फाँस लिया है। उनके चेहरे पर इस बात का आनन्द साफ दिखाई दे रहा था।

युधिष्ठिर भी भीतर-भीतर यह सोचकर आनन्दित थे कि जिसे उन्हें फँसाने का जाल समझा गया था वह युक्ति शान्ति स्थापित कराने में भी सहायक हो सकती थी, इसका कौरवों को कहाँ पता था?

जब युधिष्ठिर दुर्योधन के पास प्रवेश-द्वार पर खड़े थे तब उनके मन में आया कि जुआ खेले बिना ही शान्ति स्थापित करने का एक और प्रयत्न क्यों न कर लिया जाए? उन्होंने दुर्योधन से पूछा, "क्यों भाई, यह द्यूत अनिवार्य है क्या? क्या इसके बिना शान्ति-स्थापना सम्भव नहीं है?"

"लेकिन द्यूत तो खेल है, इसमें क्या बुराई है?" दुर्योधन ने प्रतिप्रश्न किया।

"जिसमें चाल चली जाती हो, छल-प्रपंच पर बल हो, ऐसे खेल से तो सीधा युद्ध भला। यह द्यूत तो हमारी मैत्री का नाश कर देगा।"

यह सुनकर शकुनि तनिक निकट आया और होंठों में मुस्कान तथा वाणी में मिठास भरकर बोला, "बड़े भाई, राजा-राजवियों के इस खेल से तुम क्यों डरते हो?"

युधिष्ठिर ने हँसकर कहा, "शकुनि, मनुष्य कितना ही सरल और सज्जन क्यों न हो, एक बार पासा हाथ में आ जाने के बाद चालाकी और चालबाजी किए बिना रह नहीं सकता। हम यह खेल न ही खेलें तो अच्छा है।"

शकुनि ने राजवियों की ओर घूमकर कटाक्ष किया, "बड़े भाई यह राजाशाही खेल से मना क्यों कर रहे हैं, यह समझ गए न आप! राजसूय यज्ञ में इन्होंने इतनी सम्पदा अर्जित कर ली है जितनी जीवन में पहले कभी नहीं देखी होगी। अब उससे वंचित नहीं होना चाहते?"

कई राजवी खिलखिला पड़े। फिर शकुनि ने युधिष्ठिर की ओर देखकर कहा, ''अपनी सम्पत्ति अपने पास रखिए बड़े भाई! आपको डर लगता हो तो द्यूत मत खेलिए।''

और ऐसा कहकर वह तिरस्कार-भरे ढंग से हँसा। दुर्योधन के मित्र भी उसके साथ हँसे।

युधिष्ठिर ने शकुनि की बात में छिपे कटाक्ष की परवाह न करते हुए कहा, ''तुम गलत समझे हो शकुनि। मुझे अधर्म के सिवाय और किसी का भी डर नहीं है। धन-सम्पत्ति की भी मैं चिन्ता नहीं करता। इनका कोई महत्त्व नहीं। महत्त्व केवल इस बात का है कि कौरवों के महाराजा ने हमें द्यूतक्रीड़ा का आदेश दिया है। यदि हम सब मिलकर इस द्यूतक्रीड़ा से दूर रहने का संकल्प उनके समक्ष चलकर प्रकट करने को तैयार हो जाएँ तो उत्तम हो, अन्यथा तो मैं इसमें भाग लेने को तैयार ही हूँ।''

दुर्योधन बोला, ''बड़े भाई, एक प्रार्थना मेरी भी सुनो। द्यूतक्रीड़ा का मुझे भी कोई खास ज्ञान नहीं। इसलिए मेरी जगह शकुनि मामा इसमें भाग लेंगे।''

युधिष्ठिर को पता था कि शकुनि इस खेल का और इस खेल के साथ जुड़ी हुई कपट विद्या का, निपुण ज्ञाता है। इसके साथ खेलकर इन्द्रप्रस्थ गँवाना ही हो तो थोड़े से समय में ही गँवाया जा सकता है।

फिर भी वे बोले, ''भाई, द्यूतक्रीड़ा में किसी की जगह कोई खेले, ऐसा तो कभी सुना नहीं। तुझे ही खेलना चाहिए।''

दुर्योधन का बचाव करने को शकुनि आगे आया, ''मुझसे तो दुर्योधन ने कहा है कि इसमें कोई बुराई नहीं है।'' फिर व्यंग्य में हँसकर कहा, ''बड़े भाई, आप तो अपनी सम्पत्ति गँवाने के भय से घबरा रहे हो, इसलिए इस क्रीड़ा से छुटकारा पाने का बहाना ढूँढ़ रहे हो। फिर भी यदि आपका मन ही न हो तो खुल्लमखुल्ला कह क्यों नहीं देते हैं?''

शकुनि हँसा। दुर्योधन तथा दुःशासन भी तिरस्कार सहित हँसे। वे जानते थे कि अब युधिष्ठिर द्यूत छोड़कर पीछे हटनेवाले नहीं हैं। यदि अब वे नहीं खेलते हैं तो कायर कहलाएँगे और क्षात्र-परम्परा तोड़नेवाले माने जाएँगे।

शकुनि पुनः बोला, ''यदि आपको ऐसा लगता हो कि हमारे साथ खेलने में आप छले जाएँगे तो आपको यह खेल खेलना ही छोड़ देना चाहिए।''

''मैंने तुमसे कहा है न कि कुरुओं के महाराजा ने मुझे आदेश किया है, इसलिए मैं अवश्य खेलूँगा।'' युधिष्ठिर ने कहा।

महाराज धृतराष्ट्र तथा भीष्म पितामह के आगमन की सूचना देनेवाली शंख-ध्वनि हुई। सोने से मढ़ी हुई गदाएँ लिये दो अंगरक्षकों ने प्रवेश किया और प्रवेश-द्वार

के भीतर दोनों ओर सिर झुकाकर खड़े हो गए।

भीष्म पितामह तथा धृतराष्ट्र ने द्वार में प्रवेश किया। श्रोत्रियों ने हाथ उठाकर उन्हें आशीर्वाद दिया। दूसरों ने हाथ जोड़े और सिर झुकाया। अन्धे राजा को उनके सचिव संजय सहारा देकर ला रहे थे। उनके पीछे द्रोणाचार्य, कृपाचार्य तथा अश्वत्थामा आ रहे थे। उनके बाद उच्च स्तर के कुरु राजवियों ने प्रवेश किया।

पितामह ने जब अपनी गरुड़-जैसी तीखी दृष्टि घुमाकर सभाकक्ष का अवलोकन किया तो उनके चेहरे पर तनाव आ गया। उन्होंने देखा कि अधिकांश राजवी सभासद तलवारों से लैस होकर आए थे, जबकि प्रचलित परम्परा के अनुसार ऐसा नहीं होना चाहिए था। शकुनि ने ही उन्हें तैयार होकर आने को कहा होगा कि यदि कोई हस्तक्षेप करे तो बल-प्रयोग भी किया जा सके।

पाण्डवों ने पितामह तथा धृतराष्ट्र को साष्टांग प्रणाम किया। दुर्योधन, दुःशासन, कर्ण तथा शकुनि ने भी उन दोनों को प्रणाम किया।

पितामह ने युधिष्ठिर को उठाकर गले लगाया और मस्तक सूँघा। कई राजवियों को यह नई बात लगी। वे यह तो जानते थे कि पितामह द्यूतसभा में कोई हस्तक्षेप नहीं करेंगे किन्तु पितामह द्वारा युधिष्ठिर के प्रति प्रदर्शित किया गया यह स्नेह-व्यवहार देखकर उनके मन में कुछ आशंका जगी।

युधिष्ठिर की शान्ति-प्रियता और इसके लिए सर्वस्व अर्पण करने की तत्परता पितामह के अन्तःकरण को छू गई थी। वे यह देखकर खुश थे कि कुटुम्ब में एक आदमी अभी भी ऐसा है जो इतने अवरोधों के होते हुए भी धर्म की रक्षा के लिए खड़ा हो सकता था।

धृतराष्ट्र और पितामह ने सिंहासन ग्रहण किया। श्रोत्रियों ने मन्त्रों द्वारा आशीर्वाद दिया। फिर सभी अपने-अपने आसन पर बैठे। उच्च स्तर के राजवियों ने भी अपने-अपने स्तर की पंक्ति में आसन ग्रहण किया।

सचिव विदुर ने पितामह के चरणों के पास और सचिव संजय ने धृतराष्ट्र के चरणों के पास स्थान लिया।

पितामह और धृतराष्ट्र की अनुमति लेकर विदुर ने घोषणा की, "पितामह और महाराजा धृतराष्ट्र की आज्ञा है कि द्यूतसभा प्रारम्भ हो।"

जब विदुर ने साफ-साफ कहा

समूचे वातावरण में सन्नाटा छा गया। राजसभा में आए लोगों में से कइयों ने महसूस किया कि आज की द्यूतक्रीड़ा यों ही नहीं हो रही। वह खेल से आगे है,

देव-दानवों के बीच युद्ध-जैसा कुछ होनेवाला है।

सबसे पहला दाँव युधिष्ठिर ने चला। उन्होंने अपने उत्तमोत्तम रत्न दाँव पर लगाए। दुर्योधन ने भी अपना रत्न भण्डार दाँव पर रखा।

युधिष्ठिर ने पासे हाथ में लिये, हथेलियों के बीच मसले और चौकी पर फेंक दिए। शकुनि ने भी ऐसा ही किया। भीष्म पितामह ने देखा कि जब शकुनि ने फेंका तो अपनी कनिष्ठा को तनिक-सा मोड़कर पासे को मनमरजी घुमाते हुए चौकी पर फेंका।

सभी उचककर देखने लगे कि क्या परिणाम आया है।

धृतराष्ट्र ने अधीर होकर संजय से पूछा, "संजय, क्या हुआ?"

शकुनि ने पासों की ओर देखते हुए कहा, "महाराज हम जीते।"

जो राजवी दुर्योधन के पक्षधर थे वे मुस्करा उठे। कुछ ने तो 'साधु-साधु' भी कहा। लेकिन इसी बीच भीष्म पितामह के चेहरे पर आए तनाव को देखकर उनका उत्साह कुछ मन्द पड़ गया।

युधिष्ठिर ने कहा, "अब मैं अपना समस्त रत्न-भण्डार, सारा स्वर्ण तथा सभी आभूषण दाँव पर लगाता हूँ।" वे सबकुछ त्याग देने को आतुर हो रहे थे।

युधिष्ठिर ने पासे फेंके। शकुनि ने भी पासे फेंके। इस बार भी उसकी छोटी अँगुली ने अपनी करामाती भूमिका निभाई। शकुनि ने फिर ऊँची आवाज में घोषणा की, "हम यह बाजी भी जीत गए!"

ज्यों-ज्यों बाजी आगे बढ़ती गई त्यों-त्यों वातावरण का तनाव बढ़ता गया।

युधिष्ठिर दाँव चलते, फिर दुर्योधन जवाबी दाँव चलता। युधिष्ठिर पासा फेंकते, फिर शकुनि अपनी कनिष्ठिका का उपयोग करते हुए मनमाना परिणाम लाता और हर बार घोषणा करता, "महाराज, यह बाजी भी हम जीते!" और मित्र राजवीगण हर्षित होकर चिल्लाने लगते।

युधिष्ठिर सरल गति से बेहिचक पासे फेंक रहे थे। पितामह कभी उनकी ओर देखते और कभी शकुनि की ओर।

युधिष्ठिर ने आभूषण, रथ, घोड़े, हाथी, सेना, दास-दासी, कोष, अन्न भण्डार आदि सबकुछ दाँव पर लगाया और सभी कुछ हार गए। हर बार उन्हें तिरस्कारपूर्ण स्वर में केवल यही उक्ति सुनने को मिली, "महाराज, हम जीते!"

हर बार शकुनि कपट से बाजी जीतता तो कई राजवी मन में सोचते, 'यह क्रीड़ा अब बन्द हो जाए तो उत्तम।'

लेकिन युधिष्ठिर जिस सहजता से खेल रहे थे, यह देखकर वे भी दंग थे। उन्हें लगा कि हारा जुआरी जो दुगुने उत्साह से खेलता है, कुछ ऐसा रूपक बन रहा है। युधिष्ठिर पर क्या बीत रही है, यह पितामह के सिवा कोई नहीं जानता था।

जब द्यूत में हारते-हारते युधिष्ठिर पाण्डवों की समग्र सम्पत्ति गँवा चुके तो शकुनि ने कहा, ''बड़े भाई, अब तो आपके पास कुछ भी रहा नहीं। आप जो हार चुके हैं उसे वापस पाना है तो अब वही चीज दाँव पर लगाइए जो आपकी हो।''

विदुर की भौंहें तन गईं, वे समझ गए कि शकुनि युधिष्ठिर को यह संकेत कर रहा है कि अब दाँव पर लगाने को भाई ही उनके पास बचे हैं। उन्हें लगा कि यहाँ उन्होंने दुर्योधन को समझने में भूल की है। दुर्योधन को केवल पाण्डवों की सम्पत्ति या इन्द्रप्रस्थ ही नहीं चाहिए था, बल्कि वह तो उनका मान-सम्मान तक सभी कुछ ध्वस्त कर उन्हें दास बनाने पर तुला हुआ था।

हस्तिनापुर की राज्यसत्ता को स्थिरता देने के लिए उन्होंने और पितामह ने जो कुछ किया था उसे अब दुर्योधन मिट्टी में मिला रहा था। दुर्योधन का द्वेष इस सीमा तक जाएगा, यह वे नहीं समझे थे। इसका उन्हें आज बहुत पछतावा हो रहा था।

विदुर ने पहले पितामह की ओर देखा और सांकेतिक रूप में उनकी अनुमति प्राप्त करके महाराज के चरण-स्पर्श करते हुए बोले, ''आज्ञा हो तो कुछ निवेदन करूँ।''

आज्ञा मिलते ही विदुर ने कहा, ''महाराज, मेरी प्रार्थना स्वीकार करें तो यह क्रीड़ा अब रोक दें। बचपन से हम साथ बड़े हुए हैं। मैंने सदैव निष्ठापूर्वक आपकी सेवा की है। इसलिए मैं चुप नहीं रह सकूँगा। मैं आपको चेतावनी देता हूँ कि अब हस्तिनापुर विनाश के रास्ते पर जा रहा है।''

दुर्योधन तथा उसके मित्रों ने रोषपूर्वक विदुर की ओर देखा। उनको लगा कि विगत रात्रि उन्होंने जो फैसला किया था उस पर अमल करने का समय आ गया है।

विदुर पुनः बोले, ''महाराज, आपको याद होगा कि दुर्योधन का जन्म अपशकुन वाली घड़ी में हुआ था और मैंने तभी कह दिया था कि आपका यह पुत्र संसार के नाश का कारण बनेगा और यदि जगत का उद्धार करना हो तो इसे जीवित नहीं रखना चाहिए।''

सभी को लगा कि विदुर की शान्त आवाज वातावरण में एक तूफान का आवाहन कर रही है।

''महाराज,'' विदुर ने कहा, ''यदि यह क्रीड़ा अब और आगे बढ़ी तो जो चेतावनी मैंने दी थी वह सच निकलेगी। आपका पुत्र जिस विधि से पाण्डवों की सम्पत्ति हड़पता जा रहा है उससे देवता जरूर कुपित होंगे और आपको जीतेजी अपने पुत्रों की–अपने समस्त पुत्रों की–मृत्यु देखनी होगी।''

क्षण-भर विदुर चुप रहे फिर आगे बोले, ''आपके इस पुत्र दुर्योधन में पाण्डवों

से सीधे लड़ने का साहस नहीं है।" फिर शकुनि की ओर अंगुलि से संकेत करते हुए बोले, "इसकी सहायता से उसने पाण्डवों के पास जो कुछ था वह सब हर लिया है। अब मेरी प्रार्थना है कि अब इस खेल को बन्द कराइए। नहीं तो क्षत्रिय आपस में ही कट-कटकर मर जाएँगे। कुरुओं में धर्म का लोप हो जाएगा और आर्यावर्त का विनाश होगा। आश्रम जलकर खाक हो जाएँगे और प्रजा राक्षसी सत्ता की असहाय और मूक दर्शक मात्र रह जाएगी।"

महाराजा धृतराष्ट्र ने यह सब सुना पर कोई उत्तर नहीं दिया।

दुर्योधन के क्रोध का पार नहीं था। उसकी भँवें तन गईं। उसका हाथ तलवार की मूठ पर गया। थोड़ा आगे बढ़कर वह विदुर के पास आया।

"काका, हमारे सामने हमारे शत्रुओं की प्रशंसा करने की आपकी आदत है," उसकी आवाज क्रोध से काँप रही थी, "आप मेरे जन्म से ही मेरी निन्दा करते आए हैं, जो हाथ आपके मुँह में कौर देते हैं उन्हीं को आप दाँतों से चबाने दौड़ते हैं। मेरे पिता के मन में मेरे प्रति जो सद्भाव है उसे अब आप जड़-मूल से उखाड़ने पर आमादा हो रहे हैं।"

फिर उसने घृणा-भरे स्वर में कहा, "दासी-पुत्र से इससे अधिक आशा भी कैसे की जा सकती है? आज तक तो आपने पाण्डवों का पक्ष लिया है किन्तु आगे आप ऐसा करने का साहस नहीं कर सकेंगे।"

सभी की साँस अधर में रह गई। सभी के मन में भय व्याप्त हो गया कि कहीं दुर्योधन विदुर की हत्या न कर दे!

घृणा-भरे स्वर में दुर्योधन आगे बोला, "दासी-पुत्र, आप हमारी चिन्ता न करें और अपने प्यारे भतीजों की चिन्ता करनी शुरू कर दें। अब वे दास बनने ही वाले हैं।"

फिर उसने अट्टहास किया और कहा, "मैं जो कुछ हूँ और जो कुछ करता हूँ और जो कुछ करूँगा, वह सबकुछ ईश्वर की आज्ञा से है..."

इतना कहकर दुर्योधन ने तलवार म्यान से खींची और खट-से पुनः म्यान में डालकर विदुर की ओर देखा और जता दिया कि वे यदि और ज्यादा बोले तो क्या परिणाम हो सकता है।

हम जीत गए

पितामह की प्रतिक्रिया जानने के लिए दुर्योधन ने उनके चेहरे की ओर देखा। पितामह के चेहरे पर तनाव की रेखाएँ थीं। उन्होंने अपना दाहिना हाथ उठाया।

शायद कोई चेतावनी देना चाह रहे थे।

उसने देखा कि द्रोणाचार्य भी अपने पाँव के पास रखे फरसे को उठाने के लिए हाथ बढ़ा रहे थे। गुरु परशुराम का शिष्य होने के प्रमाणस्वरूप वे सदैव अपने साथ फरसा रखते थे।

पितामह और द्रोणाचार्य के चेहरे पर आए भावों को देखकर दुर्योधन का साहस जवाब दे गया। वह अपनी तलवार खींच नहीं सका।

उसने अपने सहयोगियों की ओर देखा। उनकी दृष्टि में वितृष्णा आ गई थी। उन्हें यह अनुमान नहीं था कि वह यों पाँव पीछे हटाएगा। उन्होंने स्वप्न में भी नहीं सोचा था कि वह बुजुर्गों को देखते ही इतना कायर बन जाएगा। उनको यह समझ नहीं आया कि जब पिछली रात यह तय हो गया था कि जो भी उनके मार्ग में बाधक बनेगा, उसका वध कर देना है, दुर्योधन हिचका क्यों?

दुःशासन तो अपने बड़े भाई को वीर मानकर उसकी पूजा करता था, लेकिन आज उसकी आँखों में भी घृणा थी।

दुर्योधन जब पासोंवाली चौकी के पास बैठ गया तब शकुनि तनिक दुर्योधन की ओर झुका और धीरे-से कहा, "निराश मत होना। हम पाँचों भाइयों का क्षत्रियत्व उतार देंगे, उन्हें दास बनाकर छोड़ेंगे। तू अभी तक अपने मामा को पहचानता नहीं है। मामा के चंगुल से इनमें से कोई भी नहीं छूट सकेगा।"

युधिष्ठिर सोचते थे कि महामुनि की भविष्यवाणी को झूठा सिद्ध करके वे भावी युद्ध को टाल देंगे, लेकिन उन्होंने देखा कि वे ज्यों-ज्यों प्रयत्न करते थे त्यों-त्यों शान्ति निकट आने की जगह पाण्डवों-कौरवों के बीच संघर्ष की आशंका निकट आती जा रही थी।

युधिष्ठिर ने अपनी सारी सम्पत्ति, इन्द्रप्रस्थ का समूचा राज्य, जो कुछ भी उनके पास था, वह सबकुछ, इस द्यूत में खुशी-खुशी न्योछावर कर दिया था। अकिंचन भिखारी बनकर द्यूतसभा से बाहर जाने को वे तैयार हुए।

लेकिन अब युधिष्ठिर समझे कि शान्ति स्थापित करने का उनका प्रयत्न निरर्थक था। द्यूतसभा बुलाकर दुर्योधन युधिष्ठिर की सम्पत्ति और राज्य लेकर ही चुप बैठनेवाला नहीं था। वह तो इनको पाण्डुपुत्र के पद से और क्षत्रियपद से भी हटाकर दास बनाने पर तुला हुआ था।

पितामह शान्त और उदास थे। वे स्पष्ट देख रहे थे कि वे जिस युग के निर्माता थे, वह युग अब अस्त हो चुका है।

विदुर का उस परिवार में ऊँचा मान था। इसलिए नहीं कि वे महाराज के

सौतेले भाई थे, बल्कि इसलिए कि बुद्धिमान थे, सभी से स्नेह करते थे और उनकी सूझ-बूझ से हस्तिनापुर की प्रतिष्ठा बढ़ी थी।

उसी विदुर पर आज भरी राजसभा में दुर्योधन ने यों अपमानपूर्ण शब्दों की बौछार करके भीष्म द्वारा निर्मित कुरुकुल की प्रतिष्ठा पर कलंक का टीका लगा दिया।

प्राचीन परम्परा के अनुसार आर्यों की यह मर्यादा थी कि वे स्त्रियों या पुरुषों को दास नहीं बना सकते थे और न ही वे उन्हें अग्नि को अर्पित कर सकते थे। भगवान वरुण ने स्वयं शुनःशेप को यज्ञस्तम्भ के बन्धन से मुक्त कराके नरबलि की प्रथा समाप्त कराई थी।

कई राजवियों को यह सब बुरा लगा, कुछ लोग कानाफूसी करते हुए कुछ बोले भी, किन्तु पितामह को शान्त देखकर सभी चुप हो गए।

दुर्योधन द्यूतफलक के पास वापस आया और विजयी-गर्व से राजवियों की ओर देखकर बोला, ''खेल जारी रखो।''

युधिष्ठिर अब बुरी तरह निराश हो चुके थे, इस कारण सावधानी की सीमा भी लाँघ चुके थे। पाण्डवों की एकता प्रदर्शित करने के सिवा अब कुछ भी शेष नहीं रहा था। वे राजगद्दी पर हों या सड़क पर, पाण्डव और द्रौपदी एक थे, अविभाज्य थे।

उन्होंने स्नेहपूर्वक नकुल के कन्धे पर हाथ रखा।

भीम की आँखों में चिनगारियाँ उछलने लगीं। मेरे भाई क्या दास की तरह खरीदे-बेचे जा सकते हैं? युधिष्ठिर का हाथ नकुल के कन्धे पर से उठा लेने को वह व्याकुल हो उठा।

अर्जुन ने भीम के कान में कहा, ''मेरे भाई, यह संकट का समय है। ऐसे समय तुम्हें स्वयं पर नियन्त्रण रखना चाहिए।''

भीम ने दाँत कटकटाए और अर्जुन की बात मानकर अपने-आपको नियन्त्रित किया।

युधिष्ठिर ने धीमी आवाज में कहा, ''राजा वृकोदर, धीरज रखो, मैं जो कर रहा हूँ वही श्रेष्ठ है, उसके सिवाय अन्य कोई रास्ता नहीं है।'' फिर शकुनि की ओर मुड़कर बोले, ''मैं अपने इस युवा और सलोने भाई को द्यूत की इस चाल में चलता हूँ।''

शकुनि ने पासे फेंके और जैसा कि सभी को ज्ञात था, बाजी जीत गया और चिल्लाया, ''हम जीत गए।''

युधिष्ठिर के मन में आया कि अब यह खेल शीघ्र समाप्त हो जाना चाहिए। उन्हें भय था कि अधिक चर्चा हुई तो पितामह को खेल बन्द कराने के लिए

हस्तक्षेप करना पड़ेगा।

उन्होंने कहा, "अब मैं पुरुषों में सर्वाधिक सरल व सीधे स्वभाववाले अपने अनन्य बन्धु सहदेव को चलता हूँ।"

युधिष्ठिर ने द्यूतफलक पर पासे फेंके। शकुनि ने भी पासे फेंके और ऊँची आवाज में फिर चिल्लाया, "हम जीत गए।"

नकुल ने सहदेव के कन्धे पर हाथ रखकर पूछा, "हम क्या करेंगे?"

सहदेव ने भाई के कन्धे पर हाथ रखकर सहज भाव से कहा, "बड़े भाई की आज्ञा शिरोधार्य करेंगे।"

नकुल और सहदेव ने खड़े होकर अपने मुकुट और शस्त्र भीष्म पितामह के चरणों में अर्पित कर दिए।

शकुनि के चेहरे पर कुटिल मुस्कराहट आई थी। वह बोला, "दो जुड़वाँ भाई तो तुम गँवा चुके, पर दो भाई अभी भी शेष हैं और जब पिता न हो तो बड़े भाई पर ही समूचे कुटुम्ब की जिम्मेवारी होती है। हमारे राजा द्वारा चली जानेवाली चाल की सामग्री के आगे तुम जो चल रहे हो, वह कुछ भी नहीं है, फिर भी हम उदारतापूर्वक उसे भी स्वीकार कर लेंगे।"

फिर और आगे उसने कहा, "बचे हुए भाइयों को तुम शायद चाल में चलोगे नहीं। क्या वे तुम्हें नकुल-सहदेव से ज्यादा प्यारे हैं? नकुल-सहदेव तो बिचारे सौतेले भाई हैं!"

युधिष्ठिर के क्रोध का पार नहीं था, लेकिन वे यह नहीं चाहते थे कि दासता में भी पाँचों भाई एक-दूसरे से या द्रौपदी से अलग हों।

उन्होंने कहा, "शकुनि, ऐसे वचन आपको शोभा नहीं देते। आपने हमारी सभी जमीन-जायदाद ले ली है। अब क्या आप हमारे बीच आपसी मेल भी नहीं रहने देना चाहते? हम पाँचों पाण्डव सुख में हों चाहे दुख में, रहेंगे साथ ही। अब मैं भाई अर्जुन को–आर्यावर्त के श्रेष्ठ धनुर्धारी को–दाँव पर लगाता हूँ।"

फिर पासे फेंके गए और एक बार फिर शकुनि की उद्घोषणा सुनाई दी, "हम जीत गए!" अर्जुन भी दास बन गया।

अर्जुन खड़ा हो गया। उसके मुखमण्डल पर अद्भुत गर्व का भाव था। उसने अपना मुकुट और अपने शस्त्र उतारकर पितामह के चरणों में रखे, तो युधिष्ठिर की आँखों में आँसू आ गए।

द्रोणाचार्य क्रोध से काँपने लगे। क्रोधित होकर उन्होंने अपने फरसे की ओर हाथ बढ़ाया। अपने पट्ट-शिष्य को दास बनते हुए उनसे देखा नहीं गया। उन्होंने भीष्म से कहा, "पितामह, दुर्योधन का वश चला तो इन पाँचों भाइयों में से एक को भी वापस नहीं जाने देगा।"

भीष्म ने द्रोणाचार्य के कन्धे पर हाथ रखा, थोड़ा झुके और धीरे-से बोले, "अभी नहीं।"

"और अब भीम!" युधिष्ठिर ने कहा।

"मैं दासत्व स्वीकार नहीं करूँगा।" भीम ने कहा और खड़ा हो गया। लेकिन युधिष्ठिर ने उसे नीचे बिठाते हुए कहा, "राजा वृकोदर, जैसे और हमारे भाई, वैसे ही हम।"

और तब शकुनि की ओर देखकर बोले, "यह राजा वृकोदर, मेरी सेना का प्रचण्ड शक्तिशाली सेनापति! अब मैं इसे दाँव पर लगाता हूँ।"

फिर पासे फेंके गए और भीम का मुकुट और शस्त्र भी पितामह के चरणों में चढ़ गए।

युधिष्ठिर ने सोचा, 'अपने भाइयों से निष्ठा और आज्ञाकारिता प्राप्त करने का मेरा अधिकार पितामह को स्वीकार नहीं है। लेकिन मैं तो वहीं रहूँगा जहाँ मेरे भाई हैं।' इसके बाद वे बोले, "शकुनि, अब मैं स्वयं को दाँव पर लगाता हूँ।"

"खुशी से। हम इसे स्वीकार करते हैं।"

और धर्मराज युधिष्ठिर भी कुछ ही क्षणों में दास-पद पर पहुँचा दिए गए।

पितामह के नेत्रों में आँसू छलछला आए। ऐसा धैर्यवान और निःस्वार्थी मनुष्य दास बने? नहीं, कदापि नहीं।

युधिष्ठिर ने अपना मुकुट और अपने शस्त्र भीष्म के चरणों में रखे और वे अपने भाइयों के साथ जा खड़े हुए।

शकुनि के चेहरे पर कुटिल मुस्कराहट नाचती रही। उसके होंठ हिले और उनके बीच से आग का दरिया बहकर बाहर आया, "आप तो धर्मराज कहलाते हैं, बड़े भाई! एक अमूल्य रत्न तो आपने अभी तक दबाया ही हुआ है! रूपसुन्दरी पांचाली को तो आपने दाँव पर लगाया ही नहीं?"

द्रौपदी राजसभा में

पितामह के पाँवों के पास पड़ी गदा को उठाने के लिए भीम के हाथ छटपटाने लगे, किन्तु अर्जुन ने उसे ऐसा करने से रोक दिया।

युधिष्ठिर ने साफ देखा कि जो परिस्थितियाँ बनी थीं उन्हें देखते हुए यह उचित होगा कि जहाँ पाण्डव हों वहीं द्रौपदी भी हो। पाँचों भाइयों को एकता के सूत्र में बाँधनेवाली पांचाली ही है, इस सूत्र को तो साथ रखना ही होगा।

उन्होंने कहा, "अब मैं पांचाल की राजकुमारी, प्रतापी सम्राट् द्रुपद की पुत्री

और पाण्डवों की प्रिय पत्नी द्रौपदी को दाँव पर लगाता हूँ।''

सभाकक्ष में बैठे हुए लोगों को पता चले कि क्या हो गया, तब तक तो शकुनि की आवाज सुनाई पड़ गई, ''यह बाजी भी हम जीते। पांचाली अब हमारी है!''

दुर्योधन के भाइयों व मित्रों ने शिष्टता और सौजन्य को ताक पर रख दिया था। वे उछल-उछलकर एक-दूसरे के गले मिलने लगे और नारे लगाने लगे, 'जय दुर्योधन, दुर्योधन की जय हो!'

दुर्योधन और कर्ण को अपार आनन्द हुआ। कर्ण ने दुर्योधन के कान में कहा, ''द्रौपदी ने स्वयंवर में हमें छोड़कर अर्जुन के गले में वरमाला डाली थी, मैं तो तभी उसका अपहरण कर लेता, लेकिन तुम्हीं ने मुझे रोका था।''

''अब वह हमारी दया पर निर्भर है। हम उसके साथ जो चाहें सो कर सकते हैं।'' दुर्योधन ने कहा।

भीष्म को लगा कि इस घटना से कुरुकुल को कलंक लगा है। उनकी उपस्थिति में ही द्रौपदी दाँव पर लगी थी और द्यूत खेला गया था। युधिष्ठिर ने जीवन-भर नीति का मार्ग नहीं छोड़ा था। आज उसने तीनों लोकों की शान्ति के लिए तथा कौरव-पाण्डव के संघर्ष को रोकने के लिए अपना, अपने भाइयों का तथा अपनी प्रिय पत्नी का बलिदान दे दिया था।

द्रोणाचार्य और कृपाचार्य तो हक्के-बक्के थे, उन्हें कुछ भी नहीं सूझ रहा था कि क्या करें। वे ग्लानि और क्रोध में डूब गए थे। उनकी इच्छा हुई कि हस्तक्षेप करें किन्तु पितामह ने उन्हें संकेत से रोक दिया। दुर्योधन के व्यवहार से लज्जित होकर आचार्य सोमदत्त तथा आचार्य धौम्य ने पितामह से अनुमति माँगी और सभाकक्ष से उठकर चले गए। कई अग्रणी श्रोत्रिय भी उनके पीछे चले गए।

दोनों हाथों में माथा पकड़े विदुर पृथ्वीमाता की ओर ताक रहे थे, मानो वे कुरुओं के अपराध क्षमा करने की प्रार्थना कर रहे हों। अपने आपसे वे कह रहे थे, 'यह क्षण देखने को मैं जीवित ही क्यों रहा?'

धृतराष्ट्र के चेहरे पर आनन्द झलक आया। वे बार-बार संजय से पूछ रहे थे, ''क्या हम जीत गए? क्या अब हम जीत गए? क्या हम फिर जीत गए?''

बड़े-बुजुर्गों की उपस्थिति की परवाह न करके दुर्योधन ने शकुनि को गले लगाकर कहा, ''मामा, मेरे जीवन का यह सबसे सुखद दिन है और इसके लिए मैं आपका आभार मानता हूँ।''

फिर दुर्योधन ने विदुर की ओर मुड़कर कहा, ''काका, द्रौपदी ने जब आर्यावर्त के राजाओं के समक्ष स्वयंवर में मेरा अपमान किया था और मेरी हँसी उड़ाई थी तब आप कहाँ थे? अब वह हमारी दासी है। आप जाइए और उसे यहाँ ले आइए।''

फिर उसने पुनः तिरस्कारपूर्वक कहा, "आप सभी बड़ों को अब उस रानी को देखने का अवसर मिलेगा जो अब रानी नहीं है। अब वह दासी-रूप में हमें प्रणाम करेगी क्योंकि हम उसके स्वामी हैं। हमें प्रणाम करके वह दासी निवास में जाएगी। दासी-रूप में उसे क्या-क्या करना है, यह सब उसे मालूम हो जाना चाहिए न!"

विदुर ने आसन से उठकर कहा, "दुर्योधन, अभी भी देर नहीं हुई है, मेरा परामर्श मान ले। तू अब भी यहीं रुक जाए तो अच्छा होगा। द्रौपदी तेरी दासी नहीं है, वह एक क्षत्रिय राजकुमारी है। वह आर्यावर्त के प्रतापी राजवंश की पुत्री है, और इस घर में भी वह प्रतापी राजवंश की कुलवधू है।"

"कुलवधू!" दुःशासन तिरस्कार से हँसा।

"युधिष्ठिर जब दाँव पर खुद को लगाकर हार चुके थे तब वे इसे दाँव पर लगाने का क्या अधिकार रखते थे?" विदुर कहते चले गए, "तू सोचता है कि मैं तेरा हितैषी नहीं हूँ, लेकिन मैं तेरा भला चाहता हूँ। यदि तू मेरी सलाह नहीं मानेगा तो तेरा, तेरे भाइयों का और तेरे मित्रों का नाश होगा।"

यह कहकर वे फूट पड़े। जब कुछ हलके हुए तो फिर बोले, "आज तो तेरी आँखों पर पट्टी बँध गई है, नहीं तो तुझे साफ दिखाई दे जाता कि तेरी करतूतों का क्या फल होनेवाला है!" विदुर की आँखों से अश्रुधारा बह चली।

"बकवास बन्द कीजिए, चाचाजी!" दुर्योधन ने आवाज ऊँची उठाकर कहा, "आपकी ज्ञान की बातें हमने बहुत सुन लीं। आप दासीपुत्र हो, इसी कारण कायर भी हो। हम क्षत्रिय हैं। बड़े-से-बड़े खतरों का सामना करने को ही हमारा जन्म हुआ है। ईश्वर सदा हमारे साथ रहेगा।"

दुर्योधन ने एक प्रतिहारी को बुलाकर कहा, "प्रतिहारी, तू अन्तःपुर में जा और दासी द्रौपदी को बोल कि अब वह मेरी है, मैं उसका स्वामी हूँ, इस सभा-मण्डप में आकर अपने स्वामी को प्रणाम करे।"

प्रतिहारी की आँखों में भय था। यह देखकर दुर्योधन ने उससे पूछा, "तू डरता है? विदुर ने जो कहा, क्या तू समझता है वह सच निकलेगा? डर मत, पाण्डव और पांचाली अब दुर्योधन के दास हैं।"

प्रतिहारी अन्तःपुर में गया। वहाँ पूछताछ करने पर ज्ञात हुआ कि पांचाली रजस्वला है, इस कारण वह रजस्वला स्त्रियों के कक्ष में है।

द्रौपदी सोच ही रही थी कि अब क्या होगा। इतने में ही उसने प्रतिहारी को आते देखा तो उसका हृदय धक-धक करने लगा। उसे लगा कि शान्ति-स्थापना के लिए युधिष्ठिर ने अपना सबकुछ दाँव पर लगा दिया होगा।

प्रतिहारी हाथ जोड़कर कक्ष के बाहर खड़ा हो गया और झुककर उसने निवेदन किया, "महारानी, मैं आपको सभा-मण्डप में पधारने का निमन्त्रण देने

आया हूँ।''

''सभामण्डप में? और इस स्थिति में? यह कैसे सम्भव होगा?'' द्रौपदी ने पूछा।

''क्षमा करें, महारानी! सत्य कहूँ तो जबान खुलती नहीं, असत्य बोल सकता नहीं। महाराज युधिष्ठिर ने द्यूत के दाँव पर आपको लगाया था और वे हार गए हैं। इसलिए महाराज दुर्योधन ने आपको सभामण्डप में पधारने का आदेश दिया है।''

द्रौपदी यह सुनकर स्तब्ध रह गई। अपने-आपको सँभालकर पूछा, ''यह तुम क्या कह रहे हो प्रतिहारी? मेरे महाराज ने अपनी अक्ल गँवा दी है क्या? वे मुझे दाँव पर कैसे लगा सकते हैं?''

प्रतिहारी ने हाथ जोड़कर कहा, ''महाराज युधिष्ठिर ने सबसे पहले अपनी सारी सम्पत्ति दाँव पर लगाई। फिर एक के बाद एक सभी भाइयों को दाँव पर लगा दिया। फिर स्वयं को दाँव पर लगाया और अन्त में जब स्वयं भी क्षत्रियत्व खोकर दास बन गए तो उन्होंने आपको दाँव पर लगाया और हार गए।''

द्रौपदी क्रोध से लाल हो गई। बोली, ''सभामण्डप को जा और मेरे स्वामी, आर्यपुत्र और ज्येष्ठ पाण्डव से पूछ आ कि उन्होंने मुझे अपनी स्वतन्त्रता खो चुकने के पहले दाँव पर लगाया था या बाद में?''

प्रतिहारी वापस चला गया। युधिष्ठिर को प्रणाम करके उसने पूछा, ''स्वामी, पांचाल की राजकुमारी यह जानना चाहती हैं कि आपने उन्हें अपनी स्वतन्त्रता खो चुकने के पहले दाँव पर लगाया था कि उसके बाद में?''

युधिष्ठिर जड़वत् हो गए। वे बोल नहीं सके। द्रौपदी को दाँव पर लगाना कहाँ तक उचित था, इस विषय पर कोई चर्चा नहीं करना चाहते थे।

दुर्योधन ने गुस्से में भड़ककर प्रतिहारी से कहा, ''उस स्त्री को यहीं ले आ। उसे जो पूछना होगा वह खुद पूछ लेगी।''

प्रतिहारी लौटकर पुनः द्रौपदी के पास गया। द्रौपदी ने कहा, ''वापस सभामण्डप में जा और पाण्डुपुत्र से पूछ कि मेरे लिए क्या आज्ञा है? मैं उन्हीं की आज्ञा मानूँगी, किसी और की नहीं।''

प्रतिहारी के समूचे शरीर से पसीना बह रहा था। लौटा तो उसे ऐसा लग रहा था मानो किसी अग्निपरीक्षा से गुजर रहा हो। उसे लगा कि अब वह कुछ ही घंटों का मेहमान है। दुर्योधन या पाण्डव कोई भी उसकी रक्षा नहीं कर सकेंगे। उसने द्रौपदी का सन्देश युधिष्ठिर को दे दिया।

युधिष्ठिर ने चुपचाप उसे सुना। उन्होंने द्यूत खेला उसके पीछे क्या प्रयोजन था इसे वे कैसे बताते? बोले, ''पांचाली से कहना कि वह यहाँ आ जाए और उसे जो प्रश्न पूछना हो वह यहाँ बैठे बुजुर्गों से पूछ ले।''

प्रतिहारी में अब द्रौपदी के सामने खड़े होने का साहस नहीं बचा था। पर

दुर्योधन के क्रोध का भी उसे डर था। दुर्योधन ने दुःशासन की ओर देखकर कहा, "भाई, प्रतिहारी बिचारा डर रहा है। तू ही जा और द्रौपदी को सभामण्डप में ले आ। वह तेरी अवमानना नहीं कर सकती। अब वह हमारी दासी ही तो है!"

दुःशासन के चेहरे पर विजय का गर्व था। पाण्डव तो दास थे ही, पांचाली भी अब कौरवों की दासी थी।

वह रनिवास में गया और उसने द्रौपदी से कहा, "चल, अब तू महारानी नहीं है, दासी है। लेकिन डरने की कोई बात नहीं। अब तू प्रतापी कुरुराजवी दुर्योधन के संरक्षण में रहेगी।"

फटी आँखों से द्रौपदी दुःशासन की ओर देखती रही।

उसने हँसकर कहा, "इतनी लजाती क्यों है? मैं भी तो तेरे पतियों का ही भाई हूँ।"

द्रौपदी ने माता गान्धारी के निवासकक्ष की ओर जाना चाहा, किन्तु दुःशासन उसे छोड़नेवाला नहीं था। उसने द्रौपदी को उसके बाल पकड़कर झटका दिया, उसे नीचे गिराया और सभामण्डप की ओर घसीटता हुआ ले चला। द्रौपदी का आर्तनाद बहरे कानों पर टकराकर रह गया। दुःशासन जो मुँह में आए उन्हीं शब्दों से उसके आर्तनाद का उत्तर देता रहा।

"मेरा भाई दुर्योधन तुझे आज्ञा देता है। तू उसकी दासी है। मेरे भाई ने तुझे द्यूत में जीता है।"

द्रौपदी के शरीर पर एक ही वस्त्र लिपटा हुआ था और अब तो वह भी आँसुओं से तर हो गया था।

द्रौपदी ने इसी अवस्था में सभामण्डप में प्रवेश किया।

कृष्ण! कृष्ण! तुम कहाँ हो?

अपमान के कारण पांचाली क्रोध से काँप रही थी। पाण्डवों की यह महारानी भीष्म पितामह की ओर मुँह करके काँपते स्वर में बोली, "चिरकाल से प्रतिष्ठा-प्राप्त कुरुओं के राजवंश के संरक्षकों को मैं यहाँ विराजमान देख रही हूँ। आप सभी धर्मरक्षकों के रूप में ख्याति पा चुके हैं। और आपकी आँखों के सामने ही आज अधर्म का विषैला नाग फन उठा रहा है?"

उसने दुर्योधन की ओर अँगुली उठाते हुए कहा, "इस आदमी को सत्ता का मद चढ़ा हुआ है। इसने अपने निर्दयी भाई को आज्ञा दी कि वह कुरु राजवंश की महारानी को सभामण्डप में घसीट लाए।"

क्षण-भर रुककर पांचाली फिर बोली, "आप लोगों की उपस्थिति में मैं अपने स्वामी से–आर्यपुत्र से पूछती हूँ कि द्यूत में आपने अपने को पहले गँवाया था या मुझे?"

ज्यों-ज्यों पांचाली बोलती गई त्यों-त्यों उसका स्वर सुदृढ़ होता गया। उसने भीष्म की ओर देखकर पूछा, "पितामह, आप कुरुवंश के अधिष्ठाता हैं, आप मेरे प्रश्न का उत्तर दीजिए कि मैं दासी हूँ या एक मुक्त नारी?"

उसने घृणा से अपने पतियों की ओर देखा। पांचाल की राजकुमारी की यह दुर्दशा देखकर युधिष्ठिर का हृदय भर आया। वे सिर नीचा किए बैठे रहे। उन्होंने जिसे जुए में दाँव पर लगाया, उसकी ओर देखने का उनमें साहस नहीं था।

द्रौपदी के क्रोध का पार न था। उसका अंग-अंग क्रोध से काँप रहा था। उसके चेहरे पर अग्नि का रंग चमकने लगा था। उसने भीष्म से कहा, "पितामह, मैंने शूर-वीरता और विद्या की प्रतिमूर्ति के रूप में आपका आदर किया है। कुरुओं में आपके बराबर समझदार कोई नहीं है। पितामह, क्या आप मेरे प्रश्न का उत्तर देंगे?"

भीष्म ने अपना गला साफ किया और द्रौपदी के पास तलवार खींचे खड़े दुःशासन को देखा। फिर उन्होंने द्रौपदी से कहा, "तेरे प्रश्न का उत्तर मुझे दिखाई नहीं दे रहा। धर्म का सूक्ष्म अर्थ समझने का काम बहुत कठिन होता है।"

भीष्म थोड़ी देर रुके, फिर आगे बोले, "मनुष्य यदि एक बार अपना सबकुछ गँवा दे, खुद भी हार जाए, फिर वह अपनी पत्नी को दाँव पर नहीं लगा सकता।"

दुर्योधन और उसके साथियों को लगा कि पितामह अब कोई गहरी चाल चलनेवाले हैं। उनके चेहरों पर रोष भभक उठा। दुर्योधन के मित्र दुर्योधन के संकेत की प्रतीक्षा करने लगे।

पितामह नहीं चाहते थे कि कोई बवाल खड़ा हो। इसलिए उन्होंने हाथ उठाकर सभी को शान्त रहने का आदेश दिया।

वे आगे बोले, "दूसरी ओर, मनुष्य ने जुए में सबकुछ गँवाया हो चाहे न गँवाया हो, फिर भी वह अपनी पत्नी को दाँव पर लगाने को स्वतन्त्र है। युधिष्ठिर जानता था कि शकुनि द्यूतक्रीड़ा में अत्यन्त कुशल है, फिर भी उसने पांचाली को दाँव पर लगाया। ऐसी परिस्थिति में तेरे प्रश्न का मैं उत्तर दे नहीं सकता।"

द्रौपदी का रोष भड़का, "पितामह, आर्यपुत्र ने यह द्यूत का खेल अपनी इच्छा से नहीं खेला। उन्होंने इन्द्रप्रस्थ में विदुर चाचा के सामने भी यही बात स्पष्ट की थी।"

"तो फिर वे यहाँ आए क्यों थे?" दुर्योधन ने बीच में पूछा।

"आर्यपुत्र से कहा गया था कि उनको खेल के लिए बुलाया गया है। ध्यान

देकर सुनें पूज्यजन, यहाँ पहुँचने पर उन्हें शकुनि के साथ खेलने को बाध्य किया गया। शकुनि मामा की चालों के आगे वे जीत सकें, जब यह सम्भव ही नहीं था, तो फिर इस असमान खेल को खेलने से आप सबने रोका क्यों नहीं? आप कुरुओं के राजवंश के बड़े हैं। आपने दुर्योधन को इतने नीचे स्तर तक उतरने से रोका क्यों नहीं?''

थोड़ा रुककर द्रौपदी ने आगे कहा, ''आप कहते हैं कि आर्यपुत्र ने अपनी स्वयं की इच्छा से यह खेल खेला है, उन्होंने स्वेच्छा से मुझे दाँव पर लगाया है। आप सभी से मैं एक ही प्रश्न पूछना चाहती हूँ, यह कुरुओं की राजसभा का मण्डप है। एक समय यह धर्म को समर्पित था। क्या यह आज भी धर्म को समर्पित है? या इसने धर्म से नाता तोड़ लिया है? मेरे पिता पांचाल नरेश कहा करते थे कि जिस राजसभा में वरिष्ठजन नहीं होते, वह राजसभा नहीं कहला सकती, जो सच नहीं बोलते वे गुरुजन पूज्य नहीं कहला सकते, और जहाँ सत्य नहीं होता वहाँ धर्म का निवास भी नहीं होता।''

दुःशासन ने अट्टहास किया। फिर वह द्रौपदी की ओर मुड़ा और कहने लगा, ''अब तुम दुर्योधन की दासी हो। उन्होंने तुझे द्यूत में जीता है। अब तुझे धर्म की बारीकियों में उतरने से क्या मतलब? तू दासी है और तेरा धर्म अपने नए स्वामी कुरुराज दुर्योधन को प्रसन्न रखना है।''

द्रौपदी ने दुःशासन की ओर देखा। उसकी आँखों से आग बरस रही थी। लगता था, वह दुःशासन को पलक झपकते ही भस्म कर डालेगी। लेकिन वह कुछ नहीं बोली।

परन्तु भीम अपने आप पर नियन्त्रण नहीं रख सका। वह पेड़ के पत्ते की तरह काँप रहा था। उसने घृणा से युधिष्ठिर की ओर देखा और कहा, ''आपने अपने पागलपन का परिणाम देखा? आपने अपना सर्वस्व दाँव पर लगा दिया। इतने पर ही रुके नहीं, आपने हम सभी को दाँव पर लगा दिया और दास बना दिया। यह भी हमने सहन किया। लेकिन अब मैं यह सहन नहीं कर सकूँगा।'' गुस्से से भरे शेर की तरह उसने गर्दन तान ली, ''पशु को जैसे वधस्थल पर ले जाते हैं, यों लाए हैं ये पांचाली को राजमण्डप में। यह हम कैसे सहन करें। सहदेव, अग्नि लाओ, जिस हाथ से पांचाली को बड़े भाई ने दाँव पर लगाया है उस हाथ को ही जला दूँगा।''

भीम को क्रोध से काँपते देखा तो अर्जुन को भी बहुत दुख हुआ। उसने भीम के कन्धे पर हाथ रखा और कहा, ''भीम, तुम्हें यह क्या हो गया है? तुमने बड़े भाई के साथ कभी ऐसा व्यवहार नहीं किया। हमने सदैव बड़े भाई को पितातुल्य माना है!''

भीम धीरज छोड़कर बीच में ही बोल उठा, "यह बात सच है कि हम आज तक बड़े भाई को पूजते आए हैं, लेकिन द्यूत खेलनेवाले इन हाथों को तो आज जलाना ही पड़ेगा। पांचाली की ओर तो देखो। हमने इससे विवाह किया, तब शपथ ली थी कि इसे महारानी की तरह रखेंगे और उसे ही आज दासी बना दिया है। यह देखकर तुम्हारा लहू नहीं खौलता?"

अर्जुन ने उत्तर दिया, "मेरा लहू तो खौल रहा है। बड़े भाई भी कम दुखी नहीं हैं। तुम देखते नहीं हो कि इनका हृदय भी हमारी ही तरह टुकड़े-टुकड़े हो रहा है? इनकी पीड़ा तुम्हें दिखाई नहीं देती? इनके सामने क्रोध प्रकट करके इनकी पीड़ा मत बढ़ाओ। हमारे शत्रु तो यही चाहते हैं कि हम आपस में लड़ें। हम आज तक यों साथ रहे हैं मानो अलग-अलग देह होकर भी हम एक जीव हैं। अब हमें भाई से लड़ता देखकर हमारे शत्रु हर्षित हो रहे हैं।"

अर्जुन ने बड़ी कठिनाई से भीम को शान्त किया। जीवन-भर बड़े भाई का आदर करने की आदत ही काम आई।

दुर्योधन के छोटे भाई विकर्ण ने जब यह देखा तो वह शान्त नहीं रह सका।

द्रौपदी की ओर देखकर वह बोला, "महारानी, आपका कथन सत्य है। इस सभामण्डप में कहीं धर्म नजर नहीं आता है। पितामह, युधिष्ठिर द्वारा महारानी को जब दाँव पर लगाया गया तब आपने विरोध क्यों नहीं किया? इस कृत्य की निन्दा क्यों नहीं की? युधिष्ठिर ने आपको दाँव पर लगा दिया और कुरुओं के बड़े-बूढ़े इस अधर्म को देखते रहे, कोई असहमति प्रकट नहीं की?"

विकर्ण की बात में गम्भीरता थी, सच्चाई थी। उसके शब्दों से निस्तब्धता छा गई। सभी का ध्यान उसकी तरफ चला गया।

राजवियों की ओर मुड़कर विकर्ण ने कहा, "अब आप शान्त क्यों हैं? आपमें से किसी में भी क्या दुर्योधन के सामने खड़े होकर सच्ची बात कहने का साहस नहीं है? पूज्य पितामह, सच बोलने के कारण मेरे प्राणों पर संकट आ जाए तो भी मुझे चिन्ता नहीं। मैं तो वही कहूँगा जो मैं अनुभव करता हूँ।"

फिर विकर्ण ने चारों ओर एक तीखी नजर डाली और आगे बोला, "वीर दुर्योधन आज अपने ऊँचे आसन से नीचे गिरे हैं। युधिष्ठिर को तो महारानी को दाँव पर लगाने का अधिकार था ही नहीं। महारानी केवल युधिष्ठिर की पत्नी नहीं थीं। वह तो पाँचों पाण्डवों की पत्नी थीं। पितामह, मैं तो आपसे इतना ही पूछना चाहता हूँ कि अपने भाइयों की अनुमति प्राप्त किए बिना युधिष्ठिर कैसे द्रौपदी को दाँव पर लगा सकते थे? यदि वह दाँव पर लगाई नहीं जा सकती है तो उसे कोई हारा भी नहीं है और वह अभी भी मुक्त है, स्वतन्त्र है।" विकर्ण के इन शब्दों का व्यापक प्रभाव पड़ा। केवल दुर्योधन के कुछ घनिष्ठ समर्थक ही अपवाद रहे।

कर्ण को विकर्ण पर क्रोध आ गया। वह खड़ा होकर बोला, "विकर्ण, यहाँ विराजमान वरिष्ठ जनों से भी क्या तुम बड़े हो गए हो? पितामह, महाराज धृतराष्ट्र, द्रोणाचार्य, कृपाचार्य तथा कितने ही राजवियों ने माना है कि द्रौपदी अब दासी है।

"और उसके पति भी तो यहीं खड़े हैं! वे यदि उसे दासी नहीं मानते तो क्या वे उसे इस सभामण्डप में यों आने देते? और ये पति स्वयं क्या हैं? दास! और धर्म के जो नियम इन पाँचों पतियों पर लागू होते हैं वे ही नियम उनकी इस स्त्री पर भी लागू होने चाहिए।

"और अब तो यह एक साधारण स्त्री-मात्र है। निर्लज्ज है। इतने-इतने बड़े लोगों के बीच खड़ी होकर भी लजाती कहाँ है? विकर्ण, तुम अपने-आपको सबसे ज्यादा बुद्धिमान समझते हो लेकिन डरो मत, हमारे सामने जिन वस्त्रों में यह खड़ी है उनसे उसकी लाज नहीं चली जाएगी। ये पाँचों भाई भी जिन वस्त्रों में खड़े हैं उन वस्त्रों को पहनने का उन्हें कोई अधिकार नहीं है। दुःशासन, इन पाँचों भाइयों के वस्त्र उतार दे। द्रौपदी के भी वस्त्र उतार दे और फिर इन वस्त्रों को इनके स्वामी दुर्योधन को सौंप दे।"

कर्ण के इन क्रूर शब्दों को सुनकर पाण्डवों ने अपने वस्त्र उतारकर दुर्योधन के समक्ष धर दिए।

द्रौपदी के बदन पर मात्र एक ही वस्त्र था। वह लाचार बनी खड़ी रही। यह देखकर दुःशासन खड़ा हुआ और उसने द्रौपदी की साड़ी का पल्ला पकड़कर उसे खींचने का प्रयत्न किया।

द्रौपदी की पीड़ा का पार नहीं था। उसने एक के बाद एक अपने सभी पतियों की ओर देखा। उसके इस अपमान से उसे कोई बचा नहीं सकता था। उसने कुरुओं के वरिष्ठ लोगों की ओर देखा। शायद कोई उसकी सहायता को आगे आए। लेकिन सभी लोग प्रस्तरमूर्ति बने बैठे थे।

वह घोर निराशा के गर्त में गोते लगाने लगी। संकट के इन क्षणों में उसने अपने बन्धु, अपने मित्र, और मार्गदर्शक कृष्ण वासुदेव को याद किया। चारों ओर से असहाय होकर उसने आँखें बन्द कीं और हाथ जोड़कर सुबकते हुए कहा, "कृष्ण! कृष्ण! आप कहाँ हो? केवल आप ही अब मेरा उद्धार कर सकते हो! कृष्ण, वासुदेव, आप कहाँ हैं? मैं आपकी शरण हूँ। इस राक्षस से मेरी रक्षा करो भगवन्!" और अचानक वह यह शब्द गुनगुनाने लगी–

'श्रीकृष्ण, गोविन्द हरे मुरारे!...हे नाथ, नारायण वासुदेवा!'

सर्वोच्च आज्ञा

द्रौपदी ने कृष्ण को पुकारा और अचानक आकाश में कोई विचित्र चमक-सी फैल गई। द्रौपदी के कण्ठ से जब 'श्रीकृष्ण, गोविन्द, हरे मुरारे' के स्वर निकल रहे थे, तब दुःशासन की आँखों में मध्याह्न के सूर्य-जैसी चकाचौंध हुई और लगा जैसे वह प्रकाश अद्‌भुत वस्त्र बनकर द्रौपदी के शरीर पर लिपट गया है। उस अपूर्व जगमगाहट में दुःशासन को कृष्ण की छवि दिखाई दी। शिशुपाल का वध करते समय वे जितने प्रचण्ड प्रतीत हुए थे, उतने ही प्रचण्ड वे आज भी उसे दिखाई दिए। दुःशासन के पूरे शरीर में कँपकँपी छूट गई।

दुःशासन ने फटी आँखों से इस तेज-पुंज की ओर देखा। उसे लगा कि जिन हाथों से वह द्रौपदी का वस्त्र खींच रहा है वे हाथ निर्जीव, निश्चेष्ट और संज्ञा-शून्य हो गए हैं। उसके हाथ से द्रौपदी का पल्ला सरक गया और वह स्वयं पछाड़ खाकर धरती पर गिर पड़ा।

द्रौपदी श्रद्धाभाव से उस प्रकाश-पुंज की ओर देखती रही। नेत्रों में अश्रु भरकर वह बोल उठी, "आये, मेरे नाथ, मेरे तारणहार आए।"

पितामह ने परशु उठाया और खड़े हो गए। उस समय उनकी ऊँची और बलशाली देह का प्रभाव सारी सभा पर छा गया। पितामह के प्रभाव से एक बार फिर प्रत्येक व्यक्ति साँस रोककर बैठ गया।

द्रौपदी जीवन-भर पितामह का आदर करती रही थी। इस क्षण भी वह सचेत हो उठी और सुबकना बन्द कर अपने कपड़े ठीक किए। और आदरसहित एक ओर हट गई।

पितामह सिंहासनवाले मंच पर से नीचे उतरे और दायाँ हाथ ऊँचा करके सभी को शान्त रहने का संकेत किया। उन्होंने जब हाथ ऊँचा किया तब प्रतिहारियों ने शंख की ध्वनि की।

शंखनाद पूरा हुआ तब पितामह ने हाथ नीचा किया और राजवियों की ओर मुड़े। वे सब जैसे जमीन में गड़े हुए थे। कुछ भी बोलने का चेत उन्हें नहीं था।

"हे राजागण, मैं कुरुश्रेष्ठ की सर्वोच्च आज्ञा आपको देता हूँ। जो उसकी अवमानना करेगा वह मृत्यु को प्राप्त होगा।

"मेरे स्वर्गवासी पूज्य पिता सम्राट् शान्तनु ने हैहयों से युद्ध करते हुए केवल एक बार यह आज्ञा दी थी। उसके बाद यह आज्ञा प्रदान करने का कोई अवसर नहीं आया।

"लेकिन अब एक बार फिर आर्यजीवन के मूल पर आघात हुआ है। प्रतापी सम्राट् कुरु की सन्तानो, आप लोग इस आज्ञा का पालन करके अपनी तलवारें

मेरे सामने रख दें।''

सभी राजा-राजवी एक-दूसरे की ओर देखने लगे। दुर्योधन के समर्थक यह तय नहीं कर पाए कि अब वे क्या करें, अतः वे असहाय और दीन बने दुर्योधन की ओर देखते रहे।

दुर्योधन भयभीत हो गया। उसकी आँखें फटी हुई थीं। उसने पितामह के हाथ में उठा हुआ फरसा देखा। यदि उसने पितामह की अब आज्ञा नहीं मानी तो वे निर्ममतापूर्वक उसे काट फेंकेंगे!

पितामह कुछ देर तक चुप रहकर कड़के, ''यह आदेश मानना ही होगा।'' उनका स्वर इतना रोबदार था कि कोई उसका उल्लंघन नहीं कर सकता था।

दुर्योधन दुविधा में पड़ा था कि वह क्या करे? इस आज्ञा का पालन करे या उल्लंघन करे?

पितामह की दृष्टि दुर्योधन के सामने ठहर गई। ''तू मेरी आज्ञा का अनादर करेगा?'' उन्होंने गरजकर प्रश्न किया।

दुर्योधन के मुँह से बोल नहीं फूटा।

पितामह ने धृतराष्ट्र की ओर मुड़कर मन्द स्वर में कहा, ''पुत्र, तूने तो पाण्डवों को मात्र खेलने के लिए ही निमन्त्रण दिया था न? अब खेल समाप्त हो चुका है, नहीं?''

धृतराष्ट्र को यह सबकुछ भी याद नहीं था। पितामह के शब्दों का प्रभाव ऐसा था कि उन्होंने कहा, ''हाँ पितामह, यह तो मात्र खेल ही था। खेल पूरा हो गया। इसलिए जिसने जो कुछ दाँव पर लगाया है, वह उसे वापस मिलेगा।''

''सच्ची बात है, वत्स!'' पितामह ने कहा, ''तो अब आप आज्ञा दीजिए।''

धृतराष्ट्र ने काँपती आवाज में कहा, ''पाण्डव और द्रौपदी अब मुक्त हैं। खेल में जीती वस्तुएँ और राज्य अब उन्हें वापस दे दिए जाएँ।''

पितामह का गम्भीर घोष सभागृह में गूँज उठा, ''कुरुओ, इस आज्ञा को शिरोधार्य करो। यदि किसी ने इसका उल्लंघन किया तो उसका सिर धड़ पर नहीं रहेगा।''

फिर पितामह शकुनि की ओर मुड़े, ''शकुनि, अब खेल समाप्त हुआ। कुरुओं को धर्म का पाठ पढ़ाने की अनुमति अब तुम्हें कभी नहीं दी जाएगी।''

और फिर दुर्योधन की ओर मुड़कर कहा, ''वत्स, यह कुरुसभा एक मन्दिर है। इसे कुरुओं की वधशाला मत बनाओ!''

वन की ओर

पाण्डवों ने अपने वस्त्र पहने और पुनः शस्त्र ग्रहण किए।

भीम ने जाते समय दुर्योधन से कहा, ''यह मत समझना कि यहीं बस हो जाएगी। तू हमारा कट्टर शत्रु है। जब तक मैं तेरा प्राण नहीं ले लूँगा तब तक मुझे चैन नहीं होगा। तुममें से एक को भी छोड़ूँगा नहीं।''

अर्जुन बीच में बोला, ''मैं प्रतिज्ञा करता हूँ कि मैं कर्ण के प्राण लूँगा और इसके सहयोगियों को भी छोड़ूँगा नहीं।'' कर्ण अर्जुन की ओर घृणापूर्वक देख रहा था।

सहदेव ने कहा, ''शकुनि, तू गान्धार प्रदेश का कलंक है। मैं युद्धभूमि में तुझसे लड़ूँगा और तेरी हत्या करूँगा।''

शकुनि ने हँसकर कहा, ''यदि इससे पहले तू स्वयं मारा न जाए तो?''

नकुल ने कहा, ''मैं भी तेरे पुत्र उलूक की हत्या करूँगा।''

युधिष्ठिर अपने भाइयों की इन प्रतिज्ञाओं को सुन रहे थे। उन्होंने हाथ ऊँचा करके कहा, ''भाइयो, क्रोध में धर्म का मार्ग मत छोड़ो। जब राधा के पुत्र कर्ण ने पांचाल की राजकुमारी का अपमान किया था तब मेरी भी इच्छा हुई थी कि इसके प्राण ले लूँ, लेकिन इसके सामने मैं क्रोध नहीं कर सका क्योंकि यह वीर भी है और उदार भी। विधाता ने इसके साथ क्रूर उपहास किया है।''

राजा-राजवी एक-एक कर विदा हो गए। दुर्योधन को अपने राजवी मित्रों से आँख मिलाने का भी साहस नहीं था।

अपने सचिव संजय का सहारा लेकर चलनेवाले नेत्रहीन राजा ने जब पाण्डवों की प्रतिज्ञाएँ सुनीं तो वे भयभीत हो गए। द्रौपदी की ओर मुड़कर उन्होंने कहा, ''तेरे पति और तू अब बन्धनमुक्त है। तुझे और क्या चाहिए? जो भी आवश्यक हो वह माँग ले।''

द्रौपदी ने कहा, ''मेरे लिए तो आपकी इतनी ही घोषणा पर्याप्त है कि मेरे पति मुक्त हैं।''

द्रौपदी ने अपने वस्त्र व्यवस्थित किए और सभामण्डप से बाहर चली गई।

दुर्योधन, दुःशासन और कर्ण भी बाहर चले गए।

भाइयों द्वारा ली गई प्रतिज्ञाओं के बावजूद युधिष्ठिर ने अन्धे महाराज को प्रणाम किया और कहा, ''चाचाजी, हमने सदैव आपकी आज्ञा का पालन किया है और आगे भी करेंगे।''

युधिष्ठिर की इस उदारता से धृतराष्ट्र गद्गद हो गए। उन्होंने क्षीण स्वर में कहा, "तेरी विनम्रता से मैं प्रसन्न हूँ, वत्स! तू समझदार है, सज्जन है, ऊँचे विचारों का है। आज तो कुछ घटित हुआ है उस सबको भूल जाना। आज के द्यूत में तूने जो कुछ गँवाया है, वह तेरा है। तू उस सबको वापस स्वीकार कर और इन्द्रप्रस्थ जा।"

युधिष्ठिर ने विनय भाव से चाचा की बात सुन ली।

दुर्योधन को बहुत निराशा हुई और क्रोध आया। पाण्डवों को दास और द्रौपदी को दासी बनाने की उसकी इच्छा पूरी नहीं हुई। अवसर मिलता तो वह उनकी हत्या भी कर देता। लेकिन भाग्य एक बार फिर उसे धोखा दे गया।

दूसरे दिन पाण्डवों और द्रौपदी ने अपने हाथी, घोड़े और रथों के साथ इन्द्रप्रस्थ जाने की तैयारी की।

इन तैयारियों को देखकर दुर्योधन पर फिर पागलपन छा गया और आवेश में भागा-भागा पिता के पास जाकर बोला, "यह क्या पिताजी, आपने पाण्डवों को हस्तिनापुर से जाने की छूट दे दी? ये लोग शक्तिवान हो गए थे, इसीलिए तो हमने उनका राज्य छीन लेने तथा उन्हें दास बना लेने की योजना बनाई थी। हम इसमें सफल हुए। हमने उनका अपमान किया। उनकी पत्नी को भरी सभा में अपमानित किया, लाज उतारी। हमें विश्वास था कि आप हमारा साथ देंगे लेकिन आपने पल्ला झाड़ दिया। आपने पाण्डवों को दासता से मुक्त कर दिया, उन्हें उनका राज्य पुनः सौंप दिया। हमने उनका क्रोध भड़का दिया है। अब वे और भी अधिक खतरा बन जाएँगे।"

दुर्योधन रुका और फिर बोला, "उन लोगों ने जो भयंकर प्रतिज्ञाएँ की हैं, उन्हें आपने सुना? अब तो उन्होंने हमारा विनाश करने की योजनाएँ बनानी प्रारम्भ कर दी होंगी।"

दुर्योधन इतना उत्तेजित था कि वह हाँफ रहा था और बिलकुल बौखलाया हुआ लगता था। हाँफते हुए उसने कहा, "पिताजी, द्रौपदी का चीर दुःशासन ने खींचा, तब उसकी आँखों में उठनेवाली चिनगारियाँ आपने देखी नहीं थीं। क्या आप मानते हैं कि पांचालराज अपनी पुत्री के अपमान की सूचना मिलने के बाद भी शान्त रहेंगे? मैंने धृष्टद्युम्न की बहन के साथ जो व्यवहार किया है, उसके बाद भी क्या वह चैन से बैठा रहेगा?"

धृतराष्ट्र ने कहा, "बेटे, मैंने जो भी किया वह तेरे हित को ध्यान में रखकर ही किया है।"

"और ऐसा करते हुए आपने मेरा सर्वनाश बुला लिया है।" दुर्योधन ने कहा।

अन्धराज धृतराष्ट्र ने कहा, "वत्स, ऐसा मत कहो। मैं तो मात्र तुझे चाहता हूँ। तू मुझे रास्ता बता। मैं वैसा ही करूँगा।"

"अब तो एक ही रास्ता है। मैंने शकुनि मामा की राय ली है–हमें द्यूत की एक और बाजी खेल लेने दीजिए। इसमें जो जीते उसे सारा राज्य मिले और जो हारे वह बारह वर्ष वनवास में रहे और तेरहवें वर्ष अज्ञातवास में। यदि अज्ञातवास में दिखाई दे जाए तो पुनः बारह वर्ष वनवास भोगे। इसी शर्त के साथ एक बाजी और खेलने की अनुमति दे दीजिए न!"

धृतराष्ट्र ने कहा, "अब यह कैसे सम्भव है? पाण्डवों को मैं पुनः कैसे बुलवा सकता हूँ?" उनके स्वर में दीनता थी।

"आप यदि युधिष्ठिर को बुलवाएँगे तो वे मना नहीं करेंगे।" दुर्योधन ने कहा, "मामा शकुनि हैं, इसलिए हम ही जीतेंगे। और बारह वर्ष में तो हम इतनी शक्ति पैदा कर लेंगे कि पाण्डव किसी भी दशा में टिक नहीं सकेंगे।"

गान्धारी ने कहा, "बेटा, हमने विदुर की राय मानकर तेरा जन्म होते ही तुझे मार दिया होता तो ठीक होता। समस्त दुर्भाग्य के मूल में तू ही है। अभी भी तू सच्चे मन से पश्चात्ताप कर ले तो कुछ बिगड़ा नहीं है, पाण्डव जरूर तुझे क्षमा कर देंगे। तू अपने पिता को गलत रास्ते मत ले जा।"

धृतराष्ट्र ने डूबती आवाज में कहा, "मैं अपने पुत्र को कुछ भी नहीं कह सकता। वह मुझसे प्रेम करता है और मैं उससे प्रेम करता हूँ। मैं उसकी बात मानूँगा।"

धृतराष्ट्र का दूत पाण्डवों के पास आया। उसने युधिष्ठिर को प्रणाम किया और कहा, "आप वापस हस्तिनापुर पधारिए। भविष्य का फैसला करने के लिए दुर्योधन केवल एक ही बाजी खेलना चाहता है। भाई-भाई के बीच का भीषण संहारकारी युद्ध रोकने का मात्र यही एक उपाय है।"

अन्य सभी भाइयों और द्रौपदी ने युधिष्ठिर को इस सन्देश में छिपे खतरे की चेतावनी दी। लेकिन युधिष्ठिर अड़े रहे। बोले, "मैं अपने चाचा को कुछ भी नहीं कह सकता। मैं उनकी आज्ञा मानूँगा। यदि कोई निर्णय नहीं होता है तो फिर अन्त में युद्ध तो होना ही है।"

वही सभामण्डप। वही पासे। वही शकुनि और वही कुटिल मुस्कान। कौरव कुल के गुरुजनों, श्रोत्रियों और राजा-राजवियों को इस बार नहीं बुलाया गया।

दुर्योधन द्वारा युधिष्ठिर को दिए गए इस आमन्त्रण का कई राजाओं ने विरोध किया तो दुर्योधन ने कहा, "इसमें क्या बुराई है? हमें तो रक्तपात रोकना है। इसका उत्तम तरीका यही है कि साँस लेने को थोड़ा समय मिल जाए। बारह वर्ष में तो सभी तरह की तेजी ठण्डी पड़ जाएगी।"

एक बार और द्यूतफलक पर पासे फेंके गए और शकुनि की वही परिचित आवाज फिर सुनाई दी, "हम जीते!"

अन्य भाइयों ने इस द्यूतक्रीड़ा के आयोजन का विरोध किया, लेकिन युधिष्ठिर ने कहा, "हम खेल हार गए हैं। हम तो बारह वर्ष वनवास में रहेंगे और तेरहवें वर्ष अज्ञातवास में। यदि अज्ञातवास के दौरान दिखाई दे गए तो फिर बारह वर्ष वनवास करना होगा।"

दुःशासन ने भीम को 'साँड़' कहकर पुकारा और उसके मित्रों ने भी भीम की हँसी उड़ाई।

भीम क्रोध से काँपने लगा। उसने कहा, "तुमने षड्यन्त्र करके राज्य जीता है। मैं तुम्हें छोड़ूँगा नहीं। मैं फिर शपथ लेता हूँ कि एक दिन तेरा शरीर चीरकर तेरा कलेजा मैं स्वयं निकालूँगा। ठहर जा! चौदह बरस और ठहर जा!"

युधिष्ठिर ने गुरुजनों से विदा ली। वे सुख की अनुभूति कर रहे थे। उन्होंने बारह वर्ष की शान्ति खरीदी थी।

विदुर से विदा ली, तो विदुर ने आशीर्वाद दिया, "भगवान तुम्हारी रक्षा करे और प्रतिज्ञाएँ पूर्ण करने की शक्ति दे। धृतराष्ट्र के पुत्रों का काल पास आ गया है। तुम माता कुन्ती को मेरे पास छोड़ देना, ताकि उन्हें वनवास का कष्ट न भोगना पड़े।"

हस्तिनापुर के लोगों की आँखों में आँसू छलछला आए। उन्होंने पाण्डवों और द्रौपदी को वल्कल वस्त्र पहनकर वन जाने को तैयार देखा तो द्रवित हो उठे। द्रौपदी के बाल खुले थे। उसका चेहरा और कन्धे बालों से ढँके थे।

पांचाली का यह रूप देखकर कुन्ती का हृदय छलनी हो गया। उसने पांचाली को गले लगाकर कहा, "बेटी, मेरे पुत्रों का ध्यान रखना। मैं जानती हूँ कि तेरी इस स्थिति का दायित्व उन्हीं पर है, पर वे तेरे प्रेम के कारण जीवित भी हैं।'

पाण्डव अपने पुरोहित धौम्य के साथ हस्तिनापुर से विदा हुए। भीम क्रोध से काँप रहा था। अर्जुन युद्ध के लिए आकुल था। नकुल के मस्तिष्क में रणक्षेत्र के घोड़ों की योजनाएँ ही दौड़ रही थीं। सहदेव चिन्तन में लीन था। युधिष्ठिर शान्त थे। लेकिन सौम्य को असीम पीड़ा हो रही थी।

धृतराष्ट्र ने जानने की इच्छा की कि पाण्डवों ने किस प्रकार प्रस्थान किया। उन्होंने अपने सचिव संजय की ओर मुँह किया। संजय से रहा नहीं गया। कहा, ''आपका व्यवहार अक्षम्य है। आप अपने पुत्र की करतूतों से भी एक कदम आगे हैं। आपको जीवन-भर इसका भयंकर फल भोगना पड़ेगा।''

धृतराष्ट्र ने विदुर से फिर पूछा। विदुर ने कहा, ''पाण्डवों ने प्रस्थान किया तब पूरा-का-पूरा हस्तिनापुर उनके साथ जाने को तैयार था लेकिन युधिष्ठिर ने उनको समझा-बुझाकर वापस अपने-अपने घर जाने को कहा।''

खण्ड आठ

कुरुक्षेत्र

प्रकाशक का वक्तव्य

'कृष्णावतार' के सातवें भाग की भूमिका में डॉ. क. मा. मुंशी ने लिखा था :

"ईश्वर को स्वीकार हुआ तो मेरी इच्छा इस पूरी कथा को वहाँ तक ले जाने की है जहाँ कुरुक्षेत्र के मैदान में 'शाश्वत धर्मगोप्ता' श्रीकृष्ण अर्जुन को विश्वरूप का दर्शन कराते हैं।"

लेकिन ईश्वर को कुछ और ही स्वीकार था। लेखक ने ये शब्द 26 जनवरी, 1971 के दिन लिखे थे और 8 फरवरी, 1971 के दिन अचानक उनका निधन हो गया।

खेद है कि वे 'कृष्णावतार' पुस्तकमाला के इस आठवें खण्ड के केवल 13 अध्याय ही लिख सके।

अतएव उस आठवें खण्ड को अलग पुस्तक-रूप में प्रकाशित करने के बजाय उसे इस सातवें खण्ड में ही परिशिष्ट के रूप में दिया जा रहा है।

अग्रपूजा

सम्राट् शान्तनु की मृत्यु के बाद भरत और कुरुवंशी आर्य आपस में लड़ने लगे। आर्यों की इन दो शाखाओं में परस्पर लड़ाई के कारण समूचा आर्यावर्त एक गम्भीर संघर्ष में डूब गया।

सम्राट् शान्तनु के पुत्र चित्रांगद और विचित्रवीर्य युवावस्था में ही चल बसे थे। सम्राट् का वंश जारी रखने के लिए यह तय हुआ कि महामुनि व्यास विचित्रवीर्य की दो पत्नियों–अम्बिका तथा अम्बालिका–से नियोग द्वारा सन्तानोत्पत्ति करेंगे।

अम्बिका के अन्धा पुत्र जनमा। इसका नाम रखा गया धृतराष्ट्र। अम्बालिका की कोख से पाण्डु का जन्म हुआ। वह जन्म से ही दुर्बल था।

प्राचीन परम्परा के अनुसार धृतराष्ट्र अन्धे होने के कारण राजसिंहासन पर बैठ नहीं सकते थे, इसलिए हस्तिनापुर की राजसत्ता पीतवर्णी पाण्डु के हाथों में सौंपी गई।

पाण्डु की बड़ी पत्नी कुन्ती के नियोग द्वारा तीन पुत्र हुए। इनके नाम रखे गए–युधिष्ठिर, भीम और अर्जुन। पाण्डु की दूसरी पत्नी माद्री के दो जुड़वाँ पुत्र हुए। उनके नाम रखे गए–सहदेव और नकुल।

पाण्डु की मृत्यु हुई तो उनके पीछे दूसरी पत्नी माद्री सती हुई। वह अपने दोनों पुत्रों को कुन्ती को सौंप गई। इस तरह कुन्ती पाँच पुत्रों की माँ बनी। ये पाण्डव कहलाए।

धृतराष्ट्र के कई पुत्र हुए जो कौरव कहलाए। उनमें सबसे बड़ा दुर्योधन था और उससे छोटा दुःशासन।

सम्राट् शान्तनु की विधवा सत्यवती तथा भीष्म पितामह ने पाण्डवों को पाण्डुपुत्र के रूप में स्वीकार किया और पाण्डवों में सबसे बड़े भाई युधिष्ठिर को युवराज घोषित किया।

इसके बाद ही हस्तिनापुर में कौरवों और पाण्डवों के बीच सत्ता के लिए भीषण संघर्ष प्रारम्भ हो गया।

वसुदेव के पुत्र कृष्ण के नेतृत्व में यादवों की शक्ति बढ़ चुकी थी। कृष्ण ने द्रौपदी-स्वयंवर में पाण्डवों की सहायता की। इस विवाह से पांचाल के शक्तिशाली राजा द्रुपद से भी पाण्डवों के सम्बन्ध और अधिक सुदृढ़ हुए।

कृष्ण ने पाण्डवों से राजसूय यज्ञ की योजना पर जब विचार किया तो उन्होंने युधिष्ठिर से कहा कि राजसूय तभी हो सकता है जब जरासन्ध से पहले निपट लिया जाए।

युधिष्ठिर ने कहा, "वासुदेव, आप सच कहते हैं। जरासन्ध आर्य-राज्यों पर प्रभुत्व जमाने का बराबर प्रयास करता रहता है। लेकिन आर्यावर्त के अधिकांश लोग वीरता के लिए आपका और बलराम का सम्मान करते हैं। और आपको और बलराम को समाप्त करने के उसने जितने प्रयास किए, वे सब व्यर्थ चले गए, इस कारण वह और भी अधिक चिढ़ा हुआ है।"

कृष्ण ने कहा, "यदि आपका राजसूय यज्ञ सफल हो जाता है तो आर्यावर्त के समस्त राजाओं पर आपका वर्चस्व स्थापित हो जाएगा। सभी आपके साथ हो जाएँगे। लेकिन जरासन्ध ऐसा कभी नहीं होने देगा।"

"तो क्या हमें उससे युद्ध करना होगा?" युधिष्ठिर ने प्रश्न किया।

"मैं जानता हूँ कि आपको युद्ध पसन्द नहीं है। मेरी भी इच्छा है कि इस कार्य के लिए उससे युद्ध न हो। युद्ध के बिना ही जरासन्ध पर विजय प्राप्त कर ली जाए तो कैसा रहे?"

युधिष्ठिर ने सिर हिलाते हुए कहा, "चक्रवर्ती बनने के लिए युवकों की निर्दयतापूर्वक हत्या की जाए और स्त्रियों का शील संकट में पड़े, ऐसी स्थिति मुझे पसन्द नहीं है। ऐसा हो, इसकी बजाय तो मैं राजसूय न करना ज्यादा पसन्द करूँगा।"

कृष्ण ने नम्रतापूर्वक कहा, "बड़े भाई, मैं आपसे भली-भाँति परिचित हूँ। यदि आपको शस्त्रबल से राजसूय करना पड़े तो फिर आप उसमें भाग नहीं लेंगे। यह मैं जानता हूँ। लेकिन यदि सशस्त्र संघर्ष टाला जा सके तो फिर आपको क्या आपत्ति है?"

युधिष्ठिर ने हँसकर कहा, "ऐसा हो सके तो मैं उसे चमत्कार ही कहूँगा।"

कृष्ण ने कहा, "एक बार मैंने मल्लयुद्ध में अपने मामा कंस का वध किया था और ऐसा करके मैंने युद्ध को टाल दिया था।"

"इस युद्ध को अब कैसे टालें?" युधिष्ठिर ने पूछा।

"मुझे एक मार्ग दिखाई देता है। भीम और अर्जुन के साथ मैं राजगृह चला

जाता हूँ और हम तीनों जरासन्ध से निपट लेते हैं।" कृष्ण ने कहा।

इस योजना के अनुसार तीनों युधिष्ठिर की अनुमति लेकर राजगृह गए और वहाँ मल्लयुद्ध में भीम ने जरासन्ध का वध किया।

वे इन्द्रप्रस्थ वापस आए तो राजसूय की तैयारियाँ प्रारम्भ हो गईं।

युधिष्ठिर ने कहा, "राजसूय की एक विधि यह है कि जो मुनि या राजा-राजवी धर्म का रक्षक हो–धर्मगोप्ता हो–उसकी पहले अग्रपूजा हो।" थोड़ी देर वे रुके फिर बोले, "मेरी दृष्टि में इस काम के लिए श्रेष्ठ मनुष्य आप स्वयं ही हैं।"

कृष्ण ने कहा, "बड़े भाई, वास्तविकता मुझसे छिपी हुई नहीं है। मैं अग्रपूजा के योग्य नहीं हूँ। मैं जन्म से राजा-राजवी नहीं हूँ। न तो मेरा कोई राज्य है और न कोई सैन्य बल। राज्य जीतना या चक्रवर्ती बनना भी मेरा कभी लक्ष्य नहीं रहा। मेरी इच्छा तो मात्र इतनी ही है कि आर्यावर्त में ब्रह्मतेज तथा क्षात्रतेज का समन्वय हो।"

युधिष्ठिर ने उत्तर दिया, "यहाँ उपस्थित कई मुनि व राजागण मानते हैं कि चक्रवर्ती न होते हुए भी आपने धर्म के रक्षक के रूप में जो प्रतिष्ठा पाई है, वह चक्रवर्तियों को भी दुर्लभ है।"

महामुनि वेदव्यास की आशीष तथा राजपुरोहित धौम्य, पितामह भीष्म तथा अन्य राजाओं की सहमति से कृष्ण की अग्रपूजा सम्पन्न हुई।

इससे चेदिराज शिशुपाल कुपित हो गया। वह जरासन्ध का मित्र था और कृष्ण का शत्रु। वह आशा करता था कि अग्रपूजा के लिए उसे ही चुना जाएगा।

जब उसने देखा कि पितामह की सहमति से कृष्ण की पूजा हो रही है तो उसने कृष्ण और भीष्म दोनों के लिए अपशब्दों का व्यवहार करना शुरू कर दिया।

शिशुपाल द्वारा प्रयोग किए जानेवाले अपशब्द अश्लीलता की सीमा तक जा पहुँचे। उसने भीष्म की माँ भगवती गंगा का नाम ले-लेकर भी गालियाँ दीं कि दुनिया-भर के लोग उसकी माँ के पास जाते हैं।

कृष्ण पर एक के बाद एक होनेवाले कठोर शब्दप्रहार समूची राजसभा स्तब्ध होकर सुनती रही। सभी जानते थे कि कृष्ण ने अपने पिता वसुदेव की बहन और शिशुपाल की माता श्रुतश्रवा को वचन दिया था कि सौ गालियाँ देने तक ही वे शिशुपाल को क्षमा करेंगे।

शिशुपाल ने जब सौ की इस सीमा को पार कर दिया तब कृष्ण ने अपने हाथ में चमत्कारी चक्र उठाया और उससे शिशुपाल का सिर काट दिया।

कृष्ण के पराक्रम तथा क्षात्रधर्म के उद्धारक के रूप में कृष्ण को मिले

महामुनि व्यास के समर्थन से राजसूय निर्विघ्न पूरा हुआ।

अधिकांश आर्य राजाओं तथा अग्रणी श्रोत्रियों ने बुद्धि, पराक्रम तथा कूटनीतिज्ञता के कारण कृष्ण का सम्मान करना प्रारम्भ कर दिया था। जो सुदर्शन चक्र इच्छा करते ही हवा में से कृष्ण के हाथ में आ गया और जिससे कृष्ण ने शिशुपाल का वध किया वह सभी को बड़ा चमत्कारी लगा। सभी ने उसे दिव्य शक्तिवाला शस्त्र माना।

जरासन्ध और शिशुपाल के साथ हुए संघर्ष के बाद कृष्ण की पूरे आर्यावर्त में एक नई प्रतिष्ठा स्थापित हुई। वे धर्म के संरक्षक तथा संस्थापक माने जाने लगे।

चक्रवर्ती राजा न होते हुए भी कृष्ण में चक्रवर्ती राजा के सभी गुण मौजूद थे। वे बिना युद्ध किए धर्म के लिए लड़ते थे। उन्होंने शक्ति अर्जित करने की एक नई विधि अपनाई थी, जिसके अनुसार वे आततायी राजाओं को नष्ट करके श्रोत्रियों व राजाओं का विश्वास जीत लेते थे। उनका नैतिक प्रभाव समस्त आर्यावर्त में फैल गया।

कृष्ण जहाँ भी जाते, लोग उनकी पूजा करते। उनके पारस्परिक झगड़े आप-ही-आप शान्त हो जाते। उनमें धर्म के प्रति सम्मान का भाव विकसित होता।

मुनि द्वैपायन और कृष्ण के सम्मिलित प्रभाव से क्षात्रतेज भी ब्रह्मतेज का ही एक अभिन्न अंग बनने लगा था।

चुनौती

राजसूय यज्ञ पूरा हुआ तब भी पाण्डवों ने कृष्ण से कुछ समय और वहाँ रुकने की प्रार्थना की क्योंकि परिवार के छोटे-बड़े सभी लोग कृष्ण को हृदय से चाहते थे।

इस बीच एक बुरी घटना घट गई। म्लेच्छ राजा शाल्व ने सौराष्ट्र पर हमला किया और द्वारका में लूटपाट की। इस संकट की सूचना श्रीकृष्ण को देने के लिए तथा उनसे तत्काल सौराष्ट्र लौटने की प्रार्थना करने के लिए उद्धव ने एक दूत इन्द्रप्रस्थ भेजा।

दूत ने कृष्ण को साष्टांग प्रणाम किया और तब दोनों हाथ जोड़कर कहा, "स्वामी, शाल्व ने लवणिका (लूणी) नदी पार करके सौराष्ट्र में आतंक का साम्राज्य फैला दिया है। यादवों के महल और ग्रामवासियों की कुटिया भस्मीभूत कर दी गई हैं। उसके आतंक से बच्चे व स्त्रियाँ भी नहीं बच सके हैं।

"राजा शाल्व की सेनाओं को द्वारका पर हमला करते देखा तो यादव वीरों ने उससे लड़ने की तैयारियाँ कीं।

"पहली लड़ाई में साम्ब ने शाल्व की सेना के सेनापति क्षेमवृद्धि पर जबरदस्त हमला किया। साम्ब के अचूक बाणों के हमले से घबराकर क्षेमवृद्धि युद्ध का मैदान छोड़कर भाग गया।

"उसके बाद शाल्व के दूसरे शक्तिशाली सेनाध्यक्ष वेगवान ने साम्ब पर आक्रमण किया। साम्ब ने अपनी गदा का प्रयोग कर वेगवान को पछाड़ दिया। उसके बाद प्रसिद्ध दानव विविन्ध ने आपके पुत्र चारुदेष्ण पर आक्रमण किया। चारुदेष्ण की गदा के एक ही प्रकार से विविन्ध मृत्यु को प्राप्त हुआ।

"शाल्व की सेना में खलबली मच गई और वे तितर-बितर हो गई। फल यह हुआ कि शाल्व को पीछे हटना पड़ा।

"इसके बाद राजकुमार प्रद्युम्न स्वयं रणक्षेत्र में आए और उन्होंने शाल्व को लड़ने की चुनौती दी। शाल्व और राजकुमार प्रद्युम्न के बीच घनघोर युद्ध हुआ। शाल्व इस युद्ध में अचेत होकर गिर पड़ा और उसके अनुचर भाग गए।"

थोड़ी देर विश्राम करके दूत ने फिर कहा, "होश में आकर शाल्व ने प्रद्युम्न पर बाणवर्षा की और जब राजकुमार बेहोश हो गए तो उनका सारथी उन्हें युद्ध के मैदान से दूर ले गया।

"शाल्व ने देखा कि उसके सैनिक साहस हार बैठे हैं। ऐसी स्थिति में लड़ने का कोई अर्थ नहीं है। इसलिए वह भी अपने रथ में बैठकर धूल के बादलों में ओझल हो गया।

"इसके बाद प्रद्युम्न और अन्य यादवों ने घने जंगल में शरण ली।"

दूत की सारी बातें कृष्ण मन लगाकर सुन रहे थे। उन्होंने प्रश्न किया, "सभी श्रोत्रिय, स्त्रियाँ और बच्चे सुरक्षित हैं न?"

दूत ने उत्तर दिया, "सभी को गिरिनार के दुर्ग में पहुँचा दिया है। सभी सुरक्षित हैं और वहाँ उनके लिए भोजन-पानी का पूरा प्रबन्ध है।"

कृष्ण ने पूछा, "राजा उग्रसेन तथा राजपरिवार की अन्य स्त्रियाँ भी सुरक्षित हैं न?"

"उनको जहाज से भृगुकच्छ भेज दिया गया है।"

"मेरे पिता वसुदेव कुशल हैं न?" कृष्ण ने पूछा।

दूत कुछ देर तक कोई उत्तर नहीं दे सका। फिर रुँधे गले को साफ करता हुआ अटकते-अटकते बोला, "पूज्य वसुदेव का दुष्टात्मा शाल्व ने अपहरण कर लिया है और उन्हें शौभ ले गया है।"

"ओह, पूज्य पिताजी के साथ उसने ऐसा व्यवहार किया? उनकी यह दशा?"

कृष्ण ने कहा और एक लम्बी चुप्पी में डूब गए।

उन्होंने जो धर्मरक्षक का पद पाया था, उसके लिए सौराष्ट्र पर हुआ यह आक्रमण एक चुनौती के समान था। वे गहरे विचार में गोते लगाने लगे। उन्होंने यादवों को द्वारका लौटने को तैयार होने की आज्ञा दे दी।

कृष्ण के साथ आए यादवों के अश्वारोही जब तैयार हो गए तो कृष्ण माता कुन्ती, पाण्डव, द्रौपदी व अन्य सभी परिवारवालों से विदा लेने गए।

युधिष्ठिर ने कृष्ण से प्रार्थना की कि वे अर्जुन, नकुल तथा सहदेव को अपने साथ ले जाएँ।

कृष्ण ने असहमति में सिर हिलाते हुए कहा, "बड़े भाई, मैं जानता हूँ कि भीम, अर्जुन, नकुल तथा सहदेव मेरे लिए अत्यन्त उपयोगी होंगे, लेकिन अनजान व्यक्ति उस ओर की धरती पर चल नहीं सकता। शाल्व उस भूमि का चप्पा-चप्पा जानता है और उद्धव, सात्यकि तथा हम सब लोग भी उस भूमि के कोने-कोने से परिचित हैं।"

कृष्ण ने पुनः कहना आरम्भ किया, "फिर यह भी है कि परिस्थितियाँ अब वे नहीं रहीं जो पहले थीं। बात पिताजी को आक्रमणकारियों से बचाने मात्र की ही नहीं है यह तो धर्म को दी गई चुनौती है। यदि इस चुनौती को हम स्वीकार नहीं करते, तो किया-कराया सब धूल में मिल जाएगा। यह मात्र रक्षात्मक युद्ध नहीं होगा, बल्कि अब तो यह एक पूरा युद्ध होगा।"

दो दिन बाद कृष्ण, सात्यकि तथा उनकी यादव सेना ने सौराष्ट्र की दिशा में प्रस्थान किया।

बार-बार उपयोग के कारण रेगिस्तानी टीलों के बीच से गुजरनेवाला बैलगाड़ियों का साधारण-सा मार्ग मुख्य मार्ग बन चुका था और उसके दोनों ओर कई गाँव तथा आश्रम खड़े हो गए थे।

इन सभी गाँवों व आश्रमों के लोगों को जब यह सूचना मिली कि वासुदेव कृष्ण इस मार्ग से होकर जानेवाले हैं तो उनका दर्शन करने व उनकी आशीष पाने के लिए वे रास्ते के दोनों ओर उमड़ आए थे। लम्बी-लम्बी कतारें लग गई थीं। पुरुषों के हाथ में नारियल और आम्रपत्र थे, स्त्रियों के सिर पर जल से भरे कलश थे। सभी उत्साह से कृष्ण की अगवानी को तैयार खड़े थे।

रथ में बैठे कृष्ण ने लोगों के सुख-दुख का हाल पूछा। उन्होंने अनुभव किया कि उनके जीवन का एक विशेष उद्देश्य है। उन्हें धर्मपरायणता की रक्षा करनी है और आततायियों को दण्ड देना है। उन्हें धर्म की स्थापना करनी है और क्षात्रधर्म की प्रतिष्ठा बढ़ानी है।

भूतकाल उनकी आँखों के सामने नाचने लगा—

वे सोलह वर्ष के थे तब पिता वसुदेव और अन्य यादवों ने मामा कंस के अत्याचारी शासन का सामना करने के लिए उन्हें मथुरा बुलाया था। वे मथुरा गए, कंस को ललकारा और मल्लयुद्ध में उसका वध किया।

इस घटना के कारण ही आर्यावर्त को अपने पैरों तले रौंदने को आतुर रहनेवाले कंस के ससुर और मगध के शक्तिशाली सम्राट् जरासन्ध से उनका जीवन-भर का वैर हुआ।

कृष्ण और बलराम की हत्या करने की प्रतिज्ञा के साथ जरासन्ध ने मथुरा पर आक्रमण किया और दोनों भाइयों के वहाँ से गोमन्तक चले जाने की सूचना मिलते ही उनके पीछे-पीछे जरासन्ध वहाँ तक भी चला गया।

कृष्ण और बलराम गोमन्तक पर्वत में ही जल मरें, इस उद्देश्य से जरासन्ध ने पर्वतीय ढलानवाले वनों में आग लगा दी। लेकिन दोनों भाई वहाँ से बच निकले।

जरासन्ध ने कुछ समय बाद मथुरा पर फिर आक्रमण किया। उस समय कृष्ण के सामने दो ही रास्ते थे या तो बलराम को लेकर जरासन्ध की शरण में जाएँ या मथुरा का सर्वनाश बुला लें।

जरासन्ध के घातक निश्चयों को निष्फल करने के लिए कृष्ण यादवों को मथुरा से हटाकर सौराष्ट्र के सागर तट पर ले गए और वहाँ द्वारका-नगरी बसाई। यादवों की इस लम्बी और भीषण सामूहिक यात्रा का संचालन स्वयं कृष्ण ने किया था। इसमें स्त्रियाँ थीं, पुरुष थे, बालक थे और उनके साथ उनके बैल, घोड़े, गाड़ियाँ, ढोर-डाँगर और घर-गृहस्थी का सारा सामान था।

विदर्भ के राजा भीष्मक की पुत्री रुक्मिणी के स्वयंवर के समय जरासन्ध जैसे शक्तिशाली राजा को हाथ मलता छोड़कर वे स्वयं रुक्मिणी का अपहरण कर लाए और उससे विवाह किया था। भीष्मक के पुत्र रुक्मी ने कृष्ण के पीछे भागकर रुक्मिणी को छुड़ाने का बहुत प्रयास किया था, लेकिन वे सारे प्रयत्न व्यर्थ गए थे।

द्रौपदी के स्वयंवर में कृष्ण ने जरासन्ध को स्वयंवर छोड़कर चले जाने के लिए बाध्य कर दिया था। द्रौपदी का विवाह पाण्डवों से हुआ और पांचाल के राजा द्रुपद और पाण्डवों के बीच सुदृढ़ सम्बन्ध स्थापित हुए।

युधिष्ठिर राजसूय यज्ञ का विचार करें, तो उसमें सबसे बड़ी बाधा जरासन्ध की ओर से ही पैदा होनेवाली थी।

कृष्ण को उनके पिता और चाचा ने जब मथुरा बुलाया तो यादवों पर सभी दिशाओं से शत्रुओं का भय मँडरा रहा था, पूर्व में जरासन्ध था, पश्चिम में रण के पार शाल्व, दक्षिण में शिशुपाल और उत्तर में दुर्योधन का ससुर सुबल था।

यदि ये सभी संगठित होकर आर्यों पर टूट पड़ते तो बचना मुश्किल था।

इसीलिए राजसूय यज्ञ के पहले कृष्ण वासुदेव ने जरासन्ध का काँटा निकालने का निश्चय किया। जरासन्ध मल्लयुद्ध का प्रेमी था और भीम ही ऐसा था जो मल्लयुद्ध में उससे टक्कर ले सके।

अतएव भीम और अर्जुन को लेकर कृष्ण गिरिव्रज गए जहाँ भीम ने मल्लयुद्ध में जरासन्ध का वध किया।

राजसूय पूरा हुआ, तब तक कृष्ण के पक्ष और विपक्षी राज्यों की शत्रुता चोटी पर पहुँच चुकी थी।

द्वारका का नया रूप

जब तक कृष्ण द्वारका के लिए इन्द्रप्रस्थ से विदा हुए उससे पहले ही उन्होंने सभी मित्र राजाओं को दूत भेजे और उनसे अनुरोध किया कि शाल्व के विरुद्ध युद्ध में वे सहायता करें।

कृष्ण का सन्देश फैलता चला गया–धर्म की आज्ञा है कि शाल्व का घमण्ड चूर होना ही चाहिए, उसका अस्तित्व मिटना ही चाहिए।

कृष्ण ने अब धर्मगोप्ता का दायित्व सँभाल लिया था। शाल्व के विरुद्ध उन्होंने धर्मयुद्ध की जो घोषणा की थी उसकी अच्छी प्रतिक्रिया हुई, व्यापक प्रभाव पड़ा, पहली बार आर्य युवक संगठित हुए। 'यतो धर्मस्ततो जयः' के जयघोष के साथ उन्होंने कूच किया।

आर्यावर्त के मार्गों पर रथों के अश्वों की टापें गूँज उठीं। बड़े-बड़े राजा-राजवियों से लेकर छोटे-छोटे प्रदेशों के शासक भी अपनी-अपनी सामर्थ्य के अनुसार सेनाएँ लेकर निकल पड़े। इनमें श्रोत्रिय भी थे और स्त्रियाँ भी थीं। कृष्ण का आदेश सुनकर सीधी-सादी किसान स्त्रियाँ भी अपने-अपने पुरुषों के साथ निकल पड़ी थीं। आर्यावर्त के कोने-कोने के सभी लोग उमड़ आए थे।

कृष्ण ने कंस को मारा, शिशुपाल और जरासन्ध का नाश किया–ऐसे पराक्रमी कार्यों से उनकी जो प्रसिद्धि फैली वह सुदूर वन-प्रान्तों तक भी पहुँच गई थी।

क्षात्रधर्म अंगीकार करने के बावजूद कई राजवी ऐसे थे जो अपने प्रदेश के आश्रमों की रक्षा नहीं कर पाते थे। उन्होंने जब सुना कि बिना साम्राज्य स्थापित करने की आकांक्षा के ही कृष्ण-जैसा एक पराक्रमी पुरुष उनकी रक्षा का व्रत लेकर निकल पड़ा है, तो उन्हें बहुत प्रसन्नता हुई।

पहले तो स्वयं कृष्ण भी नहीं समझ पाए कि यज्ञमण्डप में उनकी जो अग्रपूजा हुई, उसका क्या महत्त्व था। मुनि द्वैपायन जब उनकी ओर बढ़ रहे थे

तब किसी को भी यह अनुमान नहीं था कि वे क्या करने जा रहे हैं। मण्डप में चारों ओर निस्तब्धता छा गई थी।

मुनि ने वर्षों तक आश्रमों को शक्ति दी थी और आर्यों को संगठित किया था, पवित्र वेदग्रन्थ श्रुति को उन्होंने एक सजीव दैवी शक्ति के समान प्रतिष्ठित कराया था। मुनि द्वारा श्रोत्रियों के लिए तय की गई तपस्या की कड़ी आचार-संहिता का आश्रमों में पालन होने लगा था।

मुनि की दृष्टि में श्रुति का महत्त्व तीन लोक से भी बड़ा था, जबकि जीवन इतना लघु था जितना कि एक व्यक्ति। व्यक्ति के दृष्टिकोण को विशाल बनाने के लिए यज्ञ का और मन्त्रोच्चार के साथ उसमें आहुतियों का, प्रावधान करना आवश्यक समझा था।

आश्रम अनवरत नैतिक और आध्यात्मिक प्रेरणा के स्रोत बन गए थे। आश्रमवासी अग्नि-पूजा करते, वेदमन्त्रों का पाठ करते। उन्होंने छोटे-छोटे राजाओं की उद्दण्डता पर अंकुश लगाया था और उन्हें शान्तिप्रिय भी बनाया था।

बीच-बीच में कभी जंगलों में से राक्षस निकल आते थे और आश्रमों को नष्ट करते, यज्ञों की पवित्रता का उल्लंघन करके उन्हें भ्रष्ट करते और श्रोत्रियों के यज्ञोपवीत तोड़ देते।

राजसूय यज्ञ के समय घटित हुई घटनाओं के कारण प्रत्येक आश्रम में पुनः उत्साह का वातावरण बन गया था। कृष्ण की वीरता की कहानी जिस किसी ने भी सुनी थी वह स्तब्ध रह गया था। वास्तव में वीरता के इन्हीं कार्यों से, इन्हीं सिद्धियों या उपलब्धियों के प्रभाव से, लोग कृष्ण को भगवान के समान पूजने लगे थे।

जिस दिन कृष्ण की अग्रपूजा अचानक बिना पूर्वसूचना के हुई, उसी दिन कृष्ण को पहली बार ज्ञात हुआ कि उन पर कितना भारी दायित्व आ पड़ा है। धर्मगोप्ता का पद चक्रवर्ती के पद से कहीं अधिक बड़ा और अधिक जिम्मेवारी का पद था। धर्म का साम्राज्य था तो अदृश्य, लेकिन उसकी शक्ति अपार थी। कारण यह था कि धर्म केवल यादवों के हृदय पर ही नहीं, बल्कि समस्त आर्यों के, नागाओं के, राक्षसों के और निषादों के हृदय पर भी राज करता था। वे सभी यादवों के शत्रु होने के बावजूद कृष्ण के चमत्कार से एक हो गए थे।

द्वारका वापस आने पर कृष्ण ने जो दृश्य देखा वह असह्य था। जले हुए मकान, जलकर मरे हुए मनुष्य, ढोर-डाँगर तथा घोड़ों की लाशें दूर-दूर तक बिखरी हुई थीं।

कृष्ण तथा अन्य प्रमुख महारथियों की अनुपस्थिति का लाभ उठाकर सौम के

राजा शाल्व अपनी सेना के साथ आग और तलवारें बरसाते हुए द्वारका पर टूट पड़े थे। द्वारका को ध्वंस करके शाल्व अपने प्रदेश को वापस चला गया था।

कृष्ण ने अपने आगमन की घोषणा करनेवाला शंख बजाया। अन्य महारथियों ने भी अपने-अपने शंख बजाए। लेकिन उनकी इस ललकार को स्वीकार करनेवाला कोई शत्रु वहाँ ठहरा ही नहीं था।

कृष्ण के आगमन की सूचना मिलते ही वे यादव बाहर निकल आए जो द्वारका की रक्षा करने में असफल भाग-भागकर जंगल में छिप गए थे। उनमें से कुछ लोग वापस जंगल में गए और कृष्ण के पुत्र प्रद्युम्न को ढूँढ़ लाए। प्रद्युम्न अपने साथियों के साथ आया और उसने तथा उसके मित्र योद्धाओं ने कृष्ण को साष्टांग प्रणाम किया।

इन सभी ने मिलकर द्वारका के पुनर्वास का कार्य आरम्भ किया। निर्वासितों के पुनर्वास के लिए जो भी कार्य करना आवश्यक था, उसे उन्होंने करना शुरू कर दिया।

कृष्ण और महारथियों ने जब भोजन कर लिया, तब प्रद्युम्न ने बताया कि शाल्व तथा ऊँट पर सवार उसके सैनिकों ने लवणिका नदी पार करके समूचे सौराष्ट्र पर कैसे धावा बोला।

प्रद्युम्न ने कहा, "हमारे योद्धाओं ने शाल्व की सेनाओं का बहुत वीरता से सामना किया। उद्धव चाचा ने आपको द्वारका बुला लाने के लिए दो महारथियों को भेजा। घायलों को दुर्ग में पहुँचाने की भी उन्होंने व्यवस्था की। जो यादव शक्तिशाली थे वे और उनके साथी जंगल में छिपे हुए शाल्व के सैनिकों पर घात लगाकर छापे मारने लगे।"

प्रद्युम्न कुछ देर चुप रहे, फिर बोले, "कुछ यादव आमने-सामने की लड़ाई लड़ने के लिए गए। वे लवणिका नदी पार कर ही रहे थे कि सौम-सैनिकों की एक टुकड़ी ने उन्हें बन्दी बना लिया और उन्हीं में पूज्य पितामह वसुदेव भी थे।"

"तुमने पिताजी को छुड़ाने का प्रयत्न क्यों नहीं किया?" कृष्ण ने पूछा।

"हमने उनका पीछा तो किया था किन्तु हमारे पास ऊँट नहीं थे। इस कारण रण का रास्ता आते ही वे हमसे बहुत आगे निकल गए।"

"चिन्ता मत करो। यदि पिताजी जीवित हैं तो उन्हें छुड़ाने में कुछ दिन लग भी जाएँ तो भी घबराने की आवश्यकता नहीं। और यदि शाल्व ने उनकी हत्या कर दी है तो उसे इसका भारी मूल्य चुकाना पड़ेगा।"

"सात्यकि कहाँ है?" कृष्ण ने पूछा।

प्रद्युम्न ने उत्तर दिया, "रास्ते के खतरों से आपको आगाह करने की दृष्टि से वे पाँच दिन पहले ही यहाँ से चल चुके थे। उसके बाद उनका कोई समाचार

नहीं आया है। उन्हें भी शाल्व ने पकड़ लिया हो, तो कोई नई बात नहीं।''

कृष्ण ने इस पूरी परिस्थिति पर विचार किया और फिर कहा, ''शाल्व हम पर आक्रमण करे तब तो उससे लड़ना और जीतना कठिन है। उसे जीतने के लिए तो लवणिका के उस पार और रण से रक्षित उसी के प्रदेश में उससे लड़ना होगा। शाल्व से दूर भागकर हम शाल्व को मिटा नहीं सकेंगे। उससे तो लोहा लेना ही होगा। क्या सौराष्ट्र में कोई सौम-सैनिक अभी भी बचे हैं?''

''नहीं। मुझे तो नहीं लगता कि लवणिका के दक्षिण में कोई भी सौम-सैनिक बचा है।'' प्रद्युम्न ने कहा।

''सौराष्ट्र में यादव कितने बचे होंगे?'' कृष्ण ने पूछा।

''बहुत हैं। घोड़े तथा दूसरे जो भी पशु बचे हैं उन्हें वापस लाने में लगे हुए हैं। आज भी वे कन्दमूल पर निर्भर हैं। माँ अन्नपूर्णा की कृपा से उसकी तो अभी कमी नहीं है।'' प्रद्युम्न ने कहा, ''अब आप यहाँ हैं, इसलिए मैं पितामह की खोज में जा सकूँगा।''

''अधीर या उतावले होने की आवश्यकता नहीं है।'' कृष्ण ने कहा।

''मेरी अधीरता के बारे में आप चिन्ता मत करो पिताजी! आप तो मुझे सदा से ही उतावला कहते आए हैं।'' प्रद्युम्न ने हँसकर कहा। उसकी आँखों में पिता के लिए प्रेम और आदर छलक रहा था।

''इसी कारण तो स्त्रियाँ तुम्हें इतना प्यार करती हैं,'' कृष्ण ने प्रद्युम्न के गाल पर विनोद में चपत मारते हुए कहा, ''तेरा मन हमसे भी सौ योजन आगे दौड़ता है।'' यह कहकर कृष्ण अट्टहास कर उठे।

द्वारका के भवनों का मलवा हटाने का काम पड़ा था जो बड़ा कठिन था। सैकड़ों झोंपड़ियाँ या कच्चे घर खड़े करने आवश्यक थे किन्तु इनके लिए भी पर्याप्त सामग्री उपलब्ध नहीं थी।

अनाज के लिए चीख-पुकार मची हुई थी, किन्तु भण्डार में खपत का चौथाई हिस्सा अनाज भी नहीं था। बच्चे दूध के लिए रो रहे थे, लेकिन कहाँ से आता?

घोड़े थे, लेकिन वल्गाएँ नहीं बची थीं। अब उन्हें नियन्त्रित करें तो कैसे करें? मनमानी दिशाओं में घूमते-फिरते थे।

युवतियाँ और वृद्धाएँ सभी सिर पर हाथ रखे निराश बैठी थीं। किसी का पुत्र मर गया था तो किसी का पति। किसी का पिता मर गया था तो किसी का भाई। विषाद की रेखाएँ उनके चेहरों पर साफ दिखाई दे रही थीं।

शाल्व की सेनाएँ भी अन्न के अभाव में वहाँ टिक नहीं पाई थीं और उन्हें सौराष्ट्र छोड़ देना पड़ा था।

कृष्ण के लौटने से सभी जगह जीवन का प्रकाश आ गया था। कृष्ण की

मनोहर मुस्कान नई शक्ति और नई स्फूर्ति देनेवाली थी। उनका उत्साह हजारों में प्राण फूँक देता था।

कृष्ण ने पूछा, "सोमनाथ तीर्थ का क्या हुआ?"

प्रद्युम्न ने कहा, "आततायियों ने उसे भी नष्ट कर दिया है।"

"हम नया मन्दिर निर्माण करेंगे, चाँदी का।" कृष्ण ने कहा।

और द्वारका की नए आकार–नए रूपरंग में रचना हुई।

मायावती

प्रद्युम्न की आयु बीस वर्ष की थी।

यादवों के प्रति उसके हृदय में गहरा प्रेम था। कितना गहरा, यह केवल वही जानता था। वह एक निर्भीक नेता था। धर्मरक्षक था। आर्य युवकों के बीच उसका बहुत आदर होता था। सभी उसे चाहते थे।

पिछले वर्षों में उसे विशेष प्रशिक्षण मिला था। स्वयं कृष्ण की देख-रेख में उसे क्षात्रधर्म की दीक्षा दी गई थी। देवासुर संग्राम में सदैव असुरों के विरुद्ध लड़ना है, यह उसे जन्म घुट्टी के रूप में पिलाया गया था। उसे दी गई इस शिक्षा का ही परिणाम था कि वह धर्म-रक्षक बना हुआ था। उसने यह शिक्षा पूरे उत्साह और मनोयोग से प्राप्त की थी।

प्रद्युम्न युवा था। उत्साह से भरा हुआ। आज तक के उसके वीरता के सभी काम उसके पिता कृष्ण के निर्देशन में हुए थे। फिर भी इनका सारा यश उसे ही मिला था। लेकिन वह जानता था कि उसके पिता की सहायता के बिना ये कदापि सम्भव नहीं हो सकते थे।

प्रद्युम्न की सार-सँभाल के लिए नियुक्त पूर्ण नामक मल्ल का व्यवहार रूखा था किन्तु इससे प्रद्युम्न के मन में उसके प्रति आदर में कोई कमी नहीं आई क्योंकि दोनों के बीच सम्बन्धों में पर्याप्त स्नेह और सौहार्द था।

विदर्भ की राजकुमारी रुक्मिणी प्रद्युम्न की माता थीं। वह आर्यों की प्राचीन वीरगाथाएँ सुना-सुनाकर प्रद्युम्न में वीरता के संस्कार भरती थीं। क्षात्रधर्म का रक्षक बनने की अभिलाषा का बीजारोपण पुत्र में माता ने ही किया था।

फिर एक दुर्घटना घटी। राक्षस राजा शम्बर ने एक दिन प्रद्युम्न का अपहरण कर लिया। कई महीने, कई वर्ष बीत गए। शम्बर और प्रद्युम्न दोनों का कोई अता-पता नहीं मिला तो रुक्मिणी बहुत दुखी हुई। उसका धीरज छूटने लगा।

आखिर एक दिन प्रद्युम्न ने युद्ध करके शम्बर को मार डाला और उसकी

पत्नी मायावती को अपनी पत्नी बना लिया। मायावती प्रद्युम्न से दस वर्ष बड़ी थी। वह उसकी पत्नी के बजाय माता ही अधिक दिखाई देती थी।

कई यादवों को प्रद्युम्न का यह कार्य बहुत लज्जापूर्ण लगा। माता रुक्मिणी ने प्रद्युम्न को इसके लिए क्षमा नहीं किया। प्रद्युम्न या मायावती किसी को भी उसने स्वीकार नहीं किया। जब भी प्रद्युम्न मिलता वह मुँह फेर लेती। प्रद्युम्न ने बहुत प्रयत्न किया किन्तु रुक्मिणी की दृष्टि में कोई परिवर्तन नहीं आया। रुक्मिणी इसे पतन मानती थी। उसकी दृष्टि में यह आचरण क्षात्रधर्म के प्रतिकूल था।

कृष्ण रुक्मिणी के दृष्टिकोण से सहमत नहीं थे। प्रद्युम्न कामदेव-जैसा रूपवान था, युवा प्रसन्नवदन और आकर्षक।

जब एकान्त मिला तो कृष्ण ने प्रद्युम्न से पूछा, ''मायावती कहाँ है? वह महलों में अन्य स्त्रियों के साथ है या भृगुकच्छ? कि गिरिनार? उसके बारे में यह सब रहस्य क्या है?''

''आप उसे कहीं नहीं पाएँगे।'' प्रद्युम्न ने उत्तर दिया।

''तब वह है कहाँ?'' कृष्ण ने पूछा।

''वह जंगल में रहना पसन्द करती है।'' प्रद्युम्न ने कहा।

''जंगल में वह क्या करती है?''

''मैं शाल्व के पास जाऊँ तो वह भी साथ चलने को तैयार मिले, इस उद्देश्य से वहाँ रहती है।''

''तुम्हारा उसे अपनी पत्नी बनाना दुर्भाग्यपूर्ण था।'' कृष्ण ने कहा, फिर पूछा, ''शाल्व के पास जाने के सम्बन्ध में क्या तुमने उससे बात की है?''

''हाँ, वह चलने को तैयार है। वह सोचती है कि ऐसा करने से प्रायश्चित होगा।'' प्रद्युम्न ने उत्तर दिया।

''क्या तुम विश्वास करते हो कि वह अभी भी जंगल में है?'' कृष्ण ने जिज्ञासा प्रकट की।

''हाँ, मैं उसके साथ पिछले पन्द्रह सालों से रह रहा हूँ।''

''तो वह परिवार की अन्य स्त्रियों के साथ आकर क्यों नहीं रहती?'' कृष्ण ने पूछा।

''पिताजी, मैंने कई बार आपको कहलाया था कि आप उसे वैदेही की पुत्रवधू के रूप में स्वीकार कीजिए। आप एक बार उससे मिलिए। वह स्वयं अपनी बात अधिक स्पष्ट रूप में आपके समक्ष रख सकेगी।'' प्रद्युम्न ने कहा।

''क्या मैं उससे मिल सकता हूँ?'' कृष्ण ने पूछा।

''अकेले आप ही हैं जिनसे मिलने में उसे आपत्ति नहीं है—हाँ, एक उद्धव

चाचा और हैं। उन्हें तो वह पितातुल्य मानती है।''

प्रद्युम्न चाहता तो नहीं था कि मायावती के तेवर का दर्शन कृष्ण को करना पड़े लेकिन उसने साहस किया और कृष्ण को वन में ले गया। वन की झाड़-झंखाड़-भरी संकीर्ण पगडण्डियों से वे एक गुफा के द्वार पर पहुँचे। मायावती उस गुफा में भोजन बना रही थी।

कृष्ण ने मायावती को देखा तो दंग रह गए। उन्होंने पहले कभी मायावती को देखा नहीं था। उनका अनुमान तो यह था कि प्रद्युम्न को अपने मायावी शिकंजे में जकड़नेवाली वह कोई रूपवती चुड़ैल होगी।

लेकिन मायावती तो बिलकुल भिन्न स्त्री निकली। एकदम वनकन्या ही लग रही थी। बाल बिखरे हुए। शरीर सुडौल। आँखें धारदार।

मायावती ने कृष्ण को आते देखा तो पहले उनका सिर से पाँव तक सूक्ष्मावलोकन किया फिर प्रद्युम्न की ओर मुड़कर बोली, ''तू वासुदेव को यहाँ क्यों ले आया?''

''मुझे आपसे मिलना था, इसलिए मैंने ही प्रद्युम्न से कहा था कि वह मुझे यहाँ ले आए।'' कृष्ण ने उत्तर दिया।

वह हँस पड़ी। कृष्ण की ओर देखते हुए बोली, ''लोग कहते हैं कि आप भगवान हैं। आप किसी से भी जो चाहो वह काम करा सकते हैं।''

यह कहकर कुछ देर तक वह चुप रही। फिर बोली, ''आप मुझसे मेरा अंग ले लेना चाहते हो। यदि आप ऐसा करेंगे तो पता नहीं मैं क्या कर बैठूँगी।''

कृष्ण ने प्रश्न किया, ''आप गिरिनार जाकर परिवार की अन्य स्त्रियों के साथ क्यों नहीं रहतीं?'' यह कहकर कृष्ण मुस्करा उठे।

मायावती ने उत्तर दिया, ''आप मुझे अपने परिवार की उन गर्वीली स्त्रियों के साथ रहने को कहते हैं? पर न उन्होंने मुझे स्वीकार किया है और न मैंने उन्हें स्वीकार किया है।''

''लेकिन आप वहाँ गईं क्यों नहीं?'' कृष्ण ने वही प्रश्न दोहराया।

''मैं अपने जीवन का निर्माण अपने ढंग से ही करना चाहती हूँ।'' मायावती ने कहा।

''लेकिन प्रद्युम्न के साथ आप कैसे जाएँगी? शाल्व तो आर्यों का सर्वाधिक शक्तिशाली शत्रु है और प्रद्युम्न अकेला ही उसका सामना करने को जाना चाहता है। इसके साथ वहाँ जाने में तो आपको बहुत जोखिम है!'' कृष्ण ने कहा।

''इस प्रश्न पर अब चर्चा करने में कोई सार नहीं है। प्रद्युम्न से इस पर पहली बार जब बात हुई थी तभी मैंने अपना मत उसके सामने रख दिया था।'' मायावती ने उत्तर दिया।

''लेकिन आप इसके साथ कैसे जा सकती हैं? क्या आपका जाना इसके

कार्य में बाधक नहीं होगा?"

"बाधक? अरे मैं न होती तो इसकी क्या दशा होती यह भी आपने सोचा है? इसका अपहरण हुआ तब यह पाँचेक साल का असहाय बालक था। यह जानता ही नहीं था कि कहाँ का रहनेवाला है और कौन इसके माँ-बाप हैं। मैं ही इसका पिता थी, भाई थी, माँ थी, बहन थी और इस तमाम सम्बन्धों की घनिष्ठता से भी बड़ा इसका-मेरा एक और सम्बन्ध था कि मैं इसकी प्रेमिका भी थी।

"हम दोनों एकात्मक थे, एक अंगरूप थे। मैं न होती तो यह जीवित नहीं रहता। यह मुझे माता मानता था।"

वह कुछ देर रुकी, फिर उसने प्रश्न किया, "मेरा यह 'पुत्र' मेरे जीवन में प्रेमी के रूप में कैसे आया, क्या तुम यह भी जानना चाहते हो?"

"हाँ, यह भी जानूँ तो मुझे प्रसन्नता ही होगी।" कृष्ण ने कहा।

"एक रात दानव बाहर गए हुए थे। हम दोनों सो रहे थे। आधी रात के करीब मेरी नींद खुली तो मैंने अपने मन में मधुर भावों का उन्मेष अनुभव किया। मैंने देखा कि प्रद्युम्न अब बालक नहीं रहा। अब वह युवा हो गया था और जीवन में सहभागिनी पाने को कसमसा रहा था।

"मैं उनींदी अवस्था में थी। इसने मेरे शरीर पर मृदुता से अपना हाथ रखा। शायद इसने नींद में ऐसा किया हो। मैंने आनन्दित होकर आँख बन्द कर लीं। प्रद्युम्न में भी परिवर्तन आ गया। वह उत्तेजना से काँपने लगा। उन्हीं क्षणों में हम एक-दूसरे के पहली बार सहभागी बने।

"हमारे विवाह का कोई समारोह नहीं हुआ। हमें आशीर्वाद देने कोई श्रोत्रिय नहीं आया। मैंने अग्नि प्रज्वलित की। हम दोनों ने उसके चारों ओर सात फेरे लिये और प्रभु कृपा से दोनों एक हो गए। दूसरे दिन जागी तो मुझे ध्यान आया कि हमने कैसा जोखिम का काम कर डाला है।

"आप जानते नहीं हैं कि प्रद्युम्न का उस दिन से मेरे जीवन में कितना महत्त्वपूर्ण योगदान रहा है। मैंने तय कर लिया था कि मैं अब प्रद्युम्न को दानवों की दया पर निर्भर नहीं रहने दूँगी। मैंने समझ लिया था कि यह अब न केवल मेरा जीवनसाथी है, बल्कि मेरा प्रेमी, मेरा हृदय और मेरा मोक्ष भी यही है। मुझे रोज तलवार की धार पर चलना पड़ता था। उद्धव चाचा ने हमें रहने के लिए एक छोटी-सी कुटिया दे दी। उन्होंने ही हमारी रक्षा के लिए कुछ लोगों को भी तैयार कर दिया।"

मायावती बोलते-बोलते सहज रूप से थोड़ा रुकी, फिर बोली, "आपने प्रद्युम्न को हरावल दस्ते का काम सौंपा है। महारथी बनाया है। स्वभाव से यह बहुत स्नेहशील है। मैंने ही इसे आपके पास जाने को कहा था। आप ही एकमात्र ऐसे

हैं जो इसकी भूलों को क्षमा कर सकते हैं और इसे प्रतिष्ठा भी दे सकते हैं। यह वीरता के कार्य करने को व्यग्र हो रहा है। मैं भी चाहती हूँ कि यह पराक्रमी बने।

"मेरा जीवन इससे जुड़ गया है। जहाँ यह, वहाँ मैं। शायद आपको भय है कि कहीं शाल्व के हाथों इसकी मृत्यु न हो जाए, यही न? तो मैं इसकी चिता में बैठकर इसके साथ स्वर्ग को जाऊँगी। और यदि यह विजयी हुआ तो इसे वीर और मुझे वीरांगना कहकर सभी हमारा सत्कार करेंगे।

"मैंने यह सब आपको कह सुनाया है। कारण यह कि उद्धव चाचा की तरह आप भी अनुभव कर सकते हैं कि हम दोनों के जीवन में कितना स्नेह और कितना सौन्दर्य है।"

रेगिस्तानी मार्ग पर

पूर्ण सम्भावना यही थी कि प्रद्युम्न शाल्व से हार जाएगा और शाल्व उसे बन्दी बना लेगा। इसलिए कृष्ण उसे अपने पास से हटने नहीं देना चाहते थे। कृष्ण का स्वयं का द्वारका में भी रहना आवश्यक था।

प्रद्युम्न ने कहा, "पिताजी, ठीक उस समय, जब मैं शाल्व को मारने ही वाला था, वह भाग खड़ा हुआ। वह अपने विमान सौभ में घुस गया और रणक्षेत्र छोड़ गया। क्षात्रधर्म कहता है कि जो शत्रु सामना न करे, उससे लड़ना उचित नहीं।"

हलका-सा व्यंग्य करते हुए उसने फिर कहा, "अनेक बार आपने अकेले यादवों की रक्षा की है। अब इस संकट का सदा के लिए खात्मा करने की बारी मेरी है।"

कृष्ण को हँसी आ गई। बोले, "ठीक है, ऐसा वीरता का काम करना है तो तुझे मेरा आशीर्वाद है।" और थोड़ी देर बाद फिर कहा, "जल्दी लौट आना बेटे! और फिर कोई बड़ी आयु की पत्नी मत ले आना! तेरी माँ को इस बात की चिन्ता बहुत है। एक विवाहित पुरुष को अपनी माँ की इच्छा का पूरा ध्यान रखना चाहिए। क्षात्रधर्म कभी मत छोड़ना।"

"जी, पिताजी!"

कृष्ण ने पुनः कहा, "अकेले यह जोखिम उठाने से मैं तुझे रोक देता किन्तु मुझे ज्ञात है कि तू अकेले इसमें पार उतर गया तो तुझे बहुत अधिक प्रसन्नता होगी।"

प्रद्युम्न तथा उसके दो साथियों ने लवणिका नदी पार करके रेगिस्तान में प्रवेश

किया। रास्ते में एक नखलिस्तान आया तो उन्होंने वहाँ विश्राम किया। नखलिस्तान में थोड़े पेड़ भी थे और थोड़ा पानी भी, पर वह काफी था। पेड़ों की छाया के कारण चिलचिलाती धूप से बचाव होता था।

पेड़ों के नीचे बने चिन्ह बता रहे थे कि अभी थोड़ी देर पहले ऊँटों पर सवार एक बड़े दल ने यहाँ विश्राम किया है।

नखलिस्तान देखते ही प्रद्युम्न को विश्वास हो गया कि वह सही दिशा में चल रहा है और इस रास्ते वह शाल्व तक पहुँच जाएगा।

प्रद्युम्न और उसके साथियों ने नखलिस्तान में रात बिताई। दूसरे दिन सबेरे जल्दी सन्ध्या-वन्दन किया, साथ लाया हुआ नाश्ता किया और चल पड़े।

रेत गरम हो जाने के बाद उस पर चलना बहुत दुखदायी होता है। आठ-दस झोंपड़ियों की एक बस्ती के पास वे रुके। वहाँ करीब सत्तर-अस्सी बकरियाँ और कुछ ऊँट चर रहे थे। एक कुआँ था। मवेशियों के पानी पीने के लिए कुएँ से सटी एक नाँद थी।

एक झोंपड़ी से दो आदमी बाहर आए। इनमें से एक के हाथ में तीर-कमान था। उन्होंने कान पर हाथ रखकर सिर हिलाते हुए संकेत से बताया कि प्रद्युम्न की कोई बात उनकी समझ में नहीं आ रही है।

वे भी एक-दूसरे को संकेत से समझा रहे थे, तभी एक और सैनिक झोंपड़ी से बाहर आया। वह धनुष-बाण, तलवार, भाले आदि से सुसज्जित था। वह उस बस्ती का मुखिया प्रतीत होता था। उसने प्रद्युम्न को वहाँ से चले जाने का संकेत किया। प्रद्युम्न ने उससे टूटी-फूटी दानवी भाषा में कहा कि वह धर्मगोप्ता कृष्ण वासुदेव की ओर से आया है और महाप्रतापी राजा शाल्व से मिलना चाहता है।

प्रद्युम्न ने जब कहा कि वह शाल्व को कृष्ण का सन्देश देने आया है तो वह मुखिया हँस पड़ा। उसने संकेत से स्पष्ट किया कि अब उन सबको उस बस्ती में ही रहना होगा और यदि किसी ने आगे बढ़ने का प्रयास किया तो वह अपने प्राणों की जोखिम पर ही ऐसा करेगा।

उन्होंने प्रद्युम्न और उसके साथियों के शस्त्र और ऊँट ले लिये।

प्रद्युम्न को अब विश्वास हो गया कि हो न हो, हैं ये लोग शाल्व की सेना के कोई ऊँचे अधिकारी ही।

"तुम लोगों का यहाँ आने का उद्देश्य क्या है?" मुखिया ने पूछा।

प्रद्युम्न ने कहा, "मैं आपके प्रतापी राजा शाल्व से मिलना चाहता हूँ। उनके सम्बन्ध में मैंने काफी सुन रखा है।"

मुखिया ने पूछा, "आपका नाम क्या है?"

प्रद्युम्न ने कहा, "मुझे राजा शाल्व के पास ले चलो। वहाँ मैं अपना परिचय

दे दूँगा। मैं आपको बता चुका हूँ कि मुझे आदेश हुआ है कि मैं उनसे मिलूँ।"

"आप किस स्तर के सैनिक हैं?"

"मैं महारथी हूँ। यदि राजा शाल्व ने सौराष्ट्र पर आक्रमण नहीं किया होता तो आगे जो प्रतियोगिताएँ होतीं उनसे मुझे अतिरथी की श्रेणी भी कभी की मिल गई होती।" प्रद्युम्न ने कहा।

मुखिया ने अपने सहयोगियों से कहा, "मैं आज जा रहा हूँ। कुछ दिन बाद वापस आऊँगा। अपने साथ मैं अपने इन अतिथियों को भी ले जा रहा हूँ। हमने इनके ऊँट और इनकी रसद ले ली है, इसलिए कुछ भाग वापस दे देना चाहिए।"

दो दिन तक वे लोग रेगिस्तान में होकर ही चलते रहे। रास्ते में जहाँ कहीं नखलिस्तान आया वहाँ विश्राम कर लिया।

तीसरे दिन वे एक बड़े नखलिस्तान में पहुँचे। वहाँ उन्होंने रात-भर विश्राम किया।

वह मुखिया अपने इन बन्दियों की खूब सार-सँभाल रखता था, आदर देता था किन्तु यह नहीं बताता था कि वे किधर जा रहे हैं।

पाँचवें दिन वे फिर एक नखलिस्तान में पहुँचे। यह और भी बड़ा था। वहाँ पूरी तौर से सुसज्जित सैनिकों ने उनका स्वागत किया।

मुखिया के निर्देशानुसार दो सैनिक प्रद्युम्न के लिए नए वस्त्र ले आए। प्रद्युम्न को नए वस्त्र पहनकर पुराने वस्त्र इन सैनिकों को सौंप देने की आज्ञा हुई। कुछ देर तक तो प्रद्युम्न ने सोचा कि इसके पीछे कोई चाल तो नहीं है।

मुखिया बोला, "इसमें किसी बात की कोई शंका मत करो। आपको महाप्रतापी राजा शाल्व से मिलना है और धूल-भरे गन्दे वस्त्र पहनकर मिलने जाना उचित नहीं है।"

छठे दिन पौ फटी तो वे एक गाँव में पहुँचे। वहाँ रास्ते के दोनों ओर उच्च पदस्थ सैनिकों के घर थे। गलियों में कचरा बिखरा हुआ था। धूल में नंगे बच्चे खेल रहे थे। जब वे गलियों से गुजरे तो प्रद्युम्न ने देखा कि वहाँ अर्थव्यवस्था का मुख्य आधार ऊँट है। पुरानी खूँटियों से ऊँट बँधे हुए थे, कुछ ऊँटनियों का दूध दुहा जा रहा था। भेड़ें, बकरियाँ और खच्चर भी थे, किन्तु गायों या घोड़ों का नाम तक नहीं था।

प्रद्युम्न तथा उसके साथियों को वह मुखिया एक सैनिक-शिविर में ले गया। उन्हें वहाँ सुस्वादु भोजन कराया गया। उसके बाद यात्रा फिर शुरू हुई। मार्ग में उन्हें विशिष्ट प्रतीत होनेवाले कुछ आदमी आते-आते दिखाई दिए।

इनमें एकाध के साथ प्रद्युम्न ने बात करने का प्रयास किया तो मुखिया ने उसका हाथ खींचकर कहा, "तुम और तुम्हारे साथी अभी मेरे बन्दी हो!"

"हम बन्दी नहीं हैं। बन्दी वे कहलाते हैं जिन्हें युद्ध करके जीता गया हो। हमारे साथ अभी तक कोई लड़ा नहीं है।" प्रद्युम्न ने कहा।

"आप ठीक कहते हैं। लेकिन जहाँ कुछ प्राप्ति होनेवाली न हो वहाँ लड़ना मूर्खता ही होती है।" मुखिया ने हँसकर कहा, "महाप्रतापी राजा ने मुझे आज्ञा दी है कि आपका बाल भी बाँका नहीं होना चाहिए। मैं आपकी देखभाल के लिए ही भेजा गया हूँ।"

"और मेरे साथी?"

"अरे, वे भी हमारे अतिथि हैं। चलो, आगे चलें। अभी हमें कई योजन आगे जाना है।"

सूर्योदय से पूर्व और दोपहर के बाद उन्होंने यात्रा जारी रखी। फिर एक और नखलिस्तान में विश्राम किया।

दानवों का व्यवहार विचित्र था। प्रद्युम्न को देखकर आश्चर्य हुआ कि वे जहाँ भी ठहरते वहाँ उन्हें भोजन आदि सब तरह की सुविधाएँ तैयार मिलतीं।

मिट्टी का एक किला आया तो उसके द्वार पर रुककर मुखिया बोला, "आप अपने ठिकाने पर पहुँच गए हैं। यही है मिट्टी का किला—मातृकावत।" थोड़ा रुककर उसने पुनः कहा, "अब आप कहें तो अपना नाम भी बता दूँ? मेरा नाम है वज्रनाभ—सौम सेना का नायक हूँ। अब क्या आप मेरे मुख से ही अपना शुभनाम भी सुनना पसन्द करेंगे? आप प्रद्युम्न हैं, कृष्ण वासुदेव के पुत्र!"

दोनों एक-दूसरे को जानते थे, फिर भी अभी तक अनजान बने हुए थे, यह जानकर अब दोनों पेट पकड़कर जोरों से हँसने लगे, खूब हँसे।

शाल्व से मुलाकात

उन दोनों ने जब मातृकावत में प्रवेश किया तब प्रद्युम्न बकरे की खाल से मढ़ी हुई दीवारोंवाला एक बड़ा महल देखकर दंग रह गया। महल की सजावट भव्य थी। सेवकों द्वारा सर्वत्र उनके प्रति पूर्ण सौजन्य, सद्भाव और विनम्रता का प्रदर्शन किया जा रहा था।

प्रद्युम्न और उसके साथियों को इस महल के एक विशेष खण्ड में अलग ठहराया गया। उनके आराम का पूरा प्रबन्ध किया गया।

प्रद्युम्न सोचने लगे कि यों खिला-पिलाकर कहीं उनकी मति भ्रष्ट करने का प्रयास तो नहीं किया जा रहा है! आतिथ्य का आकार-प्रकार कुछ ज्यादा ही भव्य प्रतीत हो रहा था।

उसी महल के एक भाग में पानी का एक बड़ा ताल था। आसपास कोई नहीं था। उन्हें पूर्ण एकान्त दिया गया था। ऐसा अच्छा एकान्त देखा तो सारे वस्त्र उतारकर वे उस ताल में उतर पड़े और नहाने लगे।

इतने में पता नहीं किधर से अचानक एक मोटे डील-डौल का काला दास प्रकट हुआ और उसने ताली बजाई। ताली बजाते ही छह दासियाँ वहाँ उपस्थित हो गईं। दासियों को देखते ही मारे लाज के प्रद्युम्न ने पानी में डुबकी लगा ली। यह देखकर वे दासियाँ खिलखिलाती हुई वापस चली गईं।

नौकर-चाकर भोजन परोस गए। प्रद्युम्न और उसके साथियों ने भोजन किया और फिर अपने लिए तैयार बिछौनों में लुढ़क गए।

रात सोने से पहले विदा लेते समय प्रद्युम्न ने वज्रनाभ से पूछा, ''क्या आपके नौकर-चाकर और दास-दासियाँ आपके जीवन की सभी आवश्यकताएँ पूरी कर देते हैं?''

प्रद्युम्न के संस्कारवान मन को भोजन परोसती हुई लगभग नग्न दासियों को देखकर धक्का लगा था।

शायद ही कोई घर ऐसा होगा जहाँ ऐसी दासियाँ काम न करती हों।

प्रद्युम्न ने कहा, ''क्षात्रधर्म तो नौकर-चाकर, दास-दासियों पर निर्भर न रहने को कहता है। दासप्रथा की निन्दा करता है। क्या यहाँ कोई भी व्यक्ति क्षात्रधर्म के आचार-नियम का पालन नहीं करता? उच्चकुल की महिलाएँ भी नहीं करतीं?''

वज्रनाभ ने हँसते हुए कहा, ''यहाँ तो पूर्ण सती मिलना कठिन है। फिर उसने प्रद्युम्न का हाथ अपने हाथ में लेकर कहा, ''मैंने आपसे पहले ही कहा था कि यहाँ ऐसी कोई चीज नहीं है जो आपकी पसन्द की हो। बुरा मत मानना। हमारी स्त्रियों को यह भी पसन्द नहीं कि कोई उनकी निन्दा करे।'' फिर स्वर को धीमा करके कहा, ''और जो लोग हमारे प्रतापी राजा की शक्ति का अस्तित्व नहीं स्वीकार करते, उनके भी प्राण संकट में पड़ जाते हैं।''

प्रद्युम्न के चेहरे पर आते भाव-परिवर्तन को देखकर वह कुछ रुका फिर आगे बोला, ''लेकिन कृपया निराश न हों। सभी लोग ऐसे नहीं हैं। कुछ भली और चरित्रवान स्त्रियाँ भी हैं। लेकिन वे दूसरों की निन्दा का साहस नहीं करतीं।''

''तो फिर वे पुरुषों के सामने कैसे टिक सकती हैं?'' प्रद्युम्न ने पूछा।

''उनके पास हमसे भी अधिक शक्तिशाली शस्त्र होता है।'' वज्रनाभ ने उत्तर दिया।

प्रद्युम्न ने कहा, ''ऐसा कौन-सा शस्त्र है जो उनके पास है और हमारे पास नहीं?''

वज्रनाभ ने हँसकर कहा, ''विष–जब पुरुष अपना मस्तक उनकी गोद में

रखकर सोते हैं तब!"

"हमारे युवा योद्धाओं के उच्च नैतिक मनोबल को गिराने का प्रयत्न मत करना।" प्रद्युम्न ने कहा।

"स्वीकार है यादव कुमार, आप अपने नैतिक मनोबल को सँभालकर रखिए, उसकी रक्षा कीजिए, लेकिन हमारी स्त्रियों से बचे रहिए।" वज्रनाभ ने कहा।

वज्रनाभ को प्रद्युम्न अच्छा लग रहा था। वह सौम्य, तरुण और विवेकी था। वज्रनाभ ने अपनी आवाज धीमी करके प्रद्युम्न से कहा, "वत्स, तू धर्मपरायण क्षत्रिय प्रतीत होता है।"

प्रद्युम्न जब सोने लगा तब उसके हृदय में वज्रनाभ से हुई बातें उथल-पुथल मचा रही थीं।

दूसरे दिन सवेरे दो आबनूस-जैसी देहवाले सेवक उनकी सेवा में उपस्थित हुए। प्रद्युम्न के लिए राजाधिराज की ओर से भेंट के रूप में एक ऊनी शाल भेजी गई थी।

फिर जब वह अगले दिन सुबह जागा तो एक सेवक को घुटनों के बल सिरहाने झुका हुआ पाया। दूसरा सेवक द्वार में प्रविष्ट हुआ और झुककर बोला, "यदि श्रीमान् इस अकिंचन के साथ चलने की कृपा करें तो यह अंकिचन आपको उस भवन में ले चलेगा जहाँ राजाधिराज ने श्रीमान् को स्मरण किया है।"

तेज धूप चढ़ आई थी जब पूर्ण नामक मल्ल ने प्रद्युम्न के राजाधिराज से भेंट करने योग्य वेशभूषा में सज्जित होने में सहयोग दिया।

प्रद्युम्न ने अपने साथियों को भी साथ चलने को कहा किन्तु श्यामवर्ण के सेवक ने अत्यन्त नम्रता के साथ निवेदन किया, "क्षमा करें, आपको अकेले ही बुला लाने की आज्ञा हुई है।"

"हमारा वहाँ कुछ भी बिगड़नेवाला नहीं है।" पूर्ण ने प्रद्युम्न से कहा, "यदि इनके मन में कोई खोट होता तो ये हमें रेगिस्तान में से यहाँ इतने मान व आदर के साथ लाते ही क्यों? हाँ, यह तो लगता है कि ये कुछ-न-कुछ करने की इच्छा रखते हैं, लेकिन हम शीघ्र ही पता लगा लेंगे कि इनका क्या विचार है।"

प्रद्युम्न को सिंहासन-कक्ष में पहुँचाया गया। वहाँ एक कम ऊँचाई के सिंहासन का बाघम्बर बिछा हुआ था। सिंहासन के पीछे नंगी तलवारें लिये हुए अंगरक्षकों की एक कतार थी।

सिंहासन पर जो व्यक्ति बैठा था वह बिना किसी बाह्याडम्बर के यथेष्ट प्रभावशाली दिखाई दे रहा था। करीब पचास वर्ष का लगता था।

प्रद्युम्न ने पहली ही दृष्टि में अनुमान लगा लिया कि यही शाल्व है। सौराष्ट्र में वह इससे लड़ चुका था। उसके होंठों पर हलकी मुस्कराहट आ गई। वह गर्व

के साथ खड़ा रहा। शाल्व के चेहरे पर भी पहचान का भाव आ गया।

शाल्व ने प्रद्युम्न की ओर हँसते हुए देखा, फिर अपने पास बिछे एक आसन की ओर इंगित करते हुए कहा, "राजाधिराज की सभा में मैं तुम्हारा स्वागत करता हूँ। डरो मत युवक, यहाँ बैठो।"

प्रद्युम्न को इन शब्दों में नवीनता लगी। वह मुस्कराया और बोला, "राजाधिराज, आपने कहा होता तो मैं स्वयं ही यहाँ चला आया होता। यदि आप राजाधिराज हैं और क्षात्रधर्म का पालन करते हैं तो आपको चाहिए कि मेरे साथ बाहुयुद्ध में उतरें।"

"हाँ, अब याद आता है, तुम वही वीर युवक हो जिसे मैं द्वारका में ही मार देता किन्तु जिसे मैंने बचा लिया था, मारा नहीं था," शाल्व ने कहा, "मुझे बराबर याद है, तू द्वारका में वीरतापूर्वक लड़ा था। पर तुझसे मेरा कोई झगड़ा नहीं है। मेरा झगड़ा तेरे पिता से है।"

"तब फिर आपने मुझे किसलिए बन्दी बनाया?" प्रद्युम्न ने पूछा, "आपके मन में कोई और चाल घूम रही होगी।"

शाल्व हँस दिया, "मेरे आतिथ्य में कोई त्रुटि तो नहीं रही है न?"

फिर उसने आदेश दिया तो संगीतकारों के साथ एक लड़की उपस्थित हुई।

"यह लड़की अद्‍भुत है।" शाल्व ने कहा।

उस लड़की ने झीने घूँघट के साथ नृत्य किया, वाद्य बजते रहे, वह थिरकती रही और धीरे-धीरे आवरण-अवगुण्ठन सभी हटते चले गए। अन्त में वह एकदम वस्त्रहीन प्रतिमा-सी खड़ी रह गई।

शाल्व प्रद्युम्न की ओर मुड़कर बोला, "यह कन्या तुम्हें आकर्षक लगी?"

"हाँ, निश्चय ही यह सुन्दर है।" प्रद्युम्न ने कहा।

शाल्व बोला, "इसे मैं प्रसन्नता से तुझे देता हूँ। यह अत्यन्त आज्ञाकारी है और अपनी कला में भी पूर्णतया दक्ष है, पारंगत है।"

"राजाधिराज, आपके इस उपहार के लिए आभार। लेकिन मेरे लिए यह निरर्थक है। मैंने सौगन्ध ली हुई है कि बिना विवाह किए मैं किसी भी स्त्री को स्पर्श नहीं करूँगा। क्षात्रधर्म की दीक्षा लेते समय ली गई प्रतिज्ञाओं में यह भी एक है।"

शाल्व ने संकेत किया और वह कन्या मृदु गति से उस कक्ष से बाहर चली गई। उसके जाने के बाद संगीतकार भी चले गए।

मग्ग का किला

शाल्व की कठिनाइयों का अन्त नहीं था। वह सौराष्ट्र से लौटा तो उसने कथनी और करनी से ऐसा प्रभाव जमाने का प्रयास किया मानो वह विजयपताका फहराकर आया हो।

लेकिन वास्तविकता कुछ और ही थी। वह निराश होकर लौटा था। द्वारका के युद्ध में उसके तीन विश्वस्त वीर खेत रहे थे। ये थे एक प्रचण्ड दानव योद्धा विविन्ध, मन्त्री क्षेमवृद्धि और सेनापति वेगवान।

इतना ही नहीं, उसे न केवल बिना विजय प्राप्त किए युद्धक्षेत्र से भागना पड़ा था, बल्कि बड़ी अपमानजनक स्थिति और हड़बड़ी में पीछे हटना पड़ा था।

सेनापति वेगवान शाल्व की सभी सेनाओं का प्रभारी था। उसके बाद उसके पुत्र वज्रनाभ का स्थान था। शेष बचे सैनिकों की देखभाल अब उसके अधीन थी। लेकिन शाल्व को वज्रनाभ में पूरा विश्वास नहीं था, यद्यपि उसकी योग्यता या निष्ठा में कोई कमी हो ऐसा प्रमाण भी उसे मिला नहीं था। वज्रनाभ ने कभी कोई षड्यन्त्र भी नहीं किया था न किसी अन्य द्वारा किए किसी षड्यन्त्र में भाग ही लिया था। इसी कारण शाल्व ने उसे सेना की बागडोर सौंपी हुई थी।

शाल्व ने वज्रनाभ को अपने पास बुलाया। वज्रनाभ ने पास आकर प्रणाम किया।

"वज्रनाभ, मैं अपनी सम्पूर्ण सत्ता तेरे हाथों में सौंपता हूँ," शाल्व ने कहा, "तू मुझे उतना ही प्रिय है जितना तेरा पिता था।"

"आपकी आज्ञा मुझे शिरोधार्य है।" वज्रनाभ ने उत्तर दिया।

"इसीलिए सेनाओं की बागडोर मैंने तेरे हाथों में सौंपी है। हमारे शत्रुओं को तुम जानते हो। उनके साथ कठोरता का व्यवहार किए बिना पार नहीं पड़ेगा।" शाल्व ने कहा।

थोड़ी देर तक चुप रहकर शाल्व ने आगे कहा, "तुझे प्रद्युम्न का यजमान बनना होगा। मग्ग का किला मैं तुझे सौंपता हूँ। तेरे परिवार को वहाँ पहुँचा देने के मैंने निर्देश दे दिए हैं।"

वज्रनाभ ने फिर प्रणाम करके कहा, "जैसी राजाधिराज की आज्ञा।"

"प्रद्युम्न को बढ़िया भोजन और बढ़िया-से-बढ़िया युवतियों की व्यवस्था करना।" शाल्व ने कहा।

शाल्व ने दो बार ताली बजाकर आवाज दी, "यहाँ आओ, अब्बय!"

दो सैनिक अब्बय को लेकर राजाधिराज के समक्ष उपस्थित हुए। अब्बय का शिरस्त्राण तथा तलवार उन्होंने ले रखे थे। उसके हाथ पीछे बँधे हुए थे।

शाल्व के चेहरे पर कठोरता आ गई। वह गरजा, ''मेरे विरुद्ध कोई विश्वासघात करे यह मुझे सह्य नहीं। जानते हो?''

अब्बय ने सिर हिलाकर 'हाँ' कहा।

''फिर भी तूने राजमहलों का, किले का, भेद अपने मित्रों को बताया?''

अब्बय थरथरा उठा। उसके घुटने जवाब देने लगे। शाल्व का चेहरा बदल गया। अब वह विकराल बाघ के समान दिखाई देने लगा था।

''यहाँ आओ और अपनी गर्दन झुकाओ!'' गरजकर उसने कहा।

अब्बय घिसटते पैरों से आगे बढ़ा और सिर झुकाकर खड़ा हो गया। बिजली-जैसी चपलता के साथ शाल्व की तलवार चमकी, अब्बय की गर्दन पर गिरी और अब्बय का सिर धड़ से अलग हो गया।

शाल्व ने प्रद्युम्न की ओर देखा, ''क्या मैं न्यायी नहीं हूँ? मेरे प्रति विश्वास न रखनेवाले का क्या हाल होता है, यह तूने देखा। वज्रनाभ, याद रखना। इसी कारण राजाधिराज को न्यायी कहा जाता है। वे विश्वासी पर कृपा की वर्षा करते हैं और विश्वासभंजक को मृत्युदण्ड देते हैं।''

शाल्व अपने आसन से उठ खड़ा हुआ। सभी खड़े हो गए। उसने अपनी तलवार हवा में लहराई, मानो कोई बहुत बड़ी विजय प्राप्त करके आया हो।

''वज्रनाभ, तुम अब जा सकते हो।'' शाल्व ने कहा और प्रद्युम्न की ओर मुड़कर बोला, ''तू मेरा अतिथि है। तू इसके साथ जाएगा। यह और इसका परिवार तेरी पूरी सार-सँभाल रखेंगे। ठीक है न वज्रनाभ?''

''जैसी राजाधिराज की आज्ञा!'' वज्रनाभ ने उत्तर दिया।

''मुझे श्रीमान् के आतिथ्य में कब तक रहना होगा?'' प्रद्युम्न ने पूछा।

''हमारा अतिथि हमारे आतिथ्य से उकता न जाए, तब तक!'' शाल्व ने हँसकर कहा। प्रद्युम्न भी मुस्करा पड़ा।

वज्रनाभ प्रद्युम्न को अपने महल में ले गया। वहाँ अन्य अतिथियों के साथ उन्होंने भोजन किया। फिर वज्रनाभ ने कहा, ''हम मल्ल पूर्ण को अपने साथ ले जाएँगे। शेष लोग यहीं रहेंगे।''

प्रद्युम्न ने अनुभव किया कि अब वह समय आ गया है जब उसे शस्त्रों का सहारा लिये बिना विजय प्राप्त करनी होगी। ''मैं अपना जीवन आपके हाथों में सौंपता हूँ, वज्रनाभ!'' उसने कहा।

तीसरे दिन प्रातःकाल उन्होंने मग्ग के किले की ओर प्रस्थान किया।

वज्रनाभ ने प्रद्युम्न को अपने साथ उसी ऊँटनी पर बिठाया जिस पर वे स्वयं बैठे। तीन टेकरियों पर जो तीन किले दिखाई दे रहे थे उनमें से एक किले की ओर वे बढ़ गए।

"हम लोग वहाँ किस उद्देश्य से जा रहे हैं?" प्रद्युम्न ने पूछा।

"इस किले के विषय में किसी से भी कोई बात न करने का मुझे आदेश है। आप जानते ही हैं कि अब्बय का क्या हाल हुआ। उसने इस किले के बारे में ही एक अन्य सैनिक से बात करने का अपराध किया। जो भी इसके विषय में बात करता है उसका यही हाल होता है।"

फिर वज्रनाभ ने सोचा कि यह यादव युवक अब अन्तिम बार जीवन में इस किले को देख रहा है, इसलिए इसे इसके बारे में बताने में कोई डर नहीं है। वह बोला, "बीच का किला राजाधिराज और उनके परिवार का निवास स्थान है। वहाँ सदैव अनुभवी और विश्वसनीय सैनिक पहरा देते हैं। स्वयं राजाधिराज की जब तक आज्ञा न हो, तब तक वहाँ किसी का भी प्रवेश सम्भव नहीं हो सकता।"

थोड़ी देर ठहरकर वज्रनाभ ने फिर आगे कहा, "बाईं ओर मग्ग का किला है। मेरे पिता जब सेनापति थे तब वहाँ रहते थे। दूसरे किले में वे रहते हैं जो राजद्रोही हैं और जिन्हें मृत्युदण्ड मिला हुआ है। प्रद्युम्न, आप जानते हैं कि इस किले का परिचय देने का एकमात्र दण्ड मृत्यु है। आप यदि, मग्ग के किले से भाग जाओ तो जो अब्बय के साथ हुआ, वही मेरे साथ होगा।"

"यदि आप मग्ग के किले का तनिक-सा भी परिचय मुझे देंगे तो आपकी भी वही हालत होगी?" प्रद्युम्न ने पूछा, "कुछ समझ नहीं आ रहा है कि मुझे इतना महत्त्व क्यों दिया जा रहा है।"

वज्रनाभ ने मन्द स्वर में कहा, "किले का द्वार देख रहे हो न? सुरक्षा का कितना भारी प्रबन्ध है? आप वहाँ से भाग न जाओ, इसलिए यह व्यवस्था की गई है।"

कहकर वज्रनाभ अचानक चुप हो गया। प्रद्युम्न ने अनुभव किया कि उसे वज्रनाभ को सौंपा तो गया है लेकिन इस कार्य से वह प्रसन्न नहीं है।

उन्होंने जब भीतर प्रवेश किया तब अटारियों में से झाँककर देख रही युवतियों की खिलखिलाहट प्रद्युम्न को सुनाई दी। वज्रनाभ ने उन्हें नीचे आकर अतिथि का स्वागत करने को कहा। युवतियाँ नीचे आईं। वज्रनाभ और प्रद्युम्न दोनों का उन्होंने स्वागत किया। उन्होंने इससे पहले कभी किसी यादव युवक को इतने निकट से नहीं देखा था और प्रद्युम्न-जैसा मोहक सौन्दर्यवाला युवक तो उन्होंने आज तक कभी कहीं देखा ही नहीं था।

फिर वज्रनाभ प्रद्युम्न को दूसरी ओर ले गया। वहाँ एक सुन्दर भवन था। अतिथियों के लिए अलग से निर्मित तथा पूरी तरह सुरक्षित। कई पहरेदार वहाँ नियुक्त थे।

गुलाब की कलियाँ बन्दीगृह में

मग्ग के दुर्ग में प्रद्युम्न के दिन आनन्द में बीतने लगे, साथ-ही-साथ तीव्र वेदना भी सताती रही।

कारण कुछ भी रहा हो, शाल्व यह तो जानता ही था कि उसने एक गुलाब की कली को बन्दी बना रखा है। कितनी ही सुखदायी क्यों न हो, कारा तो कारा ही होती है। वह जानता था कि वज्रनाभ के परिवारवालों को भी उस दुर्ग का एकान्त पसन्द नहीं था।

वज्रनाभ की पुत्री प्रभावती ने प्रद्युम्न को पति के रूप में वरण करने का निश्चय कर लिया था। वह षोडशी सुन्दर और आकर्षक देहवाली थी।

प्रभावती के साथ एकान्त वास में सुख और पीड़ा दोनों का मिश्रित अनुभव होता था। प्रद्युम्न जब तक उसके साथ होता तब तक यह भूल ही जाता कि वह वहाँ अपने दादा की खोज करने आया है।

प्रभावती की दो छोटी बहनें थीं। सम्भवतः उन्हें कह दिया गया था कि जब प्रभावती और प्रद्युम्न अकेले हों तब वे बीच में न जाया करें। एक बहन आठ वर्ष की थी और दूसरी बहन पाँच वर्ष की थी। प्रभावती और प्रद्युम्न जब बातें करते तो वे दोनों बहनें वहाँ से हट जाया करती थीं।

एक दिन दोपहर को एक सन्देश आया कि आज रात वज्रनाभ किले में नहीं लौटेगा।

प्रद्युम्न के हृदय में प्रभावती ने गहरा स्थान बना लिया। इसलिए प्रद्युम्न प्रयास तो करता था कि प्रभावती से एकान्त में मिलन को टालता रहे लेकिन कभी मिलन हो ही जाता तो उसे बहुत अच्छा लगता।

शाम का ब्यालू जब हो गया तो उस दिन भी प्रभावती और प्रद्युम्न को एकान्त मिल गया। प्रभावती ने एकान्त पाकर दासियों को संकेत किया तो वे वहाँ से चली गईं।

दोनों को पहले तो कुछ समझ नहीं आया कि क्या बात करें, फिर प्रभावती ने ही चुप्पी तोड़ी, ''आप यों खोये-खोये क्यों रहते हैं? क्या मैं आपको पसन्द नहीं हूँ? बिलकुल बोलते ही नहीं, क्या बात है?''

''समझ में नहीं आता कि क्या बोलूँ?'' प्रद्युम्न ने कहा।

''मैं जो समझ रही हूँ वह कहने का प्रयास कर रही हूँ, लेकिन मुझे भी भय है कि यदि मैंने मन की बात आपसे कह दी तो कहीं राजाधिराज रुष्ट न हो जाएँ।'' प्रभावती बोली।

''सम्भवतः तुम सभी किसी सम्भावित संकट की आशंका से ग्रस्त हो!''

प्रद्युम्न ने कहा।

"लेकिन मुझे तो यह बताओ कि आपको हुआ क्या है? आप क्यों इतने उदास रहते हैं?" प्रभावती ने मुस्कराकर पूछा।

"हो सकता है मैं भी उसी कारण से उदास हूँ जिससे तुम सब हरदम उदास-से बने रहते हो।" प्रद्युम्न ने कहा।

प्रभावती के धीरज का बाँध टूट गया, "अब वह सब आपको बताने से क्या लाभ है? मैं तो जिधर जाती हूँ उधर ही कठिनाइयाँ खड़ी दिखाई देती हैं।" उसकी आँखों से आँसुओं की धारा बह चली, "राजाधिराज के खेल के हम सभी मोहरे मात्र हैं।"

"किन्तु उनका खेल क्या है?" प्रद्युम्न ने पूछा, "मुझे यह खेल कुछ समझ में नहीं आया।"

"आपको तो यहाँ राजकीय अतिथि के रूप में सभी सुख-सुविधाएँ उपलब्ध हैं। इससे अधिक आपको क्या चाहिए?" प्रभावती ने पूछा।

"ओह, मुझे ये सब सुख-सुविधाएँ नहीं चाहिए। मुझे अपनी इच्छानुसार कुछ भी करने की स्वतन्त्रता नहीं है। इसके बदले तो तुम्हारे राजाधिराज मेरा प्राणान्त कर देते तो अधिक अच्छा रहता।"

"आप हमें छोड़कर कब जाएँगे?" प्रभावती ने पूछा।

"मैं भी तो यही पूछता हूँ। तुम सभी ने मुझे अपने परिवार के सदस्य के समान रखा है। इस कारण मैं तुम सभी से स्नेह-सूत्र में बँधता चला जा रहा हूँ।" प्रद्युम्न ने कहा।

"आपको यहीं रखने के लिए हम क्या कर सकते हैं?" प्रभावती ने पूछा।

"आपने जो कुछ किया वही बहुत है," प्रद्युम्न ने गहरी साँस लेकर कहा, "आपके जैसे स्नेहशील लोगों से बिछुड़ने के विचार मात्र से मुझे दुख होता है।"

"तो आप यहीं रह क्यों नहीं जाते? आप यहीं रह जाएँ तो मेरे माता-पिता बहुत प्रसन्न होंगे।" प्रभावती ने कहा।

"किन्तु यह कैसे सम्भव हो सकता है?" प्रद्युम्न ने कहा, "मैं यहाँ कैसे रह सकता हूँ? मैं यदि तुम्हारे साथ विवाह करके मातृकावत में ही रहने लगूँ तो अपने पिता को मैंने जो वचन दिया था वह भंग हो जाएगा।"

थोड़ी देर रुककर प्रद्युम्न ने आगे कहा, "यदि मैं ऐसा करूँ तो समस्त यादव मेरे विरुद्ध हो जाएँगे। इसके अलावा मेरी 'माता' मायावती ने मेरे द्वारा क्षात्रधर्म के जिन आदर्शों के पालन की आशा लगाई थी वह भी पूरी नहीं हो सकेगी, उसके सारे सपने टूट जाएँगे।"

"सन्तान से विछोह होगा तो माँ को दुख तो होगा ही।" प्रभावती ने कहा।

"तुम्हारे परिवार पर सम्भवतः कोई संकट आ रहा है। मुझे ऐसा लगता है कि इस संकट का सम्बन्ध मेरे भाग्य से भी है। लेकिन मेरे सामने तो कोई इस बारे में बात करता ही नहीं है। तेरे पिता भी मेरे भविष्य के बारे में सबकुछ जानते हुए भी उस विषय में मुझसे कोई बात करते हुए हिचकिचाते हैं।"

"राजाधिराज की आज्ञा के बिना आप इस दुर्ग से बाहर कैसे निकलेंगे?" प्रभावती ने पूछा।

"यही तो जानना है। मैं जिस उद्‌देश्य से आया हूँ, वह उद्‌देश्य मुझे पूरा करना है। और आप सभी लोग मेरे साथ ऐसा बर्ताव करते हो जैसे मेरा यहाँ से कभी लौटना होगा ही नहीं।"

"आप यहीं रहें तो कितना अच्छा हो!" प्रभावती ने कहा।

"लेकिन मैं यहाँ रह नहीं सकूँगा। अपना लक्ष्य भूलकर यहाँ रहने की बजाय मैं मरना ज्यादा पसन्द करूँगा। मैं यह जानना चाहता हूँ कि मेरे दादा वसुदेव का क्या हुआ। यदि वे अभी तक शाल्व के कारागार में हों तो मुझे उन्हें मुक्त कराना है। लेकिन अभी मैं स्वयं ही बन्दी बना पड़ा हूँ।"

पल-भर ठहरकर उसने आगे कहा, "तू सोच भी नहीं सकती कि यदि मैं अपने उद्‌देश्य में सफल नहीं होता हूँ तो क्या होगा! द्वारका के यादवों की कीर्ति में कितना बट्टा लगेगा!"

"किन्तु सुना है, द्वारका का तो अस्तित्व ही नहीं रहा!" प्रभावती ने कहा।

"हाँ, लेकिन तू जानती नहीं कि मेरे पिता ने आकर उसमें कितना नवजीवन संचार किया है! मेरे दादा का क्या हुआ, यह जानना मेरे लिए कितना आवश्यक है!"

"उनको तो शायद काफी दिनों पहले मार दिया गया होगा।" प्रभावती ने कहा।

"यह बताओ कि राजाधिराज ने मेरे दादा का क्या किया? वे जीवित हैं या मर गए? यदि वे मर गए तो कैसे मरे? कुछ पता है तुम्हें?" प्रद्युम्न ने पूछा।

"मेरे पिता का जीवन संकट में है। मेरे पिता को एक ओर हटाने का राजाधिराज को कोई बहाना चाहिए था। आपको यहाँ भेजने के पीछे यह भी एक कारण है। राजाधिराज न मेरे पिता को चाहते हैं, न आपको चाहते हैं। केवल बन्धक के रूप में आपको रखा है।"

"किसके लिए बन्धक?" प्रद्युम्न ने पूछा।

"मेरे पिता चाहते हैं कि मेरा विवाह आपसे हो जाए, आप स्थायी रूप से यहीं रहें। आप यहीं रहें तो उनका यादवों पर अच्छा नियन्त्रण रहेगा। आप यदि यहाँ से भाग जाएँगे तो राजाधिराज हम सभी की हत्या कर देंगे।"

''मैं तो यहाँ बड़े आराम से हूँ। लेकिन यदि मेरे दादा की मृत्यु हो चुकी है तो मुझे उन्हें श्रद्धांजलि अर्पित करनी होगी, और यदि वे जीवित हैं तो मुझे उन्हें मुक्त कराना होगा।'' प्रद्युम्न ने कहा।

प्रभावती डबडबाई आँखों से कुछ देर तक प्रद्युम्न की ओर देखती रही। फिर उसने पूछा, ''आप पिताजी से क्यों नहीं पूछ लेते? वे आप पर पूरा स्नेह रखते हैं, हम सबको चाहते हैं। मेरा आपसे विवाह हो जाए तो मेरे माता-पिता बहुत प्रसन्न होंगे।''

''इसी कारण क्या मुझे इतनी सुख-सुविधाएँ दी जा रही हैं? राजाधिराज समझ रहे होंगे कि मैं तेरे साथ विवाह करके यहीं बस जाऊँगा। लेकिन मेरा तुझसे विवाह भी हो तो भी मैं अपने पिता के प्रेम और वात्सल्य को तो कभी नहीं भूल सकूँगा।'' प्रद्युम्न ने कहा।

''मैं जानता हूँ कि अनिश्चितता का एक बादल अभी सबके सिर पर मँडरा रहा है। मैं जानता हूँ कि तुमने मेरे जीवन में ऐसे समय प्रवेश किया है जब हमारा भवितव्य भयानक रूप में हमारे सामने खड़ा है। यादवों और दानवों के बीच सन्धि की भी कोई सम्भावना नहीं है।'' प्रद्युम्न ने आगे कहा।

''आप ऐसा क्यों मानते हैं कि राजाधिराज इतने क्रूर हो जाएँगे?'' प्रभावती ने पूछा।

''उनके लिए क्रूर शब्द तो बहुत कम होगा,'' प्रद्युम्न ने कहा, ''वर्षों से वे यादवों का सर्वनाश करने का प्रयत्न कर रहे हैं। उन्होंने सौगन्ध ले रखी है कि मेरे पिता का और समस्त यादवों का विनाश करके वे पृथ्वी को यादवरहित बनाकर छोड़ेंगे।''

प्रभावती ने कभी सोचा भी नहीं था कि यादवों और दानवों के बीच इतनी बड़ी खाई है। वह सजल नेत्रों से प्रद्युम्न को देखती रही।

प्रद्युम्न ने कपाल ठोंककर अपनी असहाय स्थिति का संकेत दिया। प्रभावती ने तब प्रद्युम्न का दूसरा हाथ थाम लिया। दोनों कुछ देर तक इसी स्थिति में एक-दूसरे का हाथ पकड़े हुए बैठे रहे।

''आप चिन्ता मत करो।'' प्रभावती ने कहा, ''मैं अपने पिता से इस विषय पर बात करूँगी। वे शायद कोई उपाय ढूँढ़ निकालेंगे। फिर वे तो मुझे इतना चाहते हैं। और मेरा आपसे विवाह हो जाए तो वे और भी खुश होंगे।''

''लेकिन राजाधिराज इसका यह अर्थ लेंगे कि तुम्हारे पिता ने उनके विरुद्ध द्रोह किया है।'' प्रद्युम्न ने कहा।

''भविष्य की चिन्ता भविष्य पर छोड़ दीजिए।'' प्रभावती ने कहा और प्रद्युम्न को अपनी ओर खींचा। दोनों इतने निकट हो गए कि दोनों का सीना एक-दूसरे

से सट गया।

"कभी-कभी रात के समय मुझे स्त्री की इच्छा होती है, लेकिन दासियों के आकर्षण से मैं सदैव बचता रहा हूँ। मैं कामदेव से प्रार्थना करता रहता हूँ कि तेरे लिए मेरे हृदय में इतना अधिक प्रेम वह क्यों पैदा करता है? मैं चाहता हूँ कि वे इस प्रेम की मात्रा कम कर दें, लेकिन साथ ही मैं यह भी जानता हूँ कि ऐसा होगा नहीं।" प्रद्युम्न ने कहा।

"दुखी मत होइए," प्रभावती ने कहा, "आज की रात हमारी है। आज बादल भी गरजेंगे और बिजली भी चमकेगी।"

आज्ञा

प्रभावती और प्रद्युम्न दोनों समझ गए थे कि वे दोनों परस्पर मिलकर कितना जोखिम उठा रहे हैं।

प्रभावती ने धीरे-से कहा, "आप अपनी कुटीर में जाइए, मैं थोड़ी देर बाद वहाँ आती हूँ। वहाँ एकान्त है। हम आराम से बातें कर सकेंगे।"

एक के बाद एक अजीब घटनाएँ घटित हो रही थीं। उनका रहस्य प्रद्युम्न को समझ में नहीं आ रहा था। कोई सेवक यदि किसी को उसके घर के आसपास भी देख लेता तो उसकी निश्चित रूप से हत्या कर सकता था, किन्तु प्रभावती को वह मना भी नहीं कर सकता था क्योंकि उसका दिल टूट जाता।

प्रद्युम्न अपनी कुटीर में गया और अधीरता से वहाँ प्रभावती की प्रतीक्षा करने लगा। उसने सोचा कि यह कदम जितना उसके लिए भयावह है उतना ही प्रभावती के लिए है। लेकिन यदि प्रभावती ने यह जोखिम उठाना उचित न समझा होता तो वह एक अपरिचित व्यक्ति के साथ इस प्रकार मिलने का विचार न करती।

जब आधी रात हुई तो थोड़ी देर बाद उसने प्रभावती को अपनी कुटीर की ओर आते देखा। जब वह पास आई तो वह समझ गया कि प्रभावती अत्यन्त उत्तेजित थी।

"इतनी रात गए तू घर के बाहर कैसे निकल पाई?" प्रद्युम्न ने पूछा।

"आप कितने अच्छे हैं यह कहने के लिए कभी तो मुझे आपसे मिलना ही था।" प्रभावती ने हँसकर कहा, "लेकिन अभी तो मैं राजाधिराज की आज्ञा से यहाँ आई हूँ।"

"राजाधिराज की आज्ञा?" प्रद्युम्न ने आश्चर्य से कहा, "बड़ी विचित्र है यह दुनिया!"

"यहाँ विचित्रताओं के अतिरिक्त और कुछ देखने को मिलता भी नहीं है। लेकिन उसकी बात कल। अभी तो राजाधिराज की आज्ञा की ही बात करनी है।" प्रभावती ने कहा।

"क्या आज्ञा है?" प्रद्युम्न ने पूछा।

"पन्द्रह दिन में आपको मेरे साथ विवाह कर लेना है," प्रभावती ने लज्जापूर्वक उसकी ओर देखते हुए कहा, "ये आज्ञाएँ भी अद्‌भुत होती हैं। यदि आप इनका पालन नहीं करेंगे तो राजाधिराज आपको कठोर दण्ड देंगे।"

प्रद्युम्न ने हँसकर पूछा, "तेरे पिता की इसमें सहमति है?"

"वे और कर ही क्या सकते हैं? मात्र इतना ही कह सकते हैं, 'जैसी राजाधिराज की आज्ञा' और साष्टांग। राजाधिराज की आज्ञा हो तो इतना ही किया जा सकता है और पिताजी ने भी यही किया होगा।"

"क्या राजाधिराज ने मेरी हत्या करने की भी कोई बात कही है?" प्रद्युम्न ने पूछा।

"नहीं। उलटे वे तो आपकी प्रशंसा करते हैं। पिताजी के सामने ही उन्होंने ऐसा कहा था।" प्रभावती ने उत्तर दिया, और फिर कहा, "दानव स्त्रियों की गोद में सिर रखकर सोनेवाले प्रियतम को वे विष दे दिया करती हैं!"

"बाप रे, कैसी भयंकर बात है यह!" प्रद्युम्न कह उठा, "लेकिन समय थोड़ा है और संकटों से खेलना मुझे अच्छा लगता है। मैं हँसकर संकटों का सामना करता हूँ। हमारा वश चलता तो हम एक-दूसरे की बाँहों में लिपटकर सो जाते, लेकिन मैं जानता हूँ कि यहाँ राजाधिराज की आज्ञा बिना कुछ भी नहीं होता।"

"यदि मुझे पन्द्रह दिन से अधिक जीवित रहने की इच्छा हो तो..." प्रभावती ने आशा-भरी दृष्टि से प्रद्युम्न की ओर देखकर कहा, "क्या आप मेरे साथ विवाह करना पसन्द करेंगे?"

"अवश्य। लेकिन उसमें आनन्द कहाँ?" प्रद्युम्न ने कहा।

"हाँ, मैं भी ऐसा ही सोचती हूँ। जिस विवाह की मैंने इतने हर्ष से कामना की थी वह तो इस आज्ञा की शृंखला में जकड़ दिया गया है। लेकिन क्या करें?" प्रभावती ने कहा, "राजाधिराज की आज्ञा में सार की एक ही बात है, मैं आपके साथ सदा यहीं रहूँ।"

"ओहो, लेकिन कोई तो रास्ता इसमें से निकालना ही पड़ेगा। मेरा तो हृदय फट रहा है। मैंने तुझे देखा तब से मैं यही स्वप्न देखता रहा हूँ कि तेरा-मेरा विवाह गीत, नृत्य और दुन्दुभिनाद के बीच सम्पन्न हो। इस विषम परिस्थिति से मुक्त होने का क्या कोई उपाय है? क्या हम दोनों यहाँ से भाग सकते हैं?" प्रद्युम्न ने हँसकर कहा।

''हाँ, लेकिन दूसरे ही दिन पिताजी तथा मेरे सभी परिवारवालों की हत्या हो जाएगी।'' प्रभावती ने कहा।

''और यदि मैं तुमसे विवाह न करूँ तो मेरी तो हत्या होगी ही, तेरा क्या होगा?''

''माँ को ज्यों ही पिताजी का सन्देश मिला तो माँ ने मुझे कहा कि इसकी पालना होनी चाहिए। यदि मेरे पिताजी मेरा विवाह तुम्हारे साथ नहीं करेंगे तो राजाधिराज उन्हें भी दण्डित करेंगे।'' प्रभावती ने कहा।

''राजाधिराज के इस निर्णय में यादवों के प्रति उनकी नीति बदली हुई दिखाई देती है।'' प्रद्युम्न ने कहा, ''वे चाहते हैं कि मैं अपने पिता से द्रोह करूँ और समस्त यादवों से शत्रुता मोल ले लूँ।'

थोड़ी देर ठहरकर उसने पूछा, ''लेकिन तू अपनी माँ से बचकर यहाँ कैसे आ गई?''

''आज तो माँ से अनुमति लेकर आना सरल हो गया। मैंने उससे कहा कि आपके साथ विवाह की दिशा में यह मेरा पहला प्रयत्न है। मुझे विश्वास है, हम पर नजर रखने को उसने किसी दासी को भी नियुक्त कर दिया होगा। मुझे साफ-साफ बताइए, क्या आप मुझसे विवाह करेंगे?''

प्रद्युम्न ने गहरी साँस ली। पल-भर वह सोच में पड़ गया। फिर कहा, ''मैंने तुझसे कहा न कि मेरा यहाँ आने का मुख्य उद्देश्य अपने दादा की खोज-खबर लेना है। यदि मैं वह कार्य पूरा नहीं करता हूँ तो मेरे माता-पिता मुझे कदापि क्षमा नहीं करेंगे। वे तो यही चाहेंगे कि राजाधिराज की इस आज्ञा के वशीभूत होने से पहले मेरा मर जाना अच्छा है। लेकिन सच्ची बात यह है कि मेरे पिता जितनी वीरता से कोई काम कर सकते हैं, उतनी वीरता मुझमें नहीं है।''

कुछ देर चुप रहने के बाद प्रद्युम्न ने फिर कहा, ''राजाधिराज से प्रार्थना कर कि हमें विवाह करने की अनुमति दें और तेरे पिता को विधिपूर्वक विवाह-समारोह आयोजित करने दें। उसके बाद तो हम जब चाहें तब बिना किसी रोक-टोक के मिल सकेंगे।''

''अरे, मैं तो आपसे जितनी मिल सकूँगी उतनी बार ही मिलने का पूरा प्रयास करूँगी। आप जब से आए हैं तब से मैं आपके प्रेम में डूबी हुई हूँ। वासुदेव के पुत्र, माँ भगवती ने ही आपको मेरे पास भेजा है।''

प्रद्युम्न के व्यवहार में अचानक परिवर्तन आ गया। उसने हँसकर कहा, ''यदि हमें विवाह करना ही है तो फिर प्रतीक्षा किसकी करनी है? चलो, शुभारम्भ करें। मेरी बाँहों में आ जाओ। जो होगा सो होगा। भगवान कामदेव हमारे पक्ष में रहेंगे।''

"जब हमने एक-दूसरे का स्पर्श किया, हमारा विवाह तो तभी हो चुका," प्रभावती ने कहा, "रात हमारी है। मैंने कहा नहीं था कि आज की रात बिजली चमकेगी और बादल भी गरजेंगे।"

"बिजली और गर्जन! ओह, अपनी कठिनाइयों से पार उतरने का भी तो कोई मार्ग ढूँढ़ो। 'माता' मायावती अभी यहाँ होतीं तो कितना अच्छा रहता! वह कैसी भी कठिनाई में से राह निकाल लेती हैं।"

धीरे-धीरे, मधुरता से, उसने प्रभावती के साथ धर्म के विषय में, क्षात्रधर्म के विषय में, क्षत्रिय के रूप में उसे किस तरह आचरण करना चाहिए, इस विषय में बातें कीं। यह भी पूछा कि प्रभावती को क्षात्रधर्म के पालन में उसकी कैसे सहायता करनी चाहिए। प्रभावती पर इस बातचीत का कितना प्रभाव हुआ, यह तो कहना कठिन है किन्तु उसने इन सब बातों को ध्यान से, रुचिपूर्वक सुना।

लेकिन प्रद्युम्न ने जब पिता की बात की और उनके विषय में प्रसिद्ध देवत्व की बात बताई तो वह पूछ बैठी, "कोई मनुष्य भगवान कैसे हो सकता है?"

"तू मेरे साथ द्वारका चलेगी तब तुझे पता चल जाएगा। तू ज्यों ही उन्हें देखेगी, त्यों ही तुझे अनुभव हो जाएगा कि वे भगवान हैं या नहीं," प्रद्युम्न ने कहा, "तूने देखा नहीं कि मेरे यहाँ आते ही सभी लोग पिताजी की सिद्धियों की बात करने लगे हैं।"

"कुछ समझ में नहीं आता कि आप क्या कह रहे हैं?" प्रभावती ने कहा।

"राजाधिराज मेरे पिता के प्रति इतना वैर-भार क्यों रखते हैं?" प्रद्युम्न ने पूछा।

"राजाधिराज की इच्छा है कि उनका साम्राज्य इतना बड़ा हो जाए कि सारा आर्यावर्त उसमें समा जाए। वे सोचते हैं कि उनके इस लक्ष्य को पूरा होने में कृष्ण ही सबसे बड़ी बाधा हैं जिन्होंने आर्यावर्त को अजेय बना रखा है।" प्रभावती ने कहा और फिर जैसे अचानक कुछ याद आ गया और पूछा, "अभी आप 'माता' मायावती की बात कर रहे थे, क्या वे आपके पिता-जैसी ही शक्तिशाली हैं?"

"मैं तुमसे कुछ छिपाऊँगा नहीं," प्रद्युम्न ने कहा, "मैं चाहता हूँ कि तुम मेरे बारे में सबकुछ जान लो। कुछ ऐसा भी हो सकता है जो तुम्हें पसन्द न हो, लेकिन मैंने तुम्हें बताया न, मेरा जीवन तो प्रभु का निमित्त मात्र है। इस जीवनमाला के किसी मोड़ पर एक बार यह 'माता' भी मुझे मिल गई। मेरे जीवन का निर्माण इसी ने किया है।"

"आप इस 'माता' के विषय में मुझे विस्तार से नहीं बताएँगे? मुझे इससे ईर्ष्या होने लगी है। यह 'माता' आपके जीवन में कैसे आई?" प्रभावती ने पूछा।

"तूने सम्भवतः शम्बर नाम के दानव का नाम सुना होगा। एक बार उसे

एक अनाथ लड़की मिली। वह उसे उठा लाया और उसे अपनी पत्नी बना लिया।''

गला साफ करके प्रद्युम्न ने फिर कहा, ''आरम्भ में तो दानवों के बड़े-मुखिया लोग बारी-बारी से इस लड़की का उपभोग करते रहे, लेकिन कुछ समय बीता और यह लड़की बड़ी हुई तो इन सबकी स्वामिनी बन गई। इसके कोई माँ-बाप नहीं। इसने इन दानव योद्धाओं की इतनी सेवा की कि सभी पर इसका प्रभुत्व हो गया।''

''तब तो इसके बारे में मुझे और बताइए।'' प्रभावती ने कहा।

''जो उसके सम्पर्क में आता उसी पर वह अपने दृढ़ मनोबल के कारण अपना प्रभुत्व जमा लेती,'' प्रद्युम्न ने कहा, ''एक बार लहरों के साथ किनारे पर आ पड़ा एक बालक इसे मिला तो यह उसे उठाकर अपनी गुफा में ले आई।''

''आप ही वह बालक हैं क्या?'' प्रभावती ने पूछा।

''हाँ,'' प्रद्युम्न ने कहा, ''इसने पहले तो माता के रूप में मेरा पालन-पोषण किया। एक ही गुफा में हम सोते थे। मेरे जीवन का सहारा यह थी और इसके जीवन का सहारा मैं। इसे मैं होनहार, प्रतिभावान, स्नेही और आनन्ददायक लगा।''

''बड़ी रुचिकर बात है।'' प्रभावती ने कहा, ''मुझे भी आप होनहार, प्रतिभावान, स्नेही और आनन्ददायक लगते हो। यह पूरी बात मैं सुनूँगी।''

उसने प्रभावती की ओर देखा और आगे कहा, ''मेरी 'माता' को पता चला कि मैं कृष्ण वासुदेव का पुत्र हूँ तो उसने मुझे क्षात्रधर्म की शिक्षा देनी शुरू कर दी। दानव मुखियाओं ने इसका विरोध किया। मैं वहाँ था तब दानव-मुखिया बनने की कामना किया करता था।''

थोड़ी देर चुप रहने के बाद उसने फिर कहा, ''चाचा उद्धव कभी-कभी 'माता' से मिलने आया करते थे। उनको विश्वास हो गया था कि मैं कृष्ण वासुदेव का पुत्र हूँ और मेरी वास्तविक माता वैदर्भी रुक्मिणी है। चाचा और 'माता' ने निश्चय किया कि युद्ध कौशल में पारंगत होने के बाद ही मुझे द्वारका लौटना चाहिए। उद्धव चाचा और 'माता' दोनों मेरे लिए ज्ञान और प्रेरणा के स्रोत थे। थोड़ा समय बीतने के बाद 'माता-पुत्र' के सम्बन्ध पति-पत्नी के सम्बन्धों में बदल गए।''

''बाप रे, ऐसा कैसे हो सकता है?'' प्रभावती ने पूछा।

''हमारी परिस्थिति पर विचार करो। एक ओर एक युवा स्त्री डाकुओं के बीच फँसी हुई थी। दूसरी ओर मेरा भी कोई नहीं था, माता थी तो वह थी, पिता थी तो वह। दुनिया में यदि कोई प्राणी उसे पसन्द था, तो वह मैं था। यदि किसी से वह प्रेम करती थी तो वह मैं था। उसने मेरे जीवन का पूरा दायित्व अपने कन्धों पर ले लिया था। हम दोनों साथ-साथ बहुत सुखी थे। शम्बर को जब हमारे सम्बन्धों का पता चला तो वह पागल हो गया। मेरा और उसका मुष्टियुद्ध हुआ और मैंने उसे मार डाला। तब मैं केवल सोलह साल का था। तू कभी 'माता' से

मिलेगी तब तुझे पता चलेगा कि वह कोई साधारण स्त्री नहीं है, देवी है साक्षात् देवी! और मुझे वह अत्यधिक चाहती है।''

''अभी वह कहाँ होगी?'' प्रभावती ने पूछा।

''यह तो पता नहीं किन्तु जब आवश्यकता होगी तो वह अवश्य आ पहुँचेगी।'' प्रद्युम्न ने कहा, ''पिताजी ने उससे गिरिनार के किले में आकर रहने को कहा था तो उसने अस्वीकार कर दिया था और कहा था, जहाँ प्रद्युम्न रहेगा वहीं मैं रहूँगी।''

प्रभावती ने कहा, ''लेकिन यहाँ तो वह कैसे आएगी? यहाँ आना सरल नहीं है। चारों ओर कठोर पहरा है। जो कोई इस पहरे का उल्लंघन करता है वह तत्काल मार दिया जाता है।''

''फिर भी वह आएगी। मुझे विश्वास है। लेकिन अब थोड़ी ही देर में सवेरा होनेवाला हूँ, तू अपने घर जा।'' प्रद्युम्न ने कहा, ''तेरे पिता आएँगे तब मैं उनसे बात करूँगा।''

''कल की चिन्ता कल सही।'' कहकर प्रभावती प्रद्युम्न की बाँहों में समा गई।

अचानक रात की नीरवता भंग करती हुई मोर की तीखी आवाज गूँज उठी। प्रभावती ने इसको शुभ शकुन माना और खुशी से नाच उठी, लेकिन प्रद्युम्न लज्जा से सुस्त पड़ गया। प्रभावती के आलिंगन से उसने अपने-आपको मुक्त कर लिया।

मोर की जो आवाज आई थी, वैसी ही आवाज से प्रद्युम्न ने उत्तर दिया, फिर प्रभावती की ओर देखकर कहा, ''माता मायावती!''

युद्ध-क्षेत्र में

दो दिन बाद कुछ ज्यादा ही विलम्ब करके वज्रनाभ मातृकावत से लौट आया। प्रभावती और उसकी दोनों बहनों ने सदा की तरह उसे प्रणाम किया। वज्रनाभ ने स्नेह से उनकी पीठ थपथपाई।

प्रभावती अपने पिता का स्वभाव अच्छी तरह जानती थी। उसने भाँप लिया कि उसके पिता मन-ही-मन किसी भारी अन्तर्द्वन्द्व से गुजर रहे थे।

वज्रनाभ अन्य परिवारवालों से मिला। फिर उसने अपनी मुख्य पत्नी प्रवीचि से पूछा, ''हमारे यादव अतिथि वीर प्रद्युम्न का क्या हाल है?''

''वह अपने घर में है और मुझे सूचना दी है कि जब आप पधारें और आपको सुविधा हो तो उसे याद कर लिया जाए।''

थोड़ी देर बाद एक सेवक वज्रनाभ के पास आया। नीचे झुककर उसने प्रणाम किया और कहा, ''यादव प्रद्युम्न आपसे मिलना चाहते हैं।'' वज्रनाभ ने सेवक को आज्ञा दी, ''उन्हें अन्दर भेज दो।''

प्रद्युम्न आया। उसने वज्रनाभ को प्रणाम किया।

''आशीर्वाद।'' वज्रनाभ ने स्नेहसिक्त स्वर में कहा, ''कैसी चल रही है आपकी दिनचर्या यहाँ?''

प्रद्युम्न ने औपचारिक उत्तर दिया। प्रभावती ने सोचा कि जो प्रश्न उसके मन में था उसे उसके पिता स्वयं उठा लेंगे। पिता के प्रति सम्मान और संकोच के कारण वह कुछ भी बोल नहीं सकी।

फिर परिवार के सब लोग अपने-अपने काम में लग गए। स्त्रियाँ सान्ध्यकालीन भोजन बनाने में जुट गईं। उस रात भोजन में किसी को कोई आनन्द नहीं आया। सभी को ऐसा अनुभव होता रहा, मानो कोई वज्रपात होनेवाला हो।

''हमारा अब क्या होगा?'' प्रवीचि ने पूछा, ''आप बहुत उदास दिखाई दे रहे हैं। मैंने आपको इतना उदास पहले कभी नहीं देखा था।''

''तूने राजाधिराज का सन्देश प्रभावती को बता दिया?'' वज्रनाभ ने पूछा।

''लेकिन बात क्या हुई?'' प्रभावती ने पूछा, ''मुझे तो लगता है कि आपको कोई आघात लगा है।''

''आघात? अरे, यह तो आघात से बड़ी चीज है। मैं तो जैसे संज्ञा-शून्य हो गया हूँ।'' वज्रनाभ ने कहा।

''ऐसा क्या हो गया, पिताजी!'' प्रभावती ने पूछा।

''क्या तू यादव वीर प्रद्युम्न के साथ विवाह करने को राजी है?''

''आपकी इच्छा मुझे शिरोधार्य है।'' प्रभावती ने उत्तर दिया।

''यह मेरी इच्छा नहीं, राजाधिराज की आज्ञा है।'' वज्रनाभ ने कहा और फिर बोला, ''दूसरा कोई मार्ग नहीं है, बेटी!''

''मुझे पूरी बात बता दीजिए, पिताजी। आपके ऊपर जो भी संकट आता हो उसमें मैं आपके साथ हूँ।'' प्रभावती ने कहा।

वज्रनाभ ने खँखारकर गला साफ किया, फिर कहा, ''हम पर वज्र गिरनेवाला है।'' और उसके हृदय से गहरी वेदना की एक सुबकी भी निकल आई।

''पिताजी, मुझे सारी बात बताइए।'' प्रभावती ने कहा। उसकी आँखों में आँसू छलक आए थे।

वज्रनाभ की आँखें भी गीली हो गई थीं। उसने कहा, ''सुन बेटी, मेरे पराक्रमी पिता वेगवान राजाधिराज के लिए जिए और उन्हीं के लिए मरे। अब उनकी इच्छा यह है कि हम सब उन्हीं के लिए मर जाएँ।''

फिर उसने द्वार पर खड़े एक विश्वासपात्र सेवक को बुलाकर कहा, ''बाहर जा और किसी को हम पर जासूसी करता देखे तो दूर हटा दे।''

''हाँ, नाथ!'' सेवक ने कहा। उसने विश्वास के प्रतीक रूप में झुककर प्रणाम किया, फिर वह कक्ष छोड़कर चला गया।

''प्रवीचि!'' वज्रनाभ ने कहा, ''तू साहस रखकर मेरी बात सुन।''

चारों लोग मौन स्तब्धता में डूब गए। वज्रनाभ अब क्या कहेगा, इसी की चिन्ता सभी के सीने में गड़ने लगी।

''कल मैं राजाधिराज से मिलने गया तो उन्होंने गम्भीर मुखमुद्रा धारण कर ली और मुझे आदेश दिया कि प्रभावती का विवाह प्रद्युम्न के साथ हो जाना चाहिए।''

''आप मेरी चिन्ता न करें पिताजी!'' प्रभावती ने कहा।

''यह उन्होंने कोई हमारे प्रति, तेरे प्रति या प्रद्युम्न के प्रति स्नेह जताने के लिए थोड़े ही कहा है,'' वज्रनाभ ने कहा, ''यह तो हम सभी के विनाश की योजना है।''

थोड़ा ठहरकर उसने फिर कहा, ''यदि प्रद्युम्न तेरे साथ विवाह करने को सहमत नहीं होगा तो उसकी हत्या कर दी जाएगी और यदि वह विवाह करेगा तो उसे यहाँ बन्धक के रूप में तेरे साथ ही रहना होगा।''

वज्रनाभ ने अपने आँसू पोंछे, गला खँखारकर साफ किया। फिर बोला, ''वे तुम दोनों को बरबस साथ रखेंगे। लेकिन प्रद्युम्न, यदि तुम यहाँ से भाग निकलते हो तो तुम्हें भगाने के दण्डस्वरूप वे हमें मार डालेंगे। और यदि उनकी बनाई योजना सफल नहीं होती है तो राजाधिराज मेरी गर्दन उड़ा देंगे।''

प्रद्युम्न ने तिरस्कार-भरी मुद्रा में कहा, ''राजाधिराज की आज्ञा तुम्हारा क्या बिगाड़ लेगी? हम दोनों तो एक-दूसरे का पहले ही वरण कर चुके हैं।''

वज्रनाभ ने कहा, ''तुम जानते हो कि राजाधिराज तथा यादवों के बीच अनेक वर्षों से शीतयुद्ध चल रहा है?''

''यह शीतयुद्ध कब शुरू हुआ था?'' प्रद्युम्न ने पूछा।

''काशी की तीन राजकन्याओं के स्वयंवर के समय यह शुरू हुआ था। तुम्हारे भीष्म ने अपने पोतों के लिए उनका अपहरण किया था। उनमें एक अम्बा थी जो राजाधिराज के साथ प्रेम करती थी। उसने कुरुराज के साथ विवाह करने से मना कर दिया। भीष्म ने उसे वापस राजाधिराज को सौंपने का प्रस्ताव किया। किन्तु राजाधिराज ने इसे अस्वीकार कर दिया। स्वयंवर के युद्ध में ये हार चुके थे, इसलिए हारे हुए राजा के रूप में इन्होंने उस कन्या को स्वीकार करना पसन्द नहीं किया।

"उस समय मैं युवा था और राजाधिराज के साथ भीष्म से लड़ने युद्ध के मैदान में गया था। मुझमें बहुत उत्साह था। राजाधिराज बहुत साहसी वीर थे और निष्ठापूर्वक सेवा करनेवालों पर कृपा रखते थे। मुझ पर उनका पूरा वरदहस्त था।"

"पितामह वेगवान ने इनको वह युद्ध करने से रोका नहीं?" प्रभावती ने पूछा।

"वेगवान की भी महत्त्वाकांक्षा यही थी कि आर्य राजाओं को राजाधिराज की अधीनता स्वीकार करने के लिए विवश किया जाए। राजाधिराज की दृष्टि आर्यावर्त पर लगी थी। वे आर्यावर्त पर विजय प्राप्त करना चाहते थे। यह उनके जीवन का एक बड़ा स्वप्न था।"

थोड़ी देर रुककर वज्रनाभ ने फिर कहा, "राजाधिराज ने मगध के सम्राट् जरासन्ध से मिलकर आर्यावर्त के राजाओं को समाप्त कर देने की योजना बनाई। जरासन्ध का दामाद और मथुरा का शासक कंस भी इस योजना में सम्मिलित हुआ। लेकिन उसे तुम्हारे पिता ने—क्षमा करना, राजाधिराज की वाणी में कहूँ तो एक ग्वाले ने मार डाला। फिर जरासन्ध के साथ मिलकर गोमन्तक पर आक्रमण किया जहाँ कृष्ण और बलराम ने शरण ले रखी थी, लेकिन उसमें भी सफल नहीं हुए।

"जरासन्ध तथा राजाधिराज दोनों ने कृष्ण को हटाने के कई प्रयत्न किए लेकिन इसमें इन्हें कोई सफलता मिली नहीं। कृष्ण भी दूसरी तरफ धर्म-रक्षा के लिए लड़ते थे। राजाधिराज ने, जरासन्ध के साथ, जब मथुरा को आग लगाई तब मैं साथ था। लेकिन तुम्हारे पिता अनेक लोगों को लेकर वहाँ से सौराष्ट्र की ओर खिसक गए। द्रौपदी के स्वयंवर के समय तुम्हारे पराक्रमी पिता ने जरासन्ध को वहाँ से वापस चले जाने को विवश कर दिया।

"जब यादव योद्धाओं के साथ कृष्ण युधिष्ठिर के राजसूय में भाग लेने गए तब राजाधिराज ने समझा कि यादवों पर विजय का यह अच्छा अवसर है।

"उसके बाद जो हुआ वह सब तुम्हें ज्ञात ही है। उन्हें युद्ध के मैदान से भागना पड़ा। उस युद्ध में तुम्हारा एक भाई चारुदर्शन मारा गया और दूसरा भाई साम्ब घायल हो गया था।"

थोड़ी देर रुककर वज्रनाभ ने कहा, "प्रद्युम्न, तुम वीरता से लड़े थे। हम लोग यहाँ पहुँचें, उससे पहले ही हमारी पराजय का समाचार यहाँ पहुँच चुका था। लेकिन राजाधिराज ने मानो विजय प्राप्त की हो, ऐसा भाव जताकर धूमधाम से वे वापस लौटे। दानव समूह को व्यवस्थित करने का काम उन्होंने मुझे सौंपा। तुम जानते ही हो कि मेरे पिता वेगवान इस लड़ाई में मारे गए थे।"

और फिर एक क्षण रुककर वज्रनाभ ने प्रद्युम्न के कन्धे पर हाथ रखा और

कहा, "युद्ध के मैदान में क्या हुआ, यह मैं तुम्हें नहीं बताऊँ तो ही ठीक है। वह सुनोगे तो तुम अभी जितने दुखी हो उससे भी अधिक दुखी हो जाओगे।"

शाल्व का अट्टहास

दस दिन बाद राजाधिराज ने प्रभावती और प्रद्युम्न का विवाह धूमधाम से समारोहपूर्वक सम्पन्न किया।

हर किसी को इसमें विचित्रता का अनुभव हुआ। जो आर्यजगत के नेता थे और जिनके निमित्त से राजाधिराज के कंस, शिशुपाल व जरासन्ध-जैसे प्रमुख मित्रों की मृत्यु हुई थी ऐसे व्यक्ति के पुत्र प्रद्युम्न के साथ वज्रनाभ की पुत्री प्रभावती का विवाह राजाधिराज स्वयं आयोजित करें, यह बात हर किसी को आश्चर्य में डालनेवाली थी।

शाल्व ने जब-जब भी कृष्ण को समाप्त करने का प्रयास किया तब-तब एक ही परिणाम हुआ कि कृष्ण ने अपने सुदर्शन चक्र का उपयोग कर एक-एक कर उसके साथियों की युद्ध के मैदान में हत्या कर दी।

प्रद्युम्न की बारात निकली तो वज्रनाभ आगे था। सबसे आगे बाजे बजानेवाले थे। फिर ऊँट सवार थे। उनके आसपास खुली तलवारें लिये वीर योद्धा चल रहे थे।

बारात में स्त्रियाँ नहीं थीं। केवल वज्रनाभ के परिवार की स्त्रियाँ थीं। वे पालकियों में थीं।

दुल्हन की पालकी में दुल्हन के साथ प्रवीचि थी जो वज्रनाभ की प्रमुख पत्नी होने के साथ-साथ दुल्हन की माँ भी थी। उसके मुख पर पुत्री-वियोग का दुख स्पष्ट झलक रहा था।

राजमहल में शाल्व इस बारात की प्रतीक्षा कर रहा था। ऊपर से वह मुस्करा रहा था लेकिन उसके हृदय में वेदना थी। प्रत्येक दानव को यही लग रहा था कि जन्मजात शत्रु के पुत्र को दामादस्वरूप स्वीकार करना उचित नहीं है।

शाल्व को भी इससे दुख हुआ था। यह विवाह क्या था, उसकी समस्त योजनाओं की असफलताओं की स्वीकृति थी। लेकिन उसने यह मानकर सन्तोष कर लिया कि अभी तक की सभी घटनाओं का जो परिणाम हो सकता था, वह यही था।

बारात जब राजमहलों के पास पहुँची तो सभी तलवारधारी सिपाहियों ने तलवारें ऊँची करके इस विवाह के प्रति आदर व्यक्त किया।

वज्रनाभ और प्रद्युम्न ने महल में आकर राजाधिराज को प्रणाम किया।

राजाधिराज ने वज्रनाभ की ओर सन्तुष्ट दृष्टि से देखा। प्रभावती का विवाह उनके कट्टर शत्रु के परिवार में होने से उन्हें आनन्द हुआ हो, ऐसा उन्होंने प्रदर्शित किया। वास्तव में यह था भी प्रदर्शन ही। प्रत्येक को इस घटना से लज्जा का अनुभव हो रहा था।

राजाधिराज ने उनका स्वागत किया, "आओ, वीर वज्रनाभ!" शाल्व ने कहा, "हमारे लिए आज का यह दिन अत्यन्त महान है, इस अवसर के उपलक्ष्य में मैं तुम्हें यह मुद्रा भेंट करता हूँ।"

फिर वे प्रद्युम्न की ओर मुड़े और बोले, "मैं तेरा अभिनन्दन करता हूँ, वीर यादव! तू अब हमारे परिवार में प्रवेश कर रहा है। तेरे पिता के जीवन में तो पाप के सिवाय कुछ भी नहीं है जबकि तेरे लिए हमारे हृदय में ममता और आदर के सिवाय कुछ भी नहीं है।"

थोड़ी देर रुककर उन्होंने आगे कहा, "तेरा वेगवान के परिवार की पुत्री से विवाह हो रहा है, यह तेरे लिए सौभाग्य की बात है। मेरा तुझे आशीर्वाद है कि तू सौ पुत्रों का पिता हो। तू दैत्य कृष्ण का पुत्र है, किन्तु अब तू हमारे साथ ही रहना और आवश्यकता हो तो हमारे शत्रुओं के विरुद्ध हमारी ओर से लड़ना। अब हमारा खून तुम्हारे खून के साथ मिल जाएगा।"

ऐसा कहकर उन्होंने प्रद्युम्न को अपने पास बुलाया और कटार निकालकर अपनी तथा प्रद्युम्न की अँगुली पर चीरा लगाया और दोनों के रक्त को मिला दिया।

वहाँ खड़े सैनिकों ने इस पर हर्षनाद किया। इसे सुनकर बाहर एकत्रित जनसमूह ने भी जय-जयकार किया। यह हर्षनाद शान्त हुआ तो प्रद्युम्न के होंठों पर विचित्र मुस्कान खेल रही थी।

समारोह के बाद सारे दानव योद्धा बारात के लिए फिर इकट्ठे हुए। वज्रनाभ के निर्देश पर प्रद्युम्न ने राजाधिराज को प्रणाम किया।

राजाधिराज ने कहा, "वज्रनाभ, प्रद्युम्न वीर योद्धा है। यद्यपि यह हमारी परम्पराओं में नहीं पला है, फिर भी मुझे विश्वास है, यह हमारी सहायता करेगा।" फिर प्रद्युम्न की ओर मुड़कर कहा, "अब तू देवी के मन्दिर में जा और उमा माता को प्रणाम कर आ।"

लड़की को मन्दिर ले गए तब वहाँ पहाड़ की तलहटी में बड़े-बड़े सरदारों की पत्नियाँ भी इकट्ठी हुईं। वे सब अपनी-अपनी पालकी में आईं। फिर सभी गीत गाती हुई पैदल चलीं। केवल बहू को प्रवीचि की पालकी में मन्दिर तक ले जाया गया।

मन्दिर में नौ पवित्र पाषाण खण्ड थे। इन नौ पाषाण खण्डों के बीचवाले पाषाण पर भगवान शिव की मूर्ति थी। प्रजापति शिव तथा महादेवी की पूजा यहीं होती थी।

पूजा के बाद सब लोग मग्ग के किले में गए। वहाँ राजाधिराज ने सभी के सम्मान में भोज दिया।

प्रद्युम्न मन-ही-मन बहुत बुरी तरह झुँझला रहा था। उसके अन्तःकरण में तुमुल संघर्ष चल रहा था। उसने मग्ग के किले में पिछले दस दिन जिस तरह व्यर्थ नष्ट किए थे उससे वह बहुत दुखी था। वह अपने पिता को जो वचन दे आया था उसका वह पालन नहीं कर सका था। कोई छोटी-मोटी सफलता भी उसके हाथ नहीं लगी थी। उलटा उसे ऐसा अपमानपूर्ण जीवन भोगना पड़ रहा था।

फिर भी इतना अवश्य हुआ था कि अपनी योजना को अमल में लाने के उद्देश्य से उसने यादवों के परमशत्रु राजाधिराज के प्रति विश्वस्त बने रहने की सौगन्ध ले ली थी और वज्रनाभ की पुत्री से विवाह कर लिया था और वह जानता था कि ये दोनों द्वारका पर आक्रमण करके उसके पिता तथा चाचाओं की शीघ्रातिशीघ्र हत्या कर देने की ताक में थे।

उसे क्षण-भर तो ऐसा लगा कि उसकी मृत्यु क्षात्रधर्म का पालन करनेवाले वीर के समान नहीं, बल्कि एक कायर के समान होगी। केवल पिता और परिवार के प्रति ही नहीं, उस 'माता' के प्रति भी यह बहुत बड़ा विश्वासघात होगा जिसके कारण उसने यह जोखिम उठाया था। लेकिन दूसरी कोई राह भी तो नहीं थी। वह शाल्व का बन्दी था और इसी दशा में जो थोड़ी बहुत स्वतन्त्रता उसे प्राप्त थी उसी के सहारे उसे जीना था। प्रभावती से हुआ विवाह उसे अप्रत्यक्ष वरदान-जैसा लगा था। वह प्रद्युम्न को इस बन्धन से मुक्त होने में सहायता के लिए तैयार थी।

बार-बार वह यही सोच रहा था कि शाल्व ने अपनी व्यूह-रचना बदल क्यों दी, उसने यादवों पर आक्रमण का विचार छोड़ क्यों दिया?

यदि उसने विवाह न किया होता तो प्रभावती का दिल टूट जाता। राजाधिराज उसकी भी हत्या कर डालते। वज्रनाभ की नौकरी चली जाती। और कदाचित वह भागने का प्रयास करता तो सम्भव है मार डाला गया होता। प्रद्युम्न भागता, चाहे आत्महत्या करता, वज्रनाभ और उसके कुटुम्ब को तो दोषी मानकर दण्डित किया ही जाता।

देवी की पूजा के बाद वज्रनाभ विवाहित दम्पत्ति को राजाधिराज के पास ले गया। दोनों ने शाल्व को प्रणाम किया।

प्रद्युम्न की ओर मुँह करके राजाधिराज ने पूछा, "प्रद्युम्न, अपने दुष्ट पिता को त्यागकर तूने वज्रनाभ की पुत्री से यह जो विवाह किया है वह बहुत बुद्धिमत्तापूर्ण

काम है। अब आगे क्या करने का विचार है?''

''आपने जो किंचित स्वतन्त्रता प्रदान की है उसका जैसा भी उपभोग सम्भव हो सकेगा, करूँगा।'' प्रद्युम्न ने कहा।

''वज्रनाभ अपने जामाता का ध्यान रखना। मुझे लगता है कि हमने वीरतापूर्वक जो भूमि प्राप्त की है उसे छीनने के लिए कृष्ण और यादव लोग फिर आक्रमण कर सकते हैं।''

थोड़ा ठहरकर शाल्व ने फिर कहा, ''हम लोग दसेक दिन में सीमा पर पहुँच जाएँगे। इस बीच प्रद्युम्न को हमारे रहन-सहन की पूरी जानकारी मिल जाए, ऐसा प्रबन्ध करो।''

राजाधिराज ने तब संकेत से सभी को बाहर भेज दिया और प्रभावती से कहा, ''प्रभावती, तू मेरे साथ आ। तुझसे मुझे कुछ कहना है।''

वे दोनों पास के एक अन्य कक्ष में गए। प्रभावती पेड़ के पत्ते की तरह काँपती चुपचाप एक तरफ खड़ी हो गई। भूमि पर मस्तक टिकाकर उसने वहाँ भी राजाधिराज को प्रणाम किया।

''तू सच्ची दानव कन्या है,'' शाल्व ने कहा, ''प्रद्युम्न के प्रति निष्ठावान रहना और दानवकुल की परम्परा निभाना।''

राजाधिराज का क्या आशय था, यह प्रभावती समझ गई लेकिन वह चुप रही। उसका गला रुँध गया।

पूरे कक्ष में गम्भीर सन्नाटा छा गया। फिर राजाधिराज का चेहरा एकाएक बदल गया। वे खिलखिलाकर अट्टहास कर उठे और उनका अट्टहास बढ़ता गया, बढ़ता गया।

जब प्रभावती भयंकर निर्णय करती है

रात हुई। प्रभावती और प्रद्युम्न अपने लिए अलग नियत भवन में मिले। लेकिन प्रभावती को कोई आनन्द नहीं था, कोई शान्ति नहीं थी। वह निर्जीव पदार्थ की तरह निढाल पड़ गई। उसके अन्तर में वेदना और आँखों में आँसुओं की धार थी।

प्रद्युम्न ने प्रेम से उसके कन्धे पर हाथ रखा। उसने प्रभावती को अपनी बाँहों में कस लिया। प्रभावती भी निश्चेष्ट उसके आलिंगन में समा गई।

पति-पत्नी की तरह दोनों ने थोड़ी प्रेमलीला की और फिर उसी संकट की चर्चा करने लगे जो उनके सिर पर सवार था।

प्रद्युम्न ने पूछा, ''क्या बात है प्रभावती? जब से तुम राजाधिराज से मिलीं,

तब से बहुत उदास हो।"

"वे हमसे क्या करवाना चाहते हैं, यह मैं जानती हूँ।" प्रभावती ने कहा।

"हम एक भीषण दुर्घटना के कगार पर खड़े हैं।" प्रद्युम्न ने कहा।

प्रभावती ने नई-नवेली दुल्हन की तरह ही आशा और विश्वास के साथ पति की ओर देखा और कहा, "अब हम पति-पत्नी बन गए हैं। हम साथ रहेंगे तो पूरी दुनिया का सामना कर लेंगे।"

प्रद्युम्न ने कहा, "अब तो हमारे लिए राजाधिराज द्वारा दिए गए क्षणों की गिनती करने का ही काम रहा है। लेकिन हमें इन क्षणों का भी हरसम्भव उपयोग कर लेना है। समस्या यह है कि राजाधिराज ने जो संकट खड़ा किया है उसका सामना कैसे करें।"

थोड़ी देर चुप रहकर उसने फिर कहा, "इस भयंकर संकट से उबरने का कोई मार्ग नहीं। प्रभावती, तुझे साहस रखना होगा। तू जानती है कि तेरे पिता ने राजाधिराज द्वारा दी गई योजना स्वीकार कर ली है। सम्भव है तेरे पिता ने ही इस विवाह के माध्यम से हमारे विनाश की यह योजना बनाई हो?"

"कितना भयंकर! मैं पिताजी से कहूँगी कि वे यादवों के विरुद्ध युद्ध में भाग न लें। क्यों?"

"प्रभावती, तेरे पिता कोई बच्चों का खेल नहीं खेला करते हैं। पहले तो हमें यह खोज करनी चाहिए कि उन्होंने किस कारण मेरा इतने प्रेम से स्वागत किया था? क्यों इस विवाह का इतना भव्य समारोह किया था? वे क्यों चाहते हैं कि मैं यहाँ अभी और ठहरूँ? प्रभावती, सभी कुछ भूल जा। तूने कहा था न कि आज की रात बादलों के गरजने और बिजलियाँ चमकने की रात है। वह बात सच है। लेकिन हमें यह नहीं भूल जाना चाहिए कि हमारे पास जो समय है वह कितना कम है।"

राजाधिराज की आज्ञा मिलने के बाद से प्रभावती का चित्त ठिकाने नहीं था। बार-बार उसका हाथ बालों में छिपाई गई एक नन्ही चीज पर जाता था। उससे अपेक्षा की गई थी कि दानव स्त्रियों की परम्परा का पालन करेगी।

आगे भी ऐसा हुआ था। कहते हैं कि कई स्त्रियों को पहले भी राजाधिराज ने बुलाया था और पता नहीं उन्हें क्या काम सौंपा था।

वह भी नहीं जानती थी कि उसे वह आज्ञा क्यों माननी है? अपनी माता से इस विषय में विस्तार से पूछने का भी उसमें साहस नहीं था। लेकिन यह निश्चित था कि उस पर कोई विपत्ति अवश्य मँडरा रही थी।

यदि वह उस आज्ञा का पालन करती है तो उसका घर, जिससे वह प्यार करती थी, उसका वह पति तथा उसका जीवन--सभी कुछ नष्ट हो जाएगा। क्या

वह उस आज्ञा का पालन कर सकती है? उस आज्ञा का पालन करने की क्या उसमें हिम्मत भी है?

यदि वह उस आज्ञा का पालन नहीं करती है तो अगले दिन सवेरे ही राजाधिराज उसके पिता और समूचे परिवार की हत्या कर डालेंगे।

वह बार-बार अपने पति की ओर देख रही थी—कितना सुहावना और आकर्षक!

क्या वह अपनी माता से इस आज्ञा के विषय में पूछ सकती है? सम्भवतः अपनी युवावस्था में उसे भी ऐसी किसी 'आज्ञा' का अनुभव हुआ हो? उसके पिता को पति के रूप में प्राप्त करने के लिए माता को भी शायद किसी की हत्या करनी पड़ी हो?

उसने देखा था कि उसके माता-पिता कभी-कभी आपस में मात्र संकेतों से भी बात किया करते थे। उसके पिता तो बहुत निर्मल हृदय के थे। इस आज्ञा को छिपाने के लिए वे इतने गोपनीय कैसे बन गए?

अब स्वयं को और अपने पति को इस आज्ञा से सुरक्षित कैसे निकाला जाए? यदि वह आज्ञा का पालन नहीं करती है तो राजाधिराज उसके पति की तत्काल हत्या कर देंगे। वह उनके पास जाकर कुछ और समय कैसे माँगे?

या तो राजाधिराज की आज्ञा मानकर अपने पति को उसे मार देना था या इस आज्ञा के उल्लंघन के लिए राजाधिराज का कोपभाजन बनना था। इनसे बचने का कोई और रास्ता था ही नहीं।

वह अपने पति के साथ भागकर न चली जाए इसके लिए तो राजाधिराज ने सुरक्षा का पक्का प्रबन्ध कर दिया होगा।

उसकी माता उससे दूर-दूर रहती थी। वह सम्भवतः सबकुछ जानती थी। उसकी भी इच्छा यही होगी कि वह तथा उसका पति राजाधिराज के हाथों मारे न जाएँ।

प्रद्युम्न की बाँहों का घेरा उसे जकड़े हुए था। उसने सोचा कि यह उसकी सर्वाधिक खुशी का क्षण है। लेकिन यह सोचकर भी उसे खुशी हो नहीं सकी।

उसने यदि आज्ञा नहीं मानी तो उसकी माता उसे कभी क्षमा नहीं करेगी।

उसने सोचा कि उसके पिता इतने निर्मम कैसे हो गए? क्या उन्हें इस आज्ञा के विषय में सूचना है? हाँ, क्योंकि उससे मिलने के तत्काल बाद राजाधिराज ने उसके पिता को भी बुलाया था।

पति-पत्नी की प्रेमक्रीड़ा के बीच भी प्रद्युम्न गहरी चिन्ता-भरी दृष्टि से उसकी ओर देखता रहा।

माता बालक के साथ जितना कोमल व्यवहार करती है, उतना ही कोमल व्यवहार प्रद्युम्न प्रभावती के साथ कर रहा था।

प्रभावती बहुत दुखी लग रही थी। उसे एक ही चिन्ता बार-बार सता रही थी कि राजाधिराज का उद्देश्य क्या है? लेकिन थोड़ी देर बाद उसने यह चिन्ता छोड़ दी।

आज की रात ही सुख की रात थी और कल तो दुख का सूरज उगेगा ही। इन दोनों के बीच अब थोड़े-से क्षण बचे थे।

आज्ञा नहीं मानकर भी क्या वह पति को बचा सकती है? नहीं क्योंकि राजाधिराज उनकी तत्काल हत्या किए बिना नहीं रहेंगे। यदि वह आज्ञा मानती है तो क्या इससे उसे कोई लाभ भी होगा? नहीं, ऐसी भी कोई सम्भावना नहीं है।

वह भावविह्वल हो गई। उसने आँखें मूँदकर मन-ही-मन माँ उमा से प्रार्थना की कि वह उसके पति और स्वयं उसको किसी भी प्रकार इस आज्ञा के प्रभाव से बचा ले।

यदि वह आज्ञा-पालन नहीं करती है तो राजाधिराज उसके पिता की भी हत्या कर देंगे। इससे राजाधिराज को क्या लाभ होगा, यह उसकी समझ में नहीं आ रहा था।

राजाधिराज उसके पिता से इतने रुष्ट क्यों हैं? उसे लगा कि उन्हें वे अपना शत्रु समझने लगे हैं।

लेकिन उस आज्ञा का आज ही पालन करना उसके लिए अनिवार्य था।

प्रद्युम्न चतुर था। वह हँसा। उसने प्रभावती की पीठ थपथपाई। बार-बार उसने प्रभावती का आलिंगन किया, मानो प्रभावती के मन की खुशी के सिवाय और किसी चीज की उसको आवश्यकता नहीं थी। वह देख रहा था कि प्रभावती के अन्तःकरण में घमासान संघर्ष छिड़ा हुआ है। अब आगे वह क्या करेगी, यह जानने को वह आतुर था।

लेकिन राजाधिराज की क्या 'आज्ञा' है, यह जानने की उसने कोई उत्सुकता प्रदर्शित नहीं की। उसने देखा कि प्रभावती रह-रहकर भगवती उमा का नाम गुनगुना रही है।

प्रद्युम्न समझ गया कि प्रभावती किसी-न-किसी भारी तनाव से गुजर रही है, उसकी आँखों में आँसू भी छलक जाते थे। उसने देखा कि वह कोई निर्णय कर रही है।

उसने अपने हाथ प्रद्युम्न के कन्धों पर रखे और प्रद्युम्न को अपनी ओर खींचा, हृदय से लगाया। क्या करूँ, क्या न करूँ, वह स्वर उसके हृदय में लगातार उठ रहा था।

वह सोचती रही। उसे एकमात्र मार्ग यही दिखाई देता था कि प्रद्युम्न का बलिदान कर दिया जाए। इससे राजाधिराज का कोप उस पर और उसके परिवार

पर तो नहीं उतरेगा। और अचानक उसने निर्णय कर लिया।

प्रद्युम्न को उसके निर्णय की गन्ध मिल गई। फिर भी वह अबोध बालक की तरह सहज भाव से प्रभावती के आलिंगनों में आबद्ध होता रहा।

प्रद्युम्न देख रहा था कि प्रभावती कितनी लाचारी से उसे आलिंगन में ले रही है। वह कोई अनुकूल अवसर ढूँढ़ रही थी। प्रद्युम्न भी उसके इसी अवसर की प्रतीक्षा में था।

सहसा वह प्रभावती के आलिंगन से सरक गया और उसकी गोद में सो गया। वह प्रभावती के चेहरे की ओर देखने लगा। उसके चेहरे से लग रहा था कि जैसे वह अब निर्णय करने ही वाली है।

अचानक प्रद्युम्न के मस्तिष्क में जैसे बिजली कौंधी। वज्रनाभ ने कभी बात-बात में कहा था कि दानव स्त्रियाँ अपनी गोद में सोए हुए पति की हत्या किया करती हैं।

अब प्रद्युम्न को सारी बात साफ समझ में आ गई। प्रभावती शायद इसी प्रतीक्षा में थी कि वह जब उसकी गोद में बेखबर लेटा हो तब वह छुरी निकाल ले। प्रद्युम्न मन-ही-मन हँसा।

प्रभावती ने होंठ भींचे और अपने बालों में से कोई चीज खींच निकाली।

प्रद्युम्न ने आँखें बन्द कर अपना हाथ उसकी गोद में लम्बा कर दिया था। प्रभावती ने आँखें भींचीं, फिर होंठ भींचे और तब बुदबुदाती हुई बोली, ''नहीं, मुझसे यह नहीं होगा, लेकिन...लेकिन...यह तो मुझे करना ही होगा?''

प्रद्युम्न को लगा कि वह क्षण आ गया है। उसने आँखें खोल लीं, मुस्कराया और प्रभावती का छुरीवाला हाथ पकड़ लिया।

प्रभावती किंकर्तव्यविमूढ़ रह गई। प्रद्युम्न दृढ़ता से उसका हाथ पकड़े रहा।

प्रभावती हत्प्रभ थी। उसके हाथ से छुरी गिर गई। और 'मैं यह नहीं कर सकती, मैं यह नहीं कर सकती, मैं यह नहीं कर सकती' उसके मुँह से लगातार यह निकलने लगा।

'माता' का आगमन

''मैं जानता था कि तू यह नहीं कर सकेगी।'' प्रद्युम्न ने कहा।

प्रभावती को लगा कि वह न केवल आज्ञा का पालन करने में असफल रही है, बल्कि अपने पति को भी सदा के लिए गँवा बैठी है। नन्हे नादान शिशु-जैसे उसके चेहरे पर गहरी हीनता का भाव उभर आया।

वह सुबकने लगी। प्रद्युम्न उसकी गोद से उठा। प्रभावती ने अपने दोनों हाथों से अपनी आँखें ढँक लीं। प्रद्युम्न ने एक हाथ से छुरी पकड़ ली और दूसरे हाथ से प्रभावती को गले लगा लिया।

''प्रभावती, मैं जानता हूँ कि मेरे-जैसे प्रेम करनेवाले व्यक्ति का वध तू कभी नहीं कर सकती।'' प्रद्युम्न ने कहा।

क्षण-भर को वह स्तब्ध रह गई, फिर बोली, ''नाथ, अब मुझे जीना नहीं है, मैं जीने योग्य हूँ ही नहीं।'' वह सुबकने लगी, ''मेरे कारण हर किसी पर आपदा आ जाती है।''

''ऐसे रो मत। मरेंगे तो हम दोनों साथ मरेंगे।'' प्रद्युम्न ने कहा।

प्रभावती के मुखमण्डल पर विषाद की गहरी रेखाएँ अंकित हो चुकी थीं। प्रद्युम्न हँस दिया। उसने प्रभावती की पीठ थपथपाई, ''राजाधिराज की परम्परा तोड़ने का तूने साहस किया, इससे मैं बहुत खुश हूँ। क्या होगा, इसकी चिन्ता अब छोड़ दे।'' और थोड़ी देर चुप रहकर पुनः कहा, ''आज की रात और कल सवेरे के बीच हमें बच निकलने का उपाय कर लेना है।''

''हम क्या कर सकते हैं। दूसरा कोई मार्ग ही नहीं है।'' प्रभावती ने निराशा-भरे स्वर में कहा।

''सम्भव है मध्यरात्रि बचाव का कोई सन्देश लाए। मध्यरात्रि होने का घण्टिका-स्वर सुनते ही चलने को तैयार रहना।'' प्रद्युम्न ने कहा।

प्रभावती ने संशयपूर्ण दृष्टि से प्रद्युम्न की ओर देखा। ''आप तो कह रहे थे कि आपकी 'माता' आपको कभी भी छोड़ेगी नहीं।'' उसने कहा। ऐसे समय में भी उसके स्वर में व्यंग्य आए बिना नहीं रहा। लेकिन फिर वह बोली, ''व्यक्ति कर भी क्या सकता है? मग्ग के किले से हमारे भाग निकलने की सूचना मिलते ही राजाधिराज हमारे पीछे पूरी फौज लगा देंगे।''

''मेरे पिता के स्वभाव में जैसा अटूट आत्मविश्वास है, वैसा आत्मविश्वास तू भी रख। मैं उनसे प्रार्थना करता हूँ कि वे हमारी रक्षा करें, हमें बचाने को आएँ।''

''आपके पिता? वे हमारी सहायता को आएँगे? यह कैसे होगा, नाथ? वे तो द्वारका में हैं। द्वारका अभी व्यवस्थित हुई नहीं। वे हमारी सहायता को कैसे आ सकते हैं?''

''प्रभावती, वे क्या करेंगे उसकी चर्चा करने में हमें समय नहीं खोना है।'' प्रद्युम्न ने कहा।

''आप क्या कह रहे हैं, मुझे कुछ समझ नहीं आ रहा है।'' प्रभावती ने कहा।

''संकट में पड़े लोगों ने जब-जब भी पिताजी से प्रार्थना की है तब-तब सदैव उन्होंने उनकी सहायता की है,'' प्रद्युम्न ने कहा, ''लेकिन हमारे मन में सच्चा

विश्वास होना चाहिए, तभी वे आते हैं।"

"मुझमें आप जितना आत्मविश्वास नहीं है," प्रभावती ने कहा, "यदि मेरा आत्मविश्वास विफल हो गया तो मैं अपने नाथ को गँवा बैठूँगी। और पिताजी यदि आए भी तो वे केवल आपकी ही रक्षा करेंगे, मेरी नहीं।"

प्रभावती रो पड़ी। आँखें से आँसू बहते रहे और वह कृष्ण का स्मरण करती रही।

अचानक वज्रनाभ नंगी तलवार लिये उनके शयनकक्ष में प्रविष्ट हुआ, "प्रभावती, तू जहाँ है वहीं खड़ी रह। यदि प्रद्युम्न तेरे साथ हो तो उसे भी खड़े रहने को बोल। अब उसके दिन बीत चुके हैं।"

प्रद्युम्न को समझ नहीं आया कि क्या करे। उसके पास तो एक छोटी-सी ही छुरी थी। इतने बड़े वज्रनाभ की लम्बी तलवार के विरुद्ध उस छुरी से कैसे लड़ा जा सकता है? फिर प्रद्युम्न पर टूट पड़ने को सेवक भी तैयार थे।

देर तो क्षण-भर की ही है, फिर वज्रनाभ कुछ भी क्यों नहीं कर रहा? यह प्रद्युम्न को विचित्र लगा। वह प्रद्युम्न पर तलवार का वार करने से हिचकिचा रहा था। उसने प्रद्युम्न के कान में फुसफुसाकर कहा, "अरे मूर्ख, किसकी प्रतीक्षा कर रहा है? मुझे पकड़कर गिरा दे मूर्ख!"

अब प्रद्युम्न को समझ में आया कि वज्रनाभ क्या कहना चाहता है। वह प्रद्युम्न के हाथों बन्दी हो जाना चाहता है?

एक हाथ से वज्रनाभ ने प्रद्युम्न को पकड़ा और दूसरे हाथ की तलवार को हाथ कँपाकर गिर जाने दिया, मानो किसी ने उनकी बाँह पकड़कर जोर से हिला दी हो। प्रद्युम्न को अब समझते देर नहीं लगी। उसने चील की तरह झपटकर तलवार उठा ली।

तलवार छिन जाने पर वज्रनाभ ने लाचारी का स्वाँग किया। प्रद्युम्न उसे गिराकर उसकी छाती पर चढ़ बैठा। जो दो सेवक उसके साथ आए थे, उन्होंने वज्रनाभ को बचाने का कोई प्रयास नहीं किया, बल्कि वहाँ से भाग छूटे।

वज्रनाभ ने फिर फुसफुसाकर कहा, "कृपा करके मेरी हत्या मत करना प्रद्युम्न!"

प्रद्युम्न को अब वज्रनाभ का आशय समझ आने लगा था। सबको दिखाते हुए उसने वज्रनाभ को दो लातें मारीं और उसे उठ बैठने को कहा। फिर स्वयं खड़ा हो गया।

वज्रनाभ ने अपनी कमर में लटकती डोरी की ओर संकेत करके कहा, "मूर्ख, अब मुझे जल्दी से बाँध दे!"

अचानक अँधेरे में से एक नई आकृति प्रकट हुई। घास-पत्तों में लिपटी वह

कोई जंगली स्त्री थी, जिसके हाथ में तलवार थी।

प्रौढ़ वय की उस स्त्री ने प्रद्युम्न को गले लगा लिया। यह देखकर प्रभावती को बुरा लगा।

''चिन्ता मत कर लड़के, यह तो मैं हूँ।'' वह स्त्री बोली, ''चलो अच्छा हुआ, मैं ठीक समय आ पहुँची।''

वज्रनाभ बीच में बोला, ''प्रद्युम्न, चिन्ता की कोई बात नहीं। राजाधिराज पुष्करावर्त गए हैं। वहाँ किसी बड़े यादव पति ने आक्रमण किया है। मातृकावत अभी मेरे अधीन है। इस नए पद पर मेरा प्रथम कार्य तुझे सँभालना है!'' फिर खिलखिलाकर हँसते हुए उसने कहा, ''राजाधिराज अभी सुरक्षित दूरी पर हैं। तुम जल्दी तैयार हो जाओ और यहाँ से विदा हो जाओ।''

मायावती की ओर देखकर प्रभावती ने पूछा, ''यह स्त्री कौन है?''

''मैंने तुझे बताया था न, वही 'माता' है।''

''आप कोई हों, हमें हमारे हाल पर छोड़ दें।'' प्रभावती ने रोते-रोते कहा।

''रोना बन्द कर। तू अब बच्ची नहीं है।'' उसने प्रभावती की कमर में एक धौल जमाकर कहा।

प्रभावती को कुछ समझ में नहीं आया। इस 'माता' के रंग-ढंग का उसे कोई ज्ञान नहीं था। वह सुबक-सुबककर रोने लगी। ''मैं इनकी पत्नी हूँ।'' उसने कहा।

'माता' ने उसकी ओर घूरकर देखा और फिर धीमे किन्तु दृढ़ स्वर में कहा, ''तो फिर तुझे मालूम हो जाना चाहिए कि मैं जो वर्षों तक इसकी माँ थी, बाद में इसकी माँ-बाप, भाई और सबकुछ बन गई थी।'' थोड़ी देर तक चुप रहकर उसने कहा, ''प्रभावती, चिन्ता मत कर। इस लड़के ने मुझसे भी विवाह किया है।''

''तूने जिस 'आज्ञा' से प्रद्युम्न की हत्या करने का प्रयत्न किया वह 'आज्ञा' कहाँ है?'' वज्रनाभ ने पूछा, ''मैं ठीक समय आ पहुँचा, नहीं तो यह कभी का मर चुका होता। अब प्रश्न यह है कि प्रद्युम्न को रण के रेगिस्तान के उस पार कैसे पहुँचाएँ?''

''मुझे भी साथ ले जाना।'' प्रभावती ने कहा।

''इस 'आज्ञा' का उपयोग और भी कई प्रसंगों में भी हो चुका है।'' वज्रनाभ ने कहा और फिर प्रद्युम्न से बोला, ''अब मुझे शीघ्रता से बाँध दे। तलहटी में मेरे आदमी तेरी प्रतीक्षा कर रहे हैं। जल्दी कर और यहाँ से निकल जा।''

''राजाधिराज का क्या होगा?'' प्रद्युम्न ने पूछा।

''इसकी चिन्ता तू मत कर। राजाधिराज अपनी चिन्ता आप कर लेंगे। अभी तो वे पुष्करावर्त में हैं।''

वज्रनाभ ने व्यूह-रचना पूरी कर रखी थी। ऊँट सवार मातृकावत से बाहर

जाने को तैयार खड़े थे।

प्रभावती ने प्रद्युम्न का हाथ पकड़कर कहा, ''हम क्या माता प्रवीचि को यहीं छोड़ जाएँगे?''

''प्रभावती, तू समझती नहीं है।'' 'माता' ने कहा, ''रोने का भी समय होता है। सक्रिय होने का भी समय होता है। और चुप रहकर सहन करने का भी अपना एक अलग समय होता है। ये तीनों अवसर आज तेरे सामने हैं। इस समय तू यों पागल क्यों हो रही है? तुझे चिन्ता भी नहीं है कि अभी हम पर कैसा संकट मँडरा रहा है। तुझे यह भी ध्यान नहीं है कि राजाधिराज कल यहाँ आ सकते हैं।''

प्रभावती अभी रो रही थी। उसे कुछ सूझ नहीं रहा था कि वह क्या करे।

वज्रनाभ ने प्रद्युम्न के सामने अँगुली उठाकर कहा, ''इस यादव ने मेरे सामने दो विकल्प खड़े कर दिए हैं, या तो मेरी पुत्री को विधवा बना देना या मेरी पत्नी को।''

प्रद्युम्न हँस पड़ा, ''लेकिन मेरे लिए 'आज्ञा' का उपयोग करने में आप असफल ही रहे।''

''हमारे पास अब समय थोड़ा है। देखते-देखते सूर्यास्त हो जाएगा और यदि हम पकड़ लिये गए तो उसी क्षण मार डाले जाएँगे।'' वज्रनाभ ने कहा।

थोड़ी देर ठहरकर उसने आगे कहा, ''राजाधिराज का कोपभाजन बनकर मैं मरूँ यह भी सम्भव नहीं है। तुम्हें मुझे भी साथ ले चलना होगा। या तो हम सभी साथ निकल जाएँगे या सभी साथ मर जाएँगे।''

प्रद्युम्न के होंठों पर मुस्कराहट आ गई, ''हम सभी एक-से संकट में फँसे हुए हैं। राजाधिराज के रोष से बच सकें तो उत्तम, लेकिन मुझे तो उससे भी पहले अपना कर्तव्य पूरा करना होगा। मेरा पितामह वसुदेव जीवित हैं या मर गए, इसका पता लगाना है। जीवित हैं तो कहाँ हैं, यह ज्ञात करना है।''

''वे यहाँ नहीं हैं। वे राजाधिराज के दुर्ग में नहीं हो सकते। शायद वे बन्दियोंवाले दुर्ग में होंगे।'' वज्रनाभ ने कहा।

टिप्पणी

यह अध्याय लिखने के कुछ ही दिनों बाद मुंशीजी का देहावसान हो गया और यह वृहद् उपन्यासमाला यहीं तक रह गई।

'कृष्णावतार' ग्रन्थमाला समाप्त

❑❑❑